生物安全新时代

自然、技术的风险共识与法律规制

夏巍 原浩 / 著

CONSENSUS AND LEGAL REGULATION ON
NATURAL AND TECHNOLOGICAL RISKS

NEW ERA
— OF —
BIOSECURITY

华中科技大学出版社
http://press.hust.edu.cn
中国·武汉

图书在版编目（CIP）数据

生物安全新时代：自然、技术的风险共识与法律规制/夏巍，原浩著．—武汉：华中科技大学出版社，2023.6
ISBN 978-7-5680-9477-1

Ⅰ.①生… Ⅱ.①夏… ②原… Ⅲ.①生物技术-安全管理-法律-研究 Ⅳ.① D912.104

中国国家版本馆 CIP 数据核字（2023）第 083092 号

生物安全新时代：自然、技术的风险共识与法律规制　　夏巍　原浩　著
Shengwu Anquan Xin Shidai：Ziran、Jishu de Fengxian Gongshi yu Falü Guizhi

策划编辑：郭善珊
责任编辑：董　晗
封面设计：沈仙卫
责任校对：刘小雨
责任监印：朱　玢
出版发行：华中科技大学出版社（中国·武汉）　　电话：（027）81321913
　　　　　武汉市东湖新技术开发区华工科技园　　邮编：430223
录　　排：华中科技大学出版社美编室
印　　刷：湖北恒泰印务有限公司
开　　本：710mm×1000mm　1/16
印　　张：16.5
字　　数：268 千字
版　　次：2023 年 6 月第 1 版第 1 次印刷
定　　价：89.00 元

本书若有印装质量问题，请向出版社营销中心调换
全国免费服务热线：400-6679-118　竭诚为您服务
版权所有　侵权必究

序

PREFACE

　　毫无疑问,全球疫情不断地"演变"加速了本书的出版,但由此也不可避免地使本书带有了强烈的时代印记。尽管我们努力尝试超越这种局限和尽可能广泛地讨论生物安全的相关议题,但某种意义上这种宿命也成为我们的使命:通过普适性地解读一部生逢其时的法律的颁行,加深公众对生命科学、生物安全的认知,建立一道有关于生物安全法律意识的屏障,在人与自然的关系之间增加些许严肃甚或沉重的思考。

　　事实上,公众对这种普适性的理解,在生物安全领域应当比在任何其他领域都更容易。例如,一些读者可能会对网络技术不置一词,但对基因工程却可以凭借本能、直觉而侃侃而谈。这种本能、直觉不仅拉长和固化了学科鄙视链,还显得十分玄妙;而这种玄妙似乎只能用变异与遗传相互影响的说法来解释,它戏剧性地成为各类影视作品的灵感源泉。

　　显然,未知的疫情不仅使得人类终结传染病的愿望再次破灭,更使得无论是民间人士还是科研人员都再次开启深刻反思:人际关系重新调整,"社交距离"成为时髦术语,人与其他物种的关系以及人类对动物居所的侵袭是否和如何导致了病毒的跨越物种演化，人与生态的关系和人在生态系统中的地位、环境变化是否加剧了微生物的繁衍和突变，生态系统是否正在"洗牌"的前夜，等等。

思考者不会浅"读"辄止，而将以任何可能的方式，投入这场刻不容缓的行动。而在经历了疫情后，我们行动的目标也将比以往任何时候都更为清晰。

夏　巍　原　浩

目 录

第一部分　引言——新的命题

第一章　无处不在的安全　— 003
第二章　被热议的生物安全　— 007

第二部分　生物安全新时代

第三章　生物安全　— 017
第四章　生物安全观　— 023
第五章　生物安全问题　— 026
第六章　生物安全技术、产业和立法的时代需求　— 029

第三部分　影响生物安全的自然因素和风险

第七章　生态危机与生物多样性保护　— 037
第八章　外来物种入侵与生物多样性　— 047
第九章　重大新发突发动植物疫情　— 058
第十章　重大新发突发传染病　— 072

第四部分　影响生物安全的技术因素和风险

第十一章　生物技术与生物安全 — 089

第十二章　应对抗生素滥用与微生物耐药 — 104

第十三章　病原微生物实验室生物安全 — 123

第十四章　人类遗传资源保护与生物安全 — 141

第十五章　生物武器与生物恐怖袭击 — 160

第十六章　其他与生物安全相关的活动 — 173

第五部分　生物安全的法律监管体系与合规能力建设

第十七章　我国生物安全的行政监管体系 — 183

第十八章　《生物安全法》的基本保障制度与适用 — 199

第十九章　生物安全之合规能力的建设 — 218

参考书目 — 233

中华人民共和国生物安全法 — 237

第一部分

引言——新的命题

第一章

无处不在的安全

近几年,"安全"可能是出现频次最高的词之一。从日常生活可能涉及的食品安全、粮食安全,到工作中可能遇到的网络安全、数据安全,从宏观的经济安全、金融安全、生态安全、军事安全、科技安全,再到更专业的核安全、生物安全、资源安全等,这些与安全相关的表达频频出现,安全从未被如此高度重视,也从未像今日这样令人忧心忡忡。

尽管我们无法一一介绍这种种的安全,但至少可以体会一下安全本身的含义。什么是安全?在不同的语境下,安全具有不同的内涵和外延,我们往往需要附加修饰来定义安全,比如非常重要的国家安全、生产安全,近年来日益流行的网络安全、数据安全,以及本书反复讨论的生物安全等,并且通常需要借助安全的反面——危险,以及对危险等级、程度的不断量化和调整可接受程度来进一步界定安全。显然,安全已经成为一种持续状态和能力,不仅涉及人类自身行为,也涉及人类与其他物种及自然的关系,是一个涉及诸多或宏观或细微的因素及其之间相互作用和影响等复杂系统的复杂问题。

安全问题虽存在已久，但较之以前，现今的人类似乎前所未有地缺乏安全感，仿佛陷入了没有依傍的巨大担忧和焦虑之中。是什么让我们如此不安呢？应该说人类任何心理状态都是客观状态在人心理层面的映射，我们的这种焦虑肯定有其内在原因。

除了"安全"，近年来还有一些高频词，例如"前所未有的挑战""大变局""全球治理"，等等。如果将这些词结合起来看，我们就会发现，对安全问题的忧虑似乎已经成为全球普遍的认识和心理，而这种忧虑甚或焦虑，可能正是来源于世界在巨大而快速地改变，我们对这种快速变化的难以适应、对变化带来的新问题应对的困扰和无力感、对人类前途和未来命运的深深担忧。

人类社会近年来展示出的巨变是全方位的，也是近几十年来变化积累的综合结果，表现在政治、经济、文化、科学等各个方面。从国际秩序的角度看，令人印象深刻的是大国间力量对比发生了深刻变化，有的正快速崛起，有的正在表现出颓势。大国不仅仅在力量上此消彼长，在关系上也正在经历着向质变转化的过程，伴随矛盾尖锐化和冲突频现，国际秩序正在重构。

同时，通信、网络技术和所支撑的算力、数据呈几何级数发展，互联网络在全球范围内快速普及，媒体模式和传播介质持续演化，公民权利意识得以被不断唤醒并通过隐私和个人信息保护立法得到强化。与此同时，包括应对气候变化在内的全球化治理进程因受阻却而呈现停滞的状态，国家间冲突凸显并伴有局部激化的趋势，世界格局正悄然发生着深刻的变化。

从科技发展的角度看，一是科技的飞速发展和颠覆性成果的不断涌现，使其成为推动世界经济可持续发展的最重要引擎，正在对全球经济布局和结构进行着重塑。二是科技的发展正在改变世界的政治军事格局和角力形式，例如影响着未来战争的形式。人们普遍乐观地认为，当今对核战争爆发的遏制能力增强了，却没有意识到生物武器研发和使用越界的可能性大大提高，①网络战、金融战、科技战、舆论战等也部分替代了传统意义上的战争形式。三是科技的发展正在改变着人与自然的关系。人类以自我为中心的物种视角和思维，在与快速发展的科技能力叠加之下，正前所未有地对自然施加着越来越巨大的消极影响。这种影响的结果之一是超过3万种生物成为濒危物种，且灭绝速度也创纪录地达到了比预期（自然界正常淘汰速度）要快上百倍千倍的程度。②物种多样性正在丧失，生态平衡也呈现脆弱化，气候和环境问题更是日益突出，极端天气和灾害频现。人类与自然关系的严重不和谐，甚至存在潜在崩裂的风险，这是目前人类面临的最为急迫而重大的问题之一。四是颠覆性科技成果的不断涌现，特别是信息技术和生物技术等新兴学科、交叉学科的融合式发展，使人们对自身和未来的改变成为可能。基因编辑技术、合成生物技术的广泛应用，使得人类在享受科技带来的日益提高的期望寿命、健康水平和生活品质的同时，也遭受了由基因增强、生命定制、物种创造、人工智能发展导致的一系列影响或改变人类自身和人类演化进程的伦理、社会、宗教、科学、哲学问题。快速迭代发展的科技不禁引发了我们对如何重新定义人类、人类将走向何方、人类最后归宿等问题的思考。这些终极问题显然是没有确定答案的，而这些不确定性也必然会唤起和加深人类的忧虑和不安。

不仅如此，上述任何不确定因素的消除和任何一个问题的解决，已不再能仅凭一个国家、某几个国家或某些人群的参与、努力来完成，而是需要通过全人类共同奋斗和全球治理来实现。但已有的全球治理机制不仅存在缺陷，还正面临种种困局和挑战，它需要新理念、模式的注入

---

① 在2022年3月俄乌冲突期间，俄罗斯指责美国在乌克兰进行军事生物计划，并通过联合国安理会紧急会议等方式讨论美国在乌克兰进行军事生物研究相关问题。参见《联合国安理会讨论乌克兰生物武器问题，美俄互相指责》，载观察者网，https：//www.guancha.cn/internation/2022_03_12_629944.shtml，访问时间2022年8月10日。

② 《灭绝滋生灭绝：一个物种的灭绝会导致更多物种灭绝》，载观察者网，https：//user.guancha.cn/main/content? id=325019，访问时间2022年8月20日。

和利益再平衡。人类正处于一个重要时刻，或许根本就是一个历史性的关头。一方面我们殷切地期盼着，也似乎有理由相信这些重大挑战和全新命题会激发人类昂扬的斗志，使人类空前团结；另一方面为了谋求人类社会的整体福祉，我们也不得不小心地维系彼此间脆弱的信任，全力以赴地平衡各利益主体之间的诉求。

也许正是上述种种的不确定、危机、困难、忧虑，才是"安全"一词热络的内在原因。

第二章

被热议的生物安全

什么是生物安全？将这个问题询问普通民众，即使他不能全面、准确阐述这一概念科学而完备的定义，也至少能根据字面意义和常识，描述一些跟生物安全相关的问题。

近年来，随着全球生态问题的持续恶化和环境问题的日益复杂，同时伴随着生物技术的飞速发展，生物安全问题正日益成为热点问题和焦点问题。如果稍微回顾和盘点一下，就会发现近年来有许多重大生物安全问题进入公众视野，引发了业内甚至全球互联网范围内的高度关注及热议。以下是我们按照年度选取的2010年以来部分与生物安全相关的重大事件。

（1）2010年，即在2009年美国的H1N1禽流感疫情结束后不久，中国科学家首次从家禽体内分离出H5N8禽流感病毒分支2.3.4。

由于一些H5N（y）（此处y表示其作为一个变量，理论上有从1—9的各种可能）禽流感病毒具有跨越物种屏障（包括人类在内的哺乳动物）的感染能力，因此，H5N（y）禽流感具备人畜共患和大流行的潜在能力，为此引发了全球对H5N（y）禽流感病毒毒株进化的持续跟踪，甚至动用了人工智能的贝叶斯网络模拟分析技术。事实上，对禽流感病毒的跟踪研究像是打开了一个盲盒。

H9N2、H7N9等病毒亚型也持续被证实具有使人类感染禽流感的高危风险。2014年初H5N8禽流感在韩国和日本的家养和野生鸟类中爆发；2019年底H5N（y）禽流感在欧亚大陆和非洲大陆的鸟类中频繁爆发；2020年春季，H5N8禽流感病毒又在中欧和东欧引发了多次疫情。2020年秋冬季，欧亚大陆再次爆发H5N8禽流感疫情，当年12月，俄罗斯报告了首例人感染H5N8禽流感病毒病例。

目前，各国均普遍认可禽流感病毒的全球传播已成为影响家禽养殖和野生动物安全的重要问题，也是全球公共卫生的关键问题。[1]

（2）2011年6月，我国政府将"2010国际生物多样性年中国国家委员会"更名为"中国生物多样性保护国家委员会"。

中国生物多样性保护国家委员会包括23个政府部门成员，作为我国生物多样性保护的最高领导机构及长效工作机制载体，统筹协调全国生物多样性保护工作，指导"联合国生物多样性十年中国行动"。

（3）2012年6月，埃及病毒学家阿里·穆罕默德·扎基（Ali Mohamed Zaki）博士从沙特吉达市一所医院的一名60岁严重肺炎死亡病人的肺部组织中分离出一种新型冠状病毒。

2013年5月23日，世界卫生组织正式将该新型冠状病毒命名为中东呼吸综合征冠状病毒（MERS-CoV）。随后，MERS-CoV传播到阿尔及利亚、奥地利、巴林、中国、埃及、法国、德国、希腊、伊朗、意大利、约旦、科威特、黎巴嫩、马来西亚、荷兰、阿曼、菲律宾、卡塔尔、韩国、泰国、突尼斯、土耳其、阿联酋、英国、美国和

---

[1] 2021年5月，中国疾病预防控制中心主任、中国科学院院士高福在《科学》杂志概述了全球H5亚型禽流感病毒的流行和进化："禽流感病毒的全球传播，特别是H5N8亚型禽流感病毒的广泛传播，已成为影响全球家禽养殖、野生动物安全甚至公共卫生的一个重要问题。我们不能掉以轻心，必须时刻做好准备，预防和控制下一场大流行。"参见崔雪芹：《H5N8禽流感病毒再现，须防全球公卫危机》，载科学网，https://news.sciencenet.cn/htmlnews/2021/5/457966.shtm，访问时间2022年2月28日。

也门等 26 个国家，并在 2015 年引发了著名的韩国中东呼吸综合征疫情。

（4）2013 年，中国科学院武汉病毒研究所经过十余年持续跟踪研究发现 SARS 样冠状病毒可以利用人、果子狸和中华菊头蝠 ACE2 作为其功能受体，感染人、猪、猴以及蝙蝠的多种细胞。[①] 最终确认中华菊头蝠是 SARS 样冠状病毒的自然宿主，并揭示了 SARS 病毒生态传播链，为 SARS 类传染病预防提供了重要依据。

同年，武汉病毒研究所完成了生物安全三级实验室（BSL-3 实验室）建设。2018 年 1 月，武汉病毒研究所作为我国首个国家级生物安全四级实验室（BSL-4 实验室）通过验收。

（5）2014 年，从西非开始爆发的埃博拉病毒疾病（EVD）达到顶峰，成为自 1976 年发现该病以来病例和死亡人数最多的一次。

疫情先是在几内亚爆发，截至 2014 年 12 月底，累计病例 2729 例，死亡率为 63.7%。[②] 随后，疫情传播至塞拉利昂和利比里亚，确诊病例超过 28000 例。[③]

（6）2015 年 10 月，华大基因旗下深圳华大基因科技服务有限公司与华山医院由于未经许可与英国牛津大学开展中国女性单相抑郁症的大样本病例对照研究项目下的中国人类遗传资源国际合作研究，并未经许可将部分人类遗传资源信息从网上传递出境，科技部对其予以行政处罚，责令销毁相关遗传资源材料和相关研究数据。

随后，科技部还对多家基因公司、生物技术公司、医疗机构进行了行政处罚，引发对业内及对人类遗传资源管理问题的关注。

[①] 吴月辉：《科学家进一步证实 SARS 病毒源于中华菊头蝠》，载中国科学院网，https://www.cas.cn/xw/cmsm/201311/t20131101_3966491.shtml，访问时间 2022 年 2 月 28 日。

[②] 《几内亚 12 月 31 日疫情》，载中华人民共和国驻几内亚共和国大使馆经济商务处网，http://gn.mofcom.gov.cn/article/jmxw/201501/20150100855604.shtml，访问时间 2022 年 8 月 20 日。

[③] *Two die as new Ebola outbreak declared in southern Guinea*, UN News (Feb. 15, 2021), https://news.un.org/en/story/2021/02/1084692.

（7）2016年12月，环境保护部和中国科学院联合发布了《中国自然生态系统外来入侵物种名单（第四批）》，由此形成了目前合计四批660多种外来入侵物种的名单。

同时，名单公告还明确指出，外来物种入侵是造成生物多样性下降的直接原因之一。《生物多样性公约》明确要求"防止引进、控制或消除那些威胁到生态系统、生境或物种的外来物种"。① 我国是全球遭受外来入侵物种危害最严重的国家之一，随着人员往来的增加和物流业的迅速发展，外来物种入侵我国的速度加快，新的外来入侵物种不断被发现。②

（8）2017年1月，来自德国蒂宾根大学的研究团队基于功能近红外脑功能成像，实现了首个可应用于完全性闭锁综合征患者的脑机接口系统。2017年2月，来自美国斯坦福大学的研究团队报告了一项利用颅内脑电进行字符输入的高性能脑机接口应用系统。同年，中国科学院半导体研究所及合作研究团队提出一种基于脑机接口的新算法。来自德国汉堡大学的研究团队提出基于空间信息编码的稳态视觉诱发电位脑机接口新范式，使用一个稳态视觉刺激物实现多个注意目标的识别。

可以说2017年是脑机接口发展的新起点。除埃隆·马斯克等创立脑机接口公司Neuralink③，中国科学院、斯坦福大学等机构纷纷试水脑机接口等脑科学领域外，各国政府和国际组织也对该技术给予了高度重

---

① 联合国《生物多样性公约》第八条。
② 参见《关于发布〈中国自然生态系统外来入侵物种名单（第四批）〉的公告》，公告2016年第78号，环境保护部12月20日印发。
③ 2018年8月，Neuralink举行了首次发布会，公布了一款脑机接口产品：一枚硬币大小的可植入大脑的芯片，以及一台可完成自动植入芯片的手术设备。2020年8月，Neuralink公布了在猪的身上植入芯片后的效果。2021年2月，Neuralink又成功在一只猴子的大脑中植入装置，并公布了猴子通过脑电波玩乒乓球游戏的视频。参见《埃隆·马斯克与脑机接口：天才疯狂已久，人"机"时代将近》，载腾讯网，https://new.qq.com/rain/a/20200924A0HL3H00，访问时间2022年8月10日。

视。美国、欧盟、日本以及中国的脑计划都开始为脑机接口提供关键神经生理基础与关键技术方法支撑。①

(9) 2018年8月,我国发生非洲猪瘟疫情。

经中国动物卫生与流行病学中心诊断,辽宁省沈阳市沈北新区沈北街道发生非洲猪瘟疫情,后蔓延至全国25个省区。至2019年7月,全国共发生非洲猪瘟疫情143起,扑杀生猪116万余头。非洲猪瘟疫情对作为世界第一养猪大国和猪肉消费大国的我国,其影响无疑是巨大的。

(10) 2019年12月,"基因编辑婴儿"案经过了一年多的审理,迎来司法判决,3名犯罪嫌疑人均构成非法行医罪。

南方科技大学原副教授贺某某被判处有期徒刑3年,并处罚金人民币3000000元;张某某被判处有期徒刑2年,并处罚金人民币1000000元;覃某某被判处有期徒刑1年6个月,缓刑2年,并处罚金人民币500000元。

该案发端于2018年基因编辑婴儿出生事件,其中的科学伦理问题、法律问题也引发了公众的广泛关注,《科学》杂志称之为年度科学崩坏(science breakdown)事件之一。②

(11) 2019年12月,农业科学院兰州兽医研究所出现多起布鲁氏菌抗体阳性报告。

经联合调查组认定,2019年7月24日至8月20日,中牧兰州生物药厂在兽用布鲁氏菌疫苗生产过程中使用过期消毒剂,致使生产发酵罐废气排放灭菌不彻底,携带含菌发酵液的废气形成含菌气溶胶。生产时段该区域主要风向为东南风,处于下风向的兰州兽研所的部分教职工和学生吸入或黏膜接触气溶胶产生抗体阳性。第二年12月,兰州通报"兰州兽研所布鲁氏菌抗体阳性事件"属地善后处置工作最新进展。按

---

① 张丹,陈菁菁,王毅军:《2017年脑机接口研发热点回眸》,载《科技导报》2018年第36卷第1期。

② J. Cohen, *What now for human genome editing*? Science,Dec. 7, 2018, p. 1090.

照"应检尽检、应治尽治、免费诊疗、终身负责"等原则,兰州市已检测 68571 人中累计 1604 人接受治疗,累计补偿 3244 人。

(12) 2020 年 10 月,《中华人民共和国生物安全法》(以下简称我国《生物安全法》)及若干与生物安全相关的配套制度密集发布,剑指新冠全球爆发。

2019 年 12 月,中国通报不明原因肺炎病例,后确认由新型冠状病毒(COVID-19)引起。随着新冠疫情的全球持续和对其研究的深入,来自中山大学、中国科学院昆明动物研究所、国家生物信息中心和芝加哥大学等国内外单位的研究人员发现,虽然亚洲的新冠病毒毒株最早引发人们对公共卫生的关注,但是早在 2019 年秋季前,新冠病毒已经分别在亚洲和欧洲缓慢传播。① 到 2020 年 4 月,欧洲毒株完全取代了亚洲毒株。截至 2021 年,新冠病毒的变异体已经超过 3500 多种。在这些变异体当中,世界卫生组织将可导致社区传播或聚集性疫情,或在多个国家检测发现的病毒变异株定义为"关注变异株"(Variant of Interest,VOI),将在监测发现的关注变异株中可能会导致传播力增强、毒力增加、改变疾病严重程度,或对现有的诊断、治疗药物与疫苗等防治手段带来影响的病毒变异株,定义为"关切变异株"(Variant of Concern,VOC)。2021 年 11 月 9 日,南非首次从病例样本中检测到一种新冠病毒 B.1.1.529 变异株,该变异株在很短的时间内即成为世界范围内新冠感染病例的绝对优势变异株。11 月 26 日,世界卫生组织将其定义为第五种"关切变异株",取名奥密克戎(Omicron)。此前世界卫生组织定

---

① 作为严肃科学问题的病毒溯源工作,2022 年 2 月 25 日,中国疾病控制预防中心主任高福同事在预印本平台 Research Square 发布了一篇分析武汉华南海鲜市场新冠病毒来源的报告。报告研究者发现,市场环境中的新冠病毒分属两个早期演化谱系 S 与 L,其中 S 谱系更为古老。考虑到多个国家在 2019 年采集的样本也出现了新冠病毒核酸阳性,一些样本的检出时间比武汉样本更早,病毒在其他国家和地区的传播有可能被忽略,未来的溯源工作仍需要更多的国际合作。See George Gao, William Liu, Peipei Liu, et al., *Surveillance of SARS-CoV-2 in the environment and animal samples of the Huanan Seafood Market*, Research Square (Feb. 25, 2022), https://doi.org/10.21203/rs.3.rs-1370392/v1.

义的四种关切变异株分别为：德尔塔（B.1.617.2）、阿尔法（B.1.1.7）、贝塔（B.1.351）、伽马（P.1）。①

（13）2021年10月，中国国家主席习近平以视频方式出席《生物多样性公约》第十五次缔约方大会领导人峰会，并在发表主旨讲话时宣布，中国正式设立三江源、大熊猫、东北虎豹、海南热带雨林、武夷山等第一批国家公园，保护面积达23万平方公里。②

（14）2022年7月，人工智能公司"深度思维"（DeepMind）借助阿尔法折叠算法，预测了迄今编目在全球公认的蛋白质研究库UniProt中的几乎所有蛋白质结构，破解了生物学领域最重大的难题之一，将助力应对抗生素耐药性、加速药物开发并彻底改变基础科学。③

上述与生物安全相关的重大事件，所揭示出的生物安全问题可能仅仅是极小的部分，但已足以令人震惊和深思。种种生物安全问题在不断拷问着我们：什么是生物安全？什么是生物安全问题？如何科学、准确、切实地把握相关概念？我们需要什么样的生物安全观？这既是本书的开篇叩问，也是本书应当回答的问题。

---

① 2023年5月，世界卫生组织宣布新冠疫情不再构成"国际关注的突发公共卫生事件"。这标志着人类社会携手抗击病毒取得了重要的（阶段性）胜利，但不意味着新冠疫情不再是全球健康威胁。

② 《我国正式设立首批国家公园》，载国家林业和草原局政府网，http://www.forestry.gov.cn/main/586/20211231/094106916445144.html/访问时间2022年8月20日。

③ 《AI预测超过2亿个蛋白质结构》，载光明网，https://tech.gmw.cn/2022-08/01/content_35923370.htm，访问时间2022年8月2日。

第二部分 生物安全新时代

第三章

生物安全

生物安全有广义和狭义之分。粗略地区分，广义的生物安全包括致病有害生物、外来入侵生物等自然因素及现代生物技术开发、应用等技术因素，对人类生存、健康生活及所依存的外部环境、动植物生命和生态系统造成的现实危险或潜在威胁，以及对这些危险、威胁的预防和控制能力。狭义的生物安全指现代生物技术的开发、应用等技术因素，对人类生存、健康生活及所依存的外部环境、生态系统造成的现实或潜在威胁，以及对威胁的预防和控制能力。更为狭义的观点认为，生物安全仅仅指通过应用安全预防措施，降低实验室人员接触或暴露于潜在传染性微生物的风险，并遏制和减少传染性微生物和危险生物材料对工作环境和社区的污染或危害。[①] 实验室的生物安全水平（biosafety levels, BSL）概念及等级，即按最狭义的生物安全含义进行描述和划分。

"生物安全"一词，对应两个英文单词，分别为 biosecurity 和 biosafety。一般将 biosecurity 与广义的生物安全相对应，将 biosafety 与狭义的生物安全相对应。这种广义和狭义的区分法，几乎是通行的做法，

---

① *Recognizing the Biosafety Levels*, Centers for Disease Control and Prevention, https：//www.cdc.gov/training/quicklearns/biosafety/，2021 年 12 月访问。

与其他领域类似。例如在网络安全领域中，cybersecuriy 是指包括了网络、系统运行安全和信息安全在内的广义网络安全，而 cybersafety 则主要指信息和数据处理活动对人身安全产生影响的狭义网络安全。

就广义和狭义的概念关系来说，尽管生物安全概念很大程度上是基于生物技术发展可能对生态环境和人类生存、健康生活等带来不利影响的考虑而提出的，但生物技术并不是影响生物安全的唯一因素。

我国《生物安全法》将生物安全界定为"国家有效防范和应对危险生物因子及相关因素威胁，生物技术能够稳定健康发展，人民生命健康和生态系统相对处于没有危险和不受威胁的状态，生物领域具备维护国家安全和持续发展的能力"①。显然，这个定义体现的是自然及技术等因素对生物安全的综合影响，属于广义的生物安全范畴。同时，也是我国总体国家安全观和人类命运共同体理念在生物安全领域的集中体现。

《卡塔赫纳生物安全议定书》（Cartagena Protocol on Biosafety）则将生物安全的概念聚焦在"努力确保在凭借现代生物技术获得的、可能对生物多样性的保护和可持续使用产生不利影响的改性活生物体的安全转移、处理和使用，尤其是越境转移方面采取充分的保护措施，并考虑到对人类健康所构成的威胁"②，同时"意识到现代生物技术迅速发展，公众亦日益关切此种技术可能会对生物多样性产生的不利影响以及对人类健康构成的风险，认识到如能在开发和使用现代生物技术的同时亦采取措施保护环境和人类健康，现代生物技术很可能给人类带来福祉，也认识到遗传多样性起源中心和多样性中心对人类的至关重要性，考虑到许多国家，尤其是发展中国家在处理与改性活生物体有关的已知和潜在的风险方面的有限能力"③。

联合国粮农组织（Food and Agriculture Organization of the United Nations，FAO）认为生物安全涉及生物技术的应用和将可能对植物遗传资源、植物、动物或人体健康或环境产生不利影响的跨基因植物和其

---

① 《中华人民共和国生物安全法》第二条。
② 《卡塔赫纳生物安全议定书》第一条。
③ 《卡塔赫纳生物安全议定书》总纲。

他生物，特别是微生物释放进入环境的安全方面。①

显然，《卡塔赫纳生物安全议定书》中的生物安全概念和联合国粮农组织对生物安全的界定，主要关注的是生物技术对生物安全的影响，均属于狭义的生物安全概念。

应该讲，生物安全的概念发展到今天，仍处于多元包容和开放吸纳的状态，除了上文提到的几种权威的界定和表述外，还存在大量不同侧重角度的学术和理论观点，而且生物安全的概念还在随着科技的发展、人类与自然的持续互动而不断地发展、丰富和深化。

如果说千禧年签订的《卡塔赫纳生物安全议定书》是全人类怀着对新世纪的憧憬和期待，对生物安全概念的一次新的聚焦，是各国摒弃分歧、迎接新纪元的尝试，那么联合国粮农组织和世界卫生组织对生物安全的界定则在一定程度上反映了人们对生物安全认知的变迁和关注领域的反思。

如果我们回顾人类对生物安全的认识历程，就不难发现生物安全的概念并非一成不变，生物安全观的形成也不是一蹴而就的。人类在形成、发展、深化甚至重建对生物安全的认知过程中历经了长期努力，在从狭隘、局限的生物安全观向更加包容和面向全球化的生物安全观的演进中，也有深刻教训，甚至付出过惨痛的代价。

最为狭义的生物安全的认识形成，部分源于早期微生物安全领域。虽然1908年温斯洛（Winslow）就发现一种新的检查方法用来计算空气中存在的细菌，但直到1941年，迈耶（Meyer）和埃迪（Eddie）才在一项调查中描述了实验室获得性布鲁氏菌病，该调查还显示类似的感染可能对非实验室人员构成威胁。1947年，美国国家卫生研究院（National Institutes of Health，NIH）拥有第一个专门为微生物安全量身定制的非战时研究实验室。随后，美国生物安全协会

---

① 联合国粮农组织：《关于影响到保护和利用植物遗传资源的植物深恶技术过激行为守则草案》，载《与生物安全议定书相关的用语汇编》（《生物多样性公约》生物安全问题不限成员名额特设工作组第二次会议文件），1997年。转引自于文轩：《生物安全立法研究》，清华大学出版社，2009年版。

（American Biological Safety Association，ABSA）设立。1955年，ABSA发布了"安全在生物战努力中的作用"等相关成果。从20世纪70年代开始，在包括联合国人类环境大会在内的多方力量的推动下，美国疾病控制和预防中心（CDC）及美国国家卫生研究院等机构、大学、实验室、医院和行业方逐步进入狭义生物安全领域，[①]并尝试突破其最为狭隘的生物安全的局限性，与广义的生物安全持续融合，不断延展着后者的边界。

广义的生物安全及相关理念，尽管很早就已经萌芽，包括我国在内的一些国家的传统文化中也体现了人与自然和谐共处等朴素观念，但一个系统的、全新的、被普遍认可并具有当代意义的生物安全概念的形成，应该归结于二战后联合国及其框架下组织机构体系的强势推动（与之伴随的，则是对现代生物技术认知的不断发展和重塑），其标志性事件包括：

（1）1945年，联合国粮农组织建立，并于1946年成为联合国的专门机构。

（2）1946年，纽约国际卫生会议通过《世界卫生组织组织法》。1948年联合国世界卫生组织宪章开始生效，第一届世界卫生大会也于当年举办。

（3）1972年，在斯德哥尔摩召开的联合国人类环境会议决定建立联合国环境规划署，各国政府签署了诸如保护湿地、管理国际濒危物种贸易等协议。会议上通过的《联合国人类环境会议宣言》，标志着各国就生物安全及从其狭义和广义概念进行的解读和行动，达成了基本共识。

（4）到20世纪70至80年代，《禁止细菌（生物）和毒素武器的发展、生产及储存以及销毁这类武器的公约》（即《禁止生物武器公约》）等法律文件的颁行和生效，使得生物武器成为生物安全的焦点。但其

[①] Marlon L. Bayot & Faten Limaiem，*Biosafety Guidelines*，National Library of Medicine，https：//www.ncbi.nlm.nih.gov/books/NBK537210/.

后，随着生物技术的快速发展，非武器化的生物安全问题开始引起国际上更为广泛的关注。欧盟于1984年专门成立协调委员会以协调成员国之间的相关技术和政策问题。1985年，联合国环境规划署、世界卫生组织、联合国工业发展组织及联合国粮农组织共同组建了一个非正式的生物技术安全特设工作小组。1986年，经济合作与发展组织（Organization for Economic Co-operation and Development，OECD）公布《重组DNA安全因素报告》，尝试推动建立一个统一的生物安全概念及操作原则。

（5）1992年，在巴西里约热内卢召开了由各国首脑参加的联合国环境与发展大会，签署了《联合国气候变化框架公约》和《生物多样性公约》，并通过了《里约环境与发展宣言》，开始为制订一个全面的《生物安全议定书》进行准备；1995年12月联合国环境规划署起草的《关于生物技术安全的国际技术准则》正式发布，为各国制定生物安全技术指南提供了参考依据。

（6）2000年1月29日，《生物多样性公约》缔约方大会在蒙特利尔召开，会议通过了《卡塔赫纳生物安全议定书》。该议定书明确将生物安全的边界划定为"凭借现代生物技术获得的、可能对生物多样性的保护和可持续使用产生不利影响的改性生物体的安全转移、处理和使用，尤其是越境转移方面采取充分的保护措施，并考虑到对人类健康所构成的威胁"[①] 等方面。

这一时期的各个国家、地区的国内法，按照其监管范围、程度的不同，分为不同的类型，采用了不同的立法模式和监管政策。其中，转基因、克隆技术等方面的持续立法成为当时的关注热点。例如，法国于1992年颁布《控制遗传物质被改变了的机体的使用和扩散法》；巴西于1995年颁布《生物安全法》；英国于1996年在其《食品安全法》框架下发布了《食品标识工作条例》；南非于1997年公布《转基因生物法》；挪威于1998年颁布《转基因生物运输和进口条例》；墨西哥于2000年

---

① 《卡塔赫纳生物安全议定书》第一条。

3月通过《健康法案》；日本于2003年颁布《转基因生物法》，等等，形成了一波生物安全的立法热潮。

伴随着生物技术和生物安全概念的不断优化和丰富，生物安全问题的威胁不仅未消失，而且在某些方面愈演愈烈。沉痛的代价使得人类不断提升对生物安全保护和保障的水平，并通过法律、政策和建立跨国多边组织（如建立和推动世界卫生组织等专业机构、各国疾病控制机构、行业协会、自治组织和科学家团体等）协调认识和行动，包括我国《生物安全法》在内的各国在生物安全领域的立法，正体现了近年来人类对生物安全新认识、新治理的构想和努力。

总体上讲，对"生物安全"这一概念的界定，虽然描述上各有不同，但总体上应该涵盖影响生物物种（含人类）和生态系统安全等危险因子或因素，以及保障生物物种和生态系统安全的能力等方面的内容。

第四章

生物安全观

与生物安全概念和理念构建相关的，是生物安全观的建立。

尽管目前学界并未对生物安全观的概念有明确、统一的共识，但从词义上看，生物安全观又是相对明确的。它指的是人们对生物安全的基本看法和观点，是整体安全观的重要组成部分，从某种程度上讲，也是世界观的组成部分。

我们应该树立怎样的生物安全观呢？或者说生物安全观是如何形成的呢？

正像前文所述，生物安全不仅涉及人类自身行为，也涉及人类与其他物种及自然的关系，是一个涉及诸多或宏观或细微的因素、方面及其之间的相互作用和影响等复杂系统的复杂问题。因此，科学的生物安全观，必然是能正确反映和处理人与自然、人与其他物种、人与自身之间关系等方面的原则、理念、方略等综合性认知体系，并且能够自觉地指导和评价人的生物安全活动。

然而，对"科学"和"正确"的理解和界定，并不像看起来那样显而易见。如果再加上时间维度，就更加难以把握。生物安全观在不同时代、不同阶段，"科学"和"正确"的内涵可能完全不同，抑或完全对立。

以人类中心主义的生物安全观为例，人类中心主义认为在人与自然的价值关系中，只有拥有意识的人类才是主体，自然是客体。在人与自然的伦理甚至法律关系中，应当贯彻"人是目的"[①]的思想。基于此，人类中心主义的生物安全观必然是以人类为最高的存在，以人对自然的控制、利用开发为方式，以满足自身或合理或不合理的需求为目的。即使灭绝其他物种、破坏环境也在所不惜。

人类中心主义的核心是"人是唯一的目的"，即人具有超越其他物种的绝对优越性，并以人类的绝对利益进行自然与社会环境的改造和构造。虽然这与康德的"人是自身的目的，不是工具"有着某种联系，但并非这一经典思想的本意和全部。事实上，对"人是万物的尺度"等哲学命题和进化论的片面和绝对化理解，将导致人类在物种中地位绝对化和优越化，并最终产生了偏激的优生学等极端观点。

1883 年，英国博学家弗朗西斯·高尔顿（Francis Galton）[②]在《人类的才能及其发展研究》（*Inquiries into Human Faculty and its Development*）中首次提出"优生学"（eugenics）一词。到了 20 世纪早期，优生学运动已经在欧洲和北美呈现出迅猛发展的势头，直到 1945 年，优生学中的极端化举措才随着法西斯纳粹政权的灭亡式微。

由此可见，尽管人类中心主义的生物安全观在相当长的时期都被视为理所当然，是显然"正确"的生物安全观，但是随着科技的发展、人类自我认知的提升，以及自然给予人类的"回馈"和"教训"，让人们逐渐认识到其他物种和自然也有其内在的目的性和价值，人类必须正视、尊重、服从这些内在的目的性和价值及其背后显示出的客观规律和

[①] 最早系统地提出"人是目的"这一命题的是康德，这被认为是人类中心主义在理论上完成的标志。但这一人类中心主义对生物安全观的构建可能并非康德的本意。

[②] 弗朗西斯·高尔顿是查尔斯·达尔文的表弟，他把达尔文关于围绕着群的平均值的偶发变异原理应用于人类研究，开拓了以个体差异为主题的实验心理学的新领域；不仅如此，弗朗西斯·高尔顿还是伦敦大学的首任应用统计系主任，而统计学则是当下人工智能科学技术的重要理论基础。由此我们也可以对生物安全与数据安全、人工智能安全的密切度产生诸多遐想。

要求，人类应当约束自身行为和欲望，与自然和谐共处。

就人与自然关系而言，恩格斯曾说："我们每走一步都要记住：我们统治自然界，决不像征服统治异族人那样，决不像站在自然界之外的人似的，相反地，我们连同我们的肉、血和头脑都是属于自然界和存在于自然界之中的。"这一辩证思想在某种程度上总结和体现了目前对生物安全认知的主流观点，人在物种和自然界的地位不是绝对化和至高无上的，对自然界的影响也只能是一种万类霜天竞自由式的适度有限干预。否则，人类选择性的、非生物多样性的构造和改造，一厢情愿地单方行动而非系统性地考虑关联和因果，不仅会导致生物与自然界无法均衡发展，也会影响甚至危及人类社会的内外部环境，还会关系到人与生物、自然界关系的深刻调整，以致在某些情形下也会出现如历史上极端优生学举措那样最终导致人类社会阶段性的内部分裂和耗散。

最后，科学地回答生物安全观的基本问题，还应当充分考虑和上升到如此两个层面：一是应当将生物安全作为总体国家安全观的有机组成，建立生物安全与国家安全、社会发展和公民福祉密切关联关系；二是应将生物安全纳入构建人类命运共同体的必要内涵和核心内容，将对生物安全的认识与实践作为建立平等相待、互商互谅的伙伴关系，营造公道正义、共享共建的安全格局，谋求开放创新、包容互惠的发展前景，促进和而不同、兼收并蓄的文明交流，构建尊崇自然、绿色发展的生态体系的必经之路。[①]

---

① 参见习近平在美国纽约联合国总部举行的第七十届联合国大会一般性辩论时的讲话。

第五章

生物安全问题

　　沿用上述的广义和狭义思路，广义"生物安全问题"主要是指在一定的时间与空间范围内，自然或人为因素引起的诸如外来物种入侵、生物多样性受到威胁，以及引发传染病流行等对人类健康产生巨大的负面或有害影响。

　　早在2010年，世界卫生组织就通过《生物安全：管理人类、动物和植物生命与健康风险的综合路径》等文件定义生物安全和识别影响生物安全的因素，并一直尝试建立和协调各国的生物安全理念和政策。在《生物安全：管理人类、动物和植物生命与健康风险的综合路径》中，影响生物安全的因素（这些影响可能是正向，也可能是负向）包括：

　　（1）全球化；

　　（2）新的农业生产和食品加工技术出现；

　　（3）食品和农产品贸易增加；

　　（4）相关国际协定签署方负有法律义务；

　　（5）跨境旅行和人员流动增加；

（6）在通讯和全球获取生物安全信息方面取得进展；

（7）公众提高对生物多样性、环境以及农业对两者影响的关注；

（8）从国家独立转向国家相互依存以实现有效的生物安全；

（9）技术和运营资源稀缺；

（10）一些国家高度依赖粮食进口。

从世界卫生组织的上述分析中，我们可以惊诧地发现其中很多影响因素正是造成重大传染病大流行甚至使其影响扩大的重要原因。

如同之前所有的预见一样，国际政策的远见并没能真正预防和完全避免疫情的发生和持续。但我们仍能够发现人类在应对新冠疫情大流行上的长足进步——特别是，通过法律和政策的方式，借助于信息和网络技术赋能生物安全——这是在此前的历次大流行中所没有和无法设想的。在新冠疫情中，如何最大化地发挥法律、政策和技术各自的优势，最小化生物安全风险带来的损失，最快速重建信任和恢复常态，各国仍基于各自国情、文化等差异，在不断进行调整和改进。①

2020年，我国《生物安全法》把生物安全问题，也是影响生物安全的风险归纳为以下8个方面：

（1）重大新发突发传染病、动植物疫情；

（2）生物技术研究、开发与应用安全；

（3）病原微生物实验室生物安全；

（4）人类遗传资源与生物资源安全；

（5）防范外来物种入侵与保护生物多样性；

（6）应对微生物耐药；

---

① 例如欧盟对于新冠疫情中是否需要新冠通行证存在欧盟层面和各成员国层面的持续法律争议，包括在如何命名上就先后有疫苗护照（vaccine passport）、绿色通行证、新冠证书（EU COVID certificate）等多种提法。但在2021年6月，欧盟最终通过了实行新冠证书的提案，证书持有者将在欧盟内部旅行时免除额外的旅行限制，如隔离、自我隔离或病毒检测，从而简化欧盟国家间的旅行。虽然形成法律的共识艰难而曲折，但一旦形成，则可以成为行为规则。当然，某些生物安全威胁的时效性风险，也是法律必须面对和考虑的重要问题。

（7）防范生物恐怖袭击与防御生物武器威胁；

（8）其他与生物安全相关的活动。

这 8 个方面的生物安全问题，有的主要涉及自然危险因子或因素，有的主要涉及技术风险等人为因素，还有的既包含自然危险因子或因素，也包含技术风险等人为因素。

本书所表述和讨论的，是广义上的生物安全和生物安全问题，所涉及的危险生物因素既有自然因素，也有技术等人为因素。

第六章

生物安全技术、产业和立法的时代需求

如果将《卡塔赫纳生物安全议定书》视为生物安全认知的第一阶段集大成者，那么从《卡塔赫纳生物安全议定书》通过到现在，时间又过去了20多年。随着生态面貌的改变，生物技术日新月异的发展，生物技术与信息、网络技术的快速融合发展，以及众多生物安全问题的呈现、生物安全事件的暴露，各国以及国际社会无论从立法、行政管控和应对，还是全球合作及合作机制等方面都进行了诸多的尝试、探索，对生物安全的认知、识别、管控和反思能力等都进入一个新时代。

一、生物技术和产业发展的新趋势

《卡塔赫纳生物安全议定书》将"现代生物技术"界定为下列技术的应用：① 试管核酸技术，包括重新组合的脱氧核糖核酸（DNA）和把核酸直接注入细胞或细胞器；② 超出生物分类学科的细胞融合，此类技术可克服自然生理繁殖或重新组合障碍，且并非传统育种和选种中所使用的技术，即其所指的现代生物技术主要为分子水平的基因重组技术和细胞水平的异种细胞融合技术。

20多年后的今天，即使名称上我们仍沿用"基因重组技术"，但在科学理论、技术背景、技术手段、技术路线等方面已经完全不可同日而语。新的生物科学理论、新学科门类和颠覆性的技术也不断涌现，其研发及转化势头亦异常迅猛。

克劳斯·施瓦布在《第四次工业革命》中指出："各种新兴突破性技术出人意料地集中出现，涵盖了诸如人工智能、机器人、物联网、无人驾驶交通工具、3D（三维）打印、纳米技术、生物技术、材料科学、能源储存、量子计算等诸多领域。尽管其中很多创新成果还处于初期阶段，但是在物理、数字和生物技术相结合的推动下，它们在发展过程中相互促进并不断融合，现在已经发展到了一个转折点"，而"生物领域尤其是基因方面的创新令人叹为观止。"①

国务院发展研究中心国际技术经济研究所在《世界前沿技术发展报告2020》一书中，也对2019年生命科学技术研究和生物技术的发展态势做了如下综述："基因编辑、合成生物学等前沿颠覆性技术发展成熟催生出的基因治疗、生物材料、生物存储等产业日益兴起，助推生物经济规模持续扩大，引发世界主要经济体的高度关注。基因编辑伦理问题得到重视。前沿生物技术治理框架被提上议程。同时，生物传统安全威胁和非传统安全威胁仍然突出。世界主要经济体继续深化生物安全布局，推动生物安全防御体系的建立健全，以有效提升其应对和治理能力。"②

毫无疑问，《卡塔赫纳生物安全议定书》签订20多年后的今天，生物技术及产业的发展，已进入到一个更新的高度，亦进入了一个更新的时代。

在过去的20多年间，几乎每个主要的生物技术领域，都发生了重大变化。以新冠疫苗为例，即使仅作粗略分类，新冠疫苗也可以分为灭活疫苗、腺病毒载体疫苗、核酸疫苗、重组蛋白疫苗等多种，特

---

① ［德］克劳斯·施瓦布：《第四次工业革命》，李菁译，中信出版社2016年版。
② 国务院发展研究中心国际技术经济研究所：《世界前沿技术发展报告2020》，电子工业出版社2020年版。

别是 mRNA 疫苗、DNA 疫苗、重组蛋白疫苗等，这些在世界卫生组织宣布西太平洋地区已经消灭脊髓灰质炎的 2000 年是不敢相信的颠覆性技术。

更为重要的是，人类突破了对生物安全的局部认知，有了更长的时间线索，更快的计算机模拟，以梳理生物安全的系统性关联，在更广尺度上思索生物安全与全球气候变化等外部性的关联，并将对比试验的推导、因果关系的审视作为重要工具，整体考虑安全和可持续的问题。

例如，在 2003 年开始的长达 5 年的已知案例中，美国食品安全中心、荒地保护中心和其他组织以美国农业部为被告提起联邦诉讼。诉讼的争议焦点是孟山都公司采用转基因技术生产的草地早熟禾，具有抵抗一般除草剂的特性。美国环境保护署的研究表明，转基因草地早熟禾的花粉扩散到了几公里之外，并将其性状传递给了非转基因草类，转基因草从试验田扩散并污染了全国的草场。原告认为，这些田间试验威胁了公用地、社区和人类的健康。2007 年 2 月 5 日，美国联邦最高法院基于对环境潜在威胁的考虑，认为美国农业部过去对抗除草剂转基因作物田间试验的审批属违法行为，判决美国农业部暂停批准所有新的田间试验。[1]

而在 2021 年的《新科学家》刊发的《关于动植物基因水平转移的首个报道》[2] 中，中国农业科学院的研究人员在研究粉虱（Bemisia tabaci）从产毒植物中觅食的遗传基础时发现，这些昆虫在大约 3500 万年前不知何故"偷走"了植物自身的解毒基因。这些基因对粉虱生存产

---

[1] 谭望江：《域外生物安全法律制度的特点》，载《人民法院报》网站，http://rmfyb.chinacourt.org/paper/html/2021-04/16/content_203488.htm?div=-1，访问时间 2022 年 8 月 10 日。

[2] Emma Yasinski, *First Report of Horizontal Gene Transfer Between Plant and Animal*, The Scientist, https://www.the-scientist.com/news-opinion/first-report-of-horizontal-gene-transfer-between-plant-and-animal-68597#.

生了如此大的影响，以至于它们代际传递并将该基因保留下来。①

诸如此类的技术进展和司法判例都显示出我们在面对生物安全的系统性和整体性时的偏差和短视。但同时也意味着当代的科技、法律工作者可能正在跃跃欲试与犹豫不决中徘徊在新时代的大门之前。

二、生物安全立法的新时代——中国法治进展

如果说公众对生态环境、传染病防控、生物技术误用甚至滥用等生物安全问题的关注，是其对生物安全问题担忧的必然反应，那么生物安全相关法律法规的颁布就是国家和民众对生物安全风险的防范和对生物安全问题应对、治理的必然要求。

我国与生物安全相关的立法活动，可以追溯到1989年的《中华人民共和国传染病防治法》（以下简称我国《传染病防治法》）等法律法规的出台。20世纪90年代，我国与全球其他国家几乎同时开展了针对转基因技术和食品的立法活动。2001年《农业转基因生物安全管理条例》、2002年《农业转基因生物安全评价管理办法》《农业转基因生物进口安全管理办法》和《农业转基因生物标识管理办法》等配套规章的颁布，标志着我国基于当时的技术和法律认知，规范农业转基因生物主要环节的法律体系的基本建立。而我国对《生物安全法》的立法呼吁及系统性的立法研究，也发轫于10多年前。在这期间，国家陆续出台了大量与生物安全相关的专门性立法、行政法规及规章，内容涉及病原微生物、高等级生物安全实验室、传染病防控、院感控制、医疗废物、突发公共卫生事件、食品安全、农业转基因、生物制品、交通检疫、动物生物安全、植物生物安全、进出境检疫、遗传资源保护、两用物项和技术管控、生物技术监管等内容。

---

① 水平基因转移虽然在细菌中很常见，但一般认为在后生动物（Metazoa，即除原生动物外所有其他动物的总称，例如从腔肠动物门开始直至人都属于后生动物）中完全不存在。

第六章
生物安全技术、产业和立法的时代需求

2020年10月17日发布的《中华人民共和国主席令（第五十六号）》宣告《中华人民共和国生物安全法》已由中华人民共和国第十三届全国人民代表大会常务委员会第二十二次会议于2020年10月17日通过，自2021年4月15日起施行。

这部《生物安全法》是生物安全领域一部基础性、综合性、系统性、统领性法律。它的颁布有助于在生物安全领域形成国家生物安全战略、国家生物安全法律、国家生物安全政策三位一体的生物安全风险防控和治理体系，有利于防范生物恐怖和生物武器威胁，化解各类生物安全风险，提升国家生物安全治理能力，是一部改变被动局面、取得国家生物安全战略主动地位乃至战略优势的法律；它是强化了防控重大传染病和动植物疫情的法律制度，集中体现以人为本的立法原则，以法治力量保障人民健康安全、守护民生福祉，是一部建立国家生物安全体系、守护好自己家园的法律；它有效应对了境外机构非法采集我国人类遗传资源、我国珍稀物种及其遗传资源流出、外来物种入侵等问题，用法律手段保护我国人类遗传资源和生物资源安全，是一部应对生物威胁、防范生物风险的法律；它为生物技术发展划定了边界，订立了规矩，规定了很多具有针对性、适用性、可操作性的制度措施，是一部促进生物技术发展、提高生物技术水平、提升国家生物安全能力建设的法律。[①]

我国《生物安全法》的颁布和实施是一个里程碑，它标志着我国生物安全领域进入全面依法治理的新时代。以此为契机，我国的生物安全法律政策也在规范化和具体化等方面继续前行。

本章的最后，我们再验证这一新时代的新进展。以下举例可以分别作为我国在生物安全法律规范化和具体化方面的进展印证。

2021年11月22日至26日，《禁止生物武器公约》缔约国会议在日内瓦举行，会议前后天津大学生物安全战略研究中心与美国约翰斯·霍

---

① 栗战书：《在生物安全法实施座谈会上的讲话》，载中国人大网，http://www.npc.gov.cn/npc/c30834/202104/28aeddef9a8642ad8e98fb77526c35da.shtml。

普金斯大学、国际科学院组织共同牵头完成《科学家生物安全行为准则天津指南》及国际倡议，受到缔约国广泛关注。

2021年11月2日，商务部修订《中国禁止进口限制进口技术目录》，将① 通过现代生物技术手段改良的基因工程植物种子种苗、动物种畜禽、水产苗种和微生物菌种；② 用于果蔬杀菌的多菌灵[①]；③《中华人民共和国进境动物检疫疫病名录》中第一、二类动物疫病病种名录所限制的内容；《人间传染的病原微生物名录》中第一、二类病原微生物，以及我国尚未发现或者已经宣布消灭的病原微生物纳入限制进口目录。

---

① 多菌灵（Carbendazim）又名棉萎灵、苯并咪唑44号，是一种广泛使用的广谱苯并咪唑类杀菌剂，也是苯菌灵的代谢产物。目录限制了多菌灵基于技术进口的在果蔬类领域的应用（但国内已有技术，以及对其用于公共设施的除菌并未限制），反映了生物技术在这个领域的新认识。

第三部分

影响生物安全的自然因素和风险

第七章

生态危机与生物多样性保护

在应对气候变化的道路上,"不要用得到的收获去评价每一天,要用播下的种子。"

——古特雷斯引述苏格兰作家罗伯特·路易斯·史蒂文森

一、生物多样性的丧失和生态平衡的脆弱化

生态系统是指在一定时间和空间内,所有生物(群落)与非生物因子、物理环境通过能量流动、物质循环、信息交换过程构成的统一整体,在这个统一整体中,生物与环境之间相互影响、相互制约,并在一定时期内处于相对稳定的动态平衡状态。[①] 生物多样性是指所有来源的活的生物体中的变异性,这些来源包括陆地、海洋和其他水生生态系统及其所构成的生态综合体;包括物种内、物种之间和生态系统的多样性。生物多样性是生物(动物、植物、微生物)与环境形成的生态复合体以及与此相关的各种生态过程的总和,包括生态系统、物种和基因三

---

① 此定义综合了《中国大百科全书》和科学网蒋高明博客等有关生态系统的概念。

个层次。① 我们通常所说的生物多样性，多是从物种丰富多样层面的观察和理解，实际上这个层面的多样性，有赖于基因的多样性（微观层面），以及物种与环境共同塑造的生态多样性（宏观层面）。

生物多样性和生态系统是人类赖以生存和发展的基础，生物多样性丧失和生态失衡对人类而言属于重大生物安全风险，从长远来看，更是足以对人类的生存和发展构成致命的威胁。

自几百年前的工业革命以来，人类在享有工业文明所带来的社会生产力发展、经济和文化繁荣等利益的同时，也吞咽着全球性环境污染、生物多样性丧失、生态平衡脆弱化等生态问题的苦果，特别是近几十年，生态问题变得更为突出。据不完全统计，全球森林面积在过去的20年里减少了178万平方公里，活珊瑚覆盖面积在过去150年里减少了近一半。还有约100万种动植物正在面临灭绝的危险，有许多物种甚至可能在未来几十年内从地球上完全消失。更令人担忧的是，当前物种灭绝的速度比过去1000万年的平均值高出几十到几百倍，而且正在加速。② 保护生物多样性和生态平衡，正在成为全球共同面对的严峻挑战。

正如联合国秘书长古特雷斯所说，"我们正在破坏支撑我们社会的生态系统。自然界的退化正在破坏人类赖以生存的食物、水和资源"，所幸的是"我们仍然有时间扭转自己造成的破坏"。③

尽管对人类是否是导致物种灭绝的主要原因，以及人类活动到底在多大程度上影响生物多样性的问题上仍然存在争议，但一般主流的观点认为：人类造成的环境污染和对物种自然栖息地的破坏等，是导

---

① 《中国的生物多样性保护》，载中国政府网，http://www.gov.cn/zhengce/2021-10/08/content_5641289.htm，访问时间2023年3月21日。

② 《万类霜天竞自由——写在〈生物多样性公约〉缔约方大会第十五次会议开幕之际》，载人民网，http://politics.people.com.cn/n1/2021/1011/c1001-32249053.html，访问时间2023年3月21日。

③ 《"联合国生态系统恢复十年"行动计划启动》，载新华网，http://www.xinhuanet.com/2021-06/05/c_1127532632.htm，访问时间2023年3月21日。

致继 650 万年前恐龙灭绝后最大的一场生物多样性危机的主要原因。因此保护生物多样性和生态平衡，需要全球共同行动。

1992 年，在巴西里约热内卢召开的、由各国首脑参加的、当时最大规模的联合国环境与发展大会，被称为"地球峰会"。在此次地球峰会上，参会国突破性地签署了一系列有历史意义的协议以及两项具有约束力的协议：《联合国气候变化框架公约》和《生物多样性公约》。前者聚焦于工业和其他诸如二氧化碳等温室效应气体排放；后者是生物多样性保护和可持续利用的全球协议。

《生物多样性公约》获得了快速和广泛的接纳，150 多个国家在大会上签署了该文件，此后共 175 个国家加入了该协议。"保护生物多样性""生物多样性组成成分的可持续利用""以公平合理的方式共享遗传资源的商业利益和其他形式的利用"成为《生物多样性公约》的三大核心和主旨。

该公约的议定书包括《卡塔赫纳生物安全议定书》《关于获取遗传资源和公正公平分享其利用所产生惠益的名古屋议定书》《卡塔赫纳生物安全议定书关于赔偿责任与补救的名古屋-吉隆坡议定书》，整体上，公约通过缔约方大会建立议事和决策机制，负责审查公约的实施情况，并通过每 2 年举行一次的大会形成对缔约国具有法律约束力的可执行决定。可以认为，上述公约及议定书的签订和生效，是人类为应对生态危机和保护生物多样性进行艰苦努力的有力证据。

二、影响生物多样性和生态系统的因素

尽管本书将影响生物安全的因素分为自然因素和技术因素，但不建议读者简单地做非此即彼的二分法。事实上，我国《生物安全法》中几乎所有的生物安全风险，都或多或少存在着各种风险因素共同作用的情形，而生物多样性更是多种因素共同影响的典型。夸张一点说，我们可以在生态系统的框架内讨论我国《生物安全法》涉及的所有风险，只是在各个发展阶段，存在人为因素的影响和作用程度大小、作用形式差异而已。

联合国将破坏生物多样性的主要因素概括如下。

1. 全球气候变化（如臭氧损耗和气候变暖）

较薄的臭氧层使更多的紫外线辐射 UV-B 到达地球表面，损坏活性组织。据称大气中的臭氧层总量每减少 1%，到达地面的太阳紫外线就会增加 2%。这一方面直接危害人体健康，另一方面还对生态环境和农、林、牧、渔业造成严重的破坏。

而全球变暖将会导致地球上的动植物大量灭绝。例如，由于大气中二氧化碳排放量急剧上升，使桉树叶变质，考拉生存受到威胁。即使人类可能最终逃过这一劫，但地球上将会有一半的物种消亡，届时人类又将会面临怎样恶劣的生存环境？

2. 生境丧失和破碎化

生境丧失的原因包括森林砍伐、农业开垦、水和空气污染等导致适宜野生动物栖息场所面积大大缩减，从而直接导致物种地区性灭绝或者数量急剧下降。生境的丧失导致野生动物大块连续的栖息地被分割成多个片段，这种破碎化导致了以下情况：① 破碎化的生境具有更长的边缘与人类环境接壤，人类、杂草和家养动物（如家猫、家狗和山羊等）能够更容易地进入森林，不仅导致边缘区生境的退化，还大大增加对生境内部地区的侵扰；② 有些动物需要轮流利用不同区域的食物资源，有些需要多种生长环境以满足不同生活时期或者日常生活的不同需要。例如草食动物需要不断地迁徙以获得足够的食物资源，并避免对某一块区域资源的过度利用。但是当生境被隔离后，动物只能留在原地，不仅因为过度利用导致生境退化，还会因为资源匮乏而降低繁殖或导致死亡；③ 各个片段之间野生动物种群无法正常迁移和交流，这种状况导致小种群化，长期下去，遗传多样性水平会下降，出现近交衰退等系列问题，最后的结果可能是地区性的种群灭绝。野生动物扩散能力的降低，也会对植物扩散产生影响，因为动物的活动会帮助植物传播种子和花粉。植物状况受到影响，自然会反过来作用于野生动物。

3. 外来入侵物种

在自然界长期的进化过程中,生物与生物之间相互制约、相互协调,将各自的种群限制在一定的栖境和数量,形成了稳定的生态平衡系统。当一种生物传入新的栖境后,在适宜的气候、土壤、水分等生态环境中,以及充足食物、无天敌、易于迁徙传播等良好的生存繁殖条件下,极易大肆扩散蔓延,形成大面积单优群落,破坏本地动植物,危及本地濒危动植物的生存,造成生物多样性的丧失。

4. 对食物、能源和其他自然资源的不断增加的需求

乱砍滥伐、过度放牧、不合理的围湖造田、沼泽开垦、过度利用土地和水资源,都导致了生物生存环境的破坏甚至消失,影响物种的正常生存,有相当数量的物种在人类尚未察觉的情况下便已悄然灭绝。

5. 滥捕乱猎、掠夺式的过度捕杀利用

世界范围内几乎所有的大型哺乳动物都遭到过严重的过度捕猎导致的数量下降,例如鲸、鹿、犀牛、野牛、麝、熊、狼、藏羚羊、穿山甲等。野生老虎的数量从 100 年前的 10 万头急剧下降至今天的不足 5000 头;人迹罕见的亚马孙河流域中,野生动物的种群数量在重度捕猎的区域平均降低了 81%;穿山甲更是正从整个亚洲的野外分布地上消失。由于过度捕获和利用,很多看似保护完好的森林中,野生动物的数量极为稀少,这样的森林被称为"空森林"。

在上述的 5 种因素中,第 2 至 5 种因素直接归因于人类活动已经毫无争议,而人类对气候变暖的作用,也是近年来全球达成的重要共识。

2021 年诺贝尔物理学奖授予了美籍日裔气象学家真锅淑郎(Syukuro Manabe),德国海洋学家、气候建模师克劳斯·哈塞尔曼(Klaus Hasselmann),及意大利理论物理学家乔治·帕里西(Giorgio Parisi)。他们获奖的原因是"为我们了解地球气候以及人类如何影响气候奠定了基础,并彻底改变了无序材料和随机过程的理论"。这段官方

致辞如何理解？答案还在诺贝尔奖委员会对于此次获奖的官方解读中："真锅淑郎和哈塞尔曼为我们对地球气候的了解提供了坚实的物理基础，为人类的最大利益做出了贡献。我们不能再说我们不知道——气候模型毫不含糊。地球在升温吗？是。升温原因是大气温室气体的增加吗？是。这能否仅用自然因素来解释？不能。人类的排放是温度上升的原因吗？是。"①

值得庆幸的是，人类最终能够发现和持续量化这些对生物多样性和生态系统影响的因素，并开始思考如何止损和积极应对。还是以影响生物多样性和生态系统的第 1 个因素全球气候变化为例（有关外来入侵物种、生物技术和其他可能影响生物多样性的因素，本书还将专章进行讨论），通过对已知的地球经历过的 5 次物种大灭绝事件的分析研究发现，每次大灭绝事件都与大气层和海洋内正常碳循环被彻底颠覆有关，这些每隔几千到几百万年发生的碳巨变，几乎导致全球范围内的海洋物种彻底出局。美国麻省理工学院地球、大气与行星科学系教授丹尼尔·罗斯曼通过对包括 5 次大规模灭绝事件在内的 5.5 亿年间碳循环的重大变化进行计算分析，尝试建立了大规模碳异常与近百年碳变化之间的关联，并初步确定了一个灾难临界值。丹尼尔·罗斯曼指出，"如果不通过政策和技术等手段对二氧化碳排放严加控制，碳循环将进入一个不稳定边界，并会以一种难以预测的方式运行。而历史告诉我们，这种行为通常与大规模物种灭绝相关。"②

正是意识到这些风险因素将对地球和人类产生重大的影响而必须果断采取措施予以积极应对，2021 年 11 月，《联合国气候变化框架公约》第二十六次缔约方大会（COP26）各缔约方最终完成了《巴黎协定》实

---

① 《诺贝尔官方最权威科普长文来了！为什么今年物理诺奖分给了气候学家？》，载澎湃新闻网，https://m.thepaper.cn/baijiahao_14801294，访问时间 2023 年 3 月 21 日。

② 《2100 年地球迎来第六次物种大灭绝？》，载科普中国网，https://www.kepuchina.cn/kpcs/ydt/kxy16/201709/t20170928_229604.shtml，访问时间 2022 年 7 月 23 日。

施细则。期间特别重要的是，中美两国还在格拉斯哥公布了《中美关于在 21 世纪 20 年代强化气候行动的格拉斯哥联合宣言》，再次将对生物多样性有重要影响的气候变化问题推动到全人类共同命运的高度。

三、生物多样性和生态系统保护的治理

生物多样性和生态系统的保护必须依赖全人类的共同努力，必须通过各个国家内部的治理模式和全球治理机制才可能得以实现。以下将从我国视角探讨相关治理模式和机制。

1. 制度和机制

我国一直把生态文明建设作为总体布局和战略布局的重要内容，特别是近年来，更是以前所未有的力度推进生态文明建设，提出一系列新理念、新思想、新战略，开展了一系列开创性工作，这些工作共同构筑了生态系统的顶层设计。

在制度建设方面，我们一方面加快推进生态文明建设的顶层设计和制度体系建设，相继出台了《关于加快推进生态文明建设的意见》《生态文明体制改革总体方案》等数十项涉及生态文明建设的改革方案，加快推进《中华人民共和国野生动物保护法》（以下简称《野生动物保护法》）等相关法律法规和规范性文件及配套文件的立法、修法和调整更新工作。另一方面加强了制度和模式创新，例如：

（1）创造性提出生态保护红线制度。通过划定生态保护红线，覆盖重点生态功能区、生态环境敏感区和脆弱区、生物多样性分布的关键区域，将最重要的自然资源保护起来。既有效地保护了生物物种及其栖息环境，也为可持续发展提供生态支撑。

（2）提出和建立了生态文明建设目标评价考核制度、自然资源资产离任审计制度、生态环境损害责任追究制度、主体功能区制度、生态环境监测数据质量管理制度、排污许可制度、禁止洋垃圾入境等制度和机制。从制度和机制上加强各级部门领导的生态保护和建设意识、风险意识和责任意识。

（3）在绿色金融保障体系建设方面，开征环境保护税、建立生态保护补偿等环境经济制度和政策，为生态文明建设保驾护航。

（4）建立了联席会议制度，加强了自然保护地体系建设，严厉打击与野生动植物相关的非法贸易。

（5）调整更新了国家重点保护野生动物和野生植物名录，新增517种（类）野生动物和300种（类）野生植物，使得保护范围和力度进一步加大。

2. 国际合作

我国在国内加快推进生态文明建设的同时，还积极履行《生物多样性公约》及其议定书义务，并从2019年起成为《生物多样性公约》及其议定书核心预算的最大捐助国和全球环境基金最大的发展中国家捐资国。

中国对全球环境基金捐资力度的持续加大，有力地支持了全球生物多样性保护。正如联合国《生物多样性公约》秘书处执行秘书伊丽莎白·穆雷玛所说，中国是全球生物多样性保护的强有力支持者和贡献者，中国提出的生态文明理念对各国达成全球生物多样性目标至关重要，在促进人与自然和谐共生方面的工作值得各国仿效学习。2016年5月，联合国环境规划署发布《绿水青山就是金山银山：中国生态文明战略与行动》报告，称赞中国在生态文明建设方面的探索和实践，为其他国家提供了可供借鉴的经验。2020年9月，联合国《生物多样性公约》秘书处发布第5版《全球生物多样性展望》报告，其中13次提到中国在生物多样性保护方面的成功经验。

2021年9月21日，在第76届联合国大会上，习近平主席提出完善全球环境治理，积极应对气候变化，构建人与自然生命共同体，加快绿色低碳转型，实现绿色复苏发展的全球发展倡议，并承诺"中国将力争2030年前实现碳达峰、2060年前实现碳中和，这需要付出艰苦努力，但我们会全力以赴"。2021年10月11日，《生物多样性公约》缔约方大会第15次会议第1阶段会议在昆明举行。此次大会的主题是"生态文明：共建地球生命共同体"。中国将同各方共商全球生物多样性治理新战略，共同开启全球生物多样性治理新进程。2021年10月13日，《生物多样性公约》缔约方大会第15次会议第1阶段高级别会议正式通过《昆明宣言》。宣言承诺确保制定、通过和实施一个有效的"2020年后全球生物多样性框架"，以扭转当前生物多样性丧失趋势并确保最迟在2030年使生物多样性走上恢复之路，进而全面实现"人与自然和谐共生"的2050年愿景。

毫无疑问，《生物多样性公约》缔约方大会昆明会议，在保护生物多样性方面具有里程碑意义，是中国在推动生物多样性和生态系统保护方面对世界的新贡献，也在推动生物多样性和生态系统保护国际合作方面，树立了新的典范。

3. 法律规制

我国在《生物安全法》的基本法律框架下，基本建立了包括《野生动物保护法》《野生植物保护条例》等生物多样性法律保障体系，明确将"保护生物多样性，维护生态平衡"作为立法目的，并通过刑法确定违法的法律后果和责任。在核心立法的基础上，生物多样性和生态系统保护有待进一步通过持续的目录、清单常态化管理等模式，穷尽识别和维护生态要素，努力践行系统性的生态和谐。

目前，我国通过、修订了50多部内容涵盖生态系统保护、防止外来物种入侵、生物遗传资源保护、生物安全等多领域的法律、行政法规、部门规章和地方性法规，已经初步形成了逻辑严谨的多层次的生物多样性和生态系统保护方面的法律法规框架和体系。系统化的法律制度体系的建立和完善，无疑是实现生物多样性整体保护的必要保障。[1]

并且，我国在《生物安全法》中突出将"禁止危及生物多样性的生物技术研究、开发与应用"和"对外来物种入侵的防范和应对"作

---

[1] 孙秀艳：《筑牢生物多样性保护的法治屏障——访武汉大学环境法研究所所长秦天宝》，载《人民日报》2021年10月22日，第12版。

为当前恢复和提供生物多样性的重要举措，体现了问题导向的治理思路。

总体上讲，通过上述法律法规、制度和机制的建立和实施，加上不懈的努力，我国在物种保护方面取得了巨大的成就，生物多样性也在加速恢复。国宝大熊猫的数量持续增加，其受威胁程度等级已从濒危降为易危。亚洲象、黑颈鹤、藏羚羊、野马等野外种群数量迅速上升。长江江豚、东北虎、雪豹等珍稀野生动物也频频出现。同时，通过采取建立野生生物种质资源库、就地保护、迁地保护、野外回归等措施和方式，对一些极小种群的野生植物进行抢救性保护，使得其种群数量逐步恢复。据2021年10月8日发布的《中国的生物多样性保护》白皮书统计，90%的陆地生态系统类型和71%的国家重点保护野生动植物物种得到了有效保护。

尽管如此，对生物多样性和生态系统的保护依旧任重道远，特别是放在全球视野之下，当人类整体利益和各国具体利益、长期利益和短期利益相冲突时，如何平衡和协调需要等待、依赖于创新性的生物多样性保护全球合作机制和治理机制发挥作用，这也是《生物安全法》为之而生的重大使命。

… 第八章

外来物种入侵与生物多样性

地球上生命的历史一直是生物及其周围环境相互作用的历史。在很大程度上，地球上植物和动物的自然形态和习性都是由环境造成的。就地球时间的整个阶段而言，生命改造环境的反作用实际上一直是比较微小的。仅仅在出现了生命新种——人类——之后，生命才具有了改造其周围大自然的异常能力。

——蕾切尔·卡森，《寂静的春天》

一、外来物种入侵

通常我们可以认为，生物多样性是生态平衡状态的具象呈现，也是维持生态平衡至关重要的条件。影响生物安全的因子或因素，往往是通过对生物多样性的破坏进而对生态系统的平衡产生重大影响。那么，是不是一地的物种越多越好？或者说需要把各国各地的物种无差别的引入本地，就能实现生物多样性呢？

从20世纪80到90年代以来，外来物种在全球各地攻城略地般的入侵经历来看，答案可能恰恰相反。外来物种入侵是比较常见的影响生物安全的自然因素，各国均曾经或正在为外来物种入侵问题焦头烂额。

根据达尔文的自然选择学说，任何物种都有过度繁殖的倾向。外来物种由于其在原栖息地会受到当地环境和业已形成的稳定生态系统（特别是其中的天敌）的制约，在种群数量上无法突破，其必然会产生向新栖息地入侵的内在要求，以期不断突破其在空间上、数量上的限制。它们一旦到达了新的栖息地，就会因脱离原栖息地天敌和生态系统对其的控制和桎梏，异常迅猛、蓬勃地发展起来。

事实上，外来物种入侵这种世界性的迁徙一直都在以这样或那样的方式进行着，且无时无刻不在进行之中，不曾有一刻的停止，无论过去、现在，还是未来。即使像古远时期大陆被海水隔断这样的物理隔离，也不能绝对阻挡这种世界性的迁徙的脚步。

到了近现代，无论是人类的主动引进，还是物种的被动侵入，这种迁徙正越来越多地得到人类行为、科技发展等因素的大力帮助和推动，特别是在外来物种被主动引进时，往往会有意想不到的额外"收获"。例如，美国植物引进局就曾从世界各地引入了近乎 20 万种植物，也因此额外引进了跟随这些植物一起而来的近 90 种昆虫。这些昆虫"就如同徒步旅行时常搭乘别人汽车的人一样乘着植物而来"[①]。

回到中国，从 2003 年发布《中国第一批外来入侵物种名单》至 2016 年，我国共计发布了 4 批次的中国自然生态系统外来入侵物种名单。根据 2020 年 5 月 18 日发布的 2019 年《中国生态环境状况公报》，全国已发现 660 多种外来入侵物种。其中，71 种对自然生态系统已造成或具有潜在威胁并被列入《中国外来入侵物种名单》。67 个国家级自然保护区外来入侵物种调查结果表明，215 种外来入侵物种已入侵国家级自然保护区，其中 48 种被列入《中国外来入侵物种名单》。根据 2020 年《中国生态环境状况公报》，我国外来物种的入侵状况并未根本好转。

再举几个读者耳熟能详的具体实例。

---

① ［美］蕾切尔·卡森：《寂静的春天》，吕瑞兰、李长生译，上海译文出版社 2007 年版。

1. 巴西龟

2020年7月30日,海南三亚海警局执法艇在辖区海域进行巡逻时,在一锚泊船附近发现有多只"海龟"在不断挣扎,海警人员立刻判断在这片海域发现"海龟"不是一种正常现象,便驾驶摩托艇靠近该船舶查明情况。

经三亚海警局相关部门专家辨认,这些"海龟"正是世界最危险的100种外来入侵物种之一的巴西龟,它会对当地生态环境造成巨大破坏。海警人员立即将这些挣扎的"海龟"打捞上船。

实际上,巴西龟早在20世纪80年代就经由香港进入大陆,有关其的报道不时见于报端。由于其生命力顽强、极易饲养,因此在我国国内养殖场大量繁殖。早在2009年便有报道称:"在我国,巴西龟的养殖量很大。养殖场主要集中在海南、广东、广西、浙江和江苏五省,每年新增的数量大概达到5000万只。在海南省,有的养殖场年产量能够达到几百万只。"[①] 除了国内的大规模养殖,每年从国外进口的仍有800万只左右。

2. 亚洲鲤鱼

1970年前后,美国为了解决内陆的河流池塘污染严重、水质富营养化、各种藻类浮游生物大量繁殖阻塞河道问题,从亚洲引进了亚洲鲤鱼,期望通过其超大的食量和繁殖能力来解决所面临的生态问题。

20世纪90年代,由于发生了几次大规模的洪水,亚洲鲤鱼趁机"越狱"逃亡,逐渐流窜到了美国的各大水系之中。亚洲鲤鱼属于外来物种,在美国当地鲜有天敌,加之生活环境又非常适宜,于是开始大量繁殖,在吃光了池塘中和河里的水藻和浮游生物的同时,也吃掉了当地许多鱼类的食物,导致当地许多本土鱼类灭绝。

---

① 《每年800万巴西龟入侵,中国本土龟活路难续》,载网易新闻网,https://www.163.com/news/article/5EGF0D5J000125LI.html,访问时间2023年3月21日。

3. 仙人掌

1787 年，一位名叫阿瑟·菲利浦的船长将许多原产于墨西哥、美国、西印度群岛等地的仙人掌，带进了澳大利亚。由于没有天敌，仙人掌迅速侵入到澳大利亚近 6000 万英亩的土地上。广袤的土地被仙人掌密集覆盖，抑制了其他植被的生长，使得大量土地变得无法使用。[①]

二、生物多样性与外来物种入侵的生物安全风险

外来物种入侵的危害，有的是显而易见的。一些外来入侵的物种本身有毒或者能够携带病原体或寄生虫，能直接威胁人的健康。例如，巴西龟就是沙门氏杆菌传播的罪魁祸首之一。该病菌会同时出现在带病龟的粪便以及其生活的水域和岸边的土壤中，并已被证明可以从变温动物传播给恒温动物。因为沙门氏杆菌主要是通过消化道传染的，小朋友都喜欢把小龟拿在手上玩，玩过之后如未及时清洁，就会通过摸过龟的手受到感染，所以儿童尤其容易被感染。

有的外来物种在入侵的同时也可能引入外来病虫害，这些病虫害可以随外来物种的过度繁殖一起在当地大量繁殖起来，使当地的农、林、牧等产业遭受巨大打击和损失。

然而，外来物种入侵最根本、最致命的生态危害，可能是破坏被入侵地的生物多样性，使得其所侵入区域的生态平衡变得异常脆弱。

虽然之前已经提到物种都有过度繁殖的倾向，但许多生物强大的繁殖能力，还是远远超出了我们的想象。外来物种因侵入新栖息地无天敌的制约，其繁衍的速度更是惊人。

生物学家一直对一个物种极致的生殖能力抱有特别的兴趣，即当自然界的抑制作用全部消失，只有一个物种生存和繁殖，其繁殖数量会达到怎样一种规模？一个世纪之前，托马斯·赫胥黎曾计算过，具有孤雌

---

① ［美］蕾切尔·卡森：《寂静的春天》，吕瑞兰、李长生译，上海译文出版社 2007 年版。

生殖能力（即不需要配偶就能繁殖的罕见能力）的一只雌性蚜虫，在一年时间中所能繁殖的蚜虫的总重量相当于5亿人口的总重量。[①] 单一物种的这种令人瞠目结舌的繁衍能力对生态系统平衡的影响无疑是灾难性的。

再来看看巴西龟的例子。作为全世界生物入侵的典型例证，巴西龟入侵引发的生态灾难是极其严重的。因为它的繁殖周期短，性格又活泼好动，可以轻而易举地将自己的后代布满被入侵地的江河湖海，抢占大量食物和其他生存资源，使本土物种的生存环境急遽恶化，数量急剧减少，最终走向灭绝。不仅是本土龟遭殃，被巴西龟当作食物的各类水生物也都难逃此劫。外来侵入物种就是通过食物链和其他生存竞争手段占据本土物种的生态位，加速本土物种的消失，进而造成当地生物多样性丧失和生态环境退化，并最终导致生态系统的失衡和脆弱化。

以我国台湾地区为例，作为宠物的巴西龟被引入后，在很短的时间内就成为最普遍的龟类。在当地，野外的巴西龟会大量捕食小型鱼、贝类、蛙类的卵及蝌蚪，成了当地生态浩劫。如今，基隆河早已被巴西龟"独霸"，在整个生态系统中，巴西龟占据的生活空间和食物资源达到了30%到40%，本土的龟种在当地野外很难看到，几近消失。

因此，外来物种入侵所带来的生物安全风险，本质上是由于生物多样性的丧失和生态平衡的脆弱而导致的自然危险因素引起的，其又会导致生物多样性丧失和生态失衡的进一步加剧。

三、生态平衡与外来物种入侵治理

生态系统是一个将各种生命与非生命因素有机联系起来的高度综合体，具有复杂、精密、交互、统一等特性。生态系统的平衡也是一个动态的、不间断调整的过程，而非一成不变的静态。

[①] [美]蕾切尔·卡尔森：《寂静的春天》，辛红娟译，译林出版社2018年版；David L. Stern, *Aphids*, Cell Press, https://www.cell.com/current-biology/fulltext/S0960-9822（08）00376-X.

人类虽然与其他生物相比具有改造周围环境的显性能力，但也仅仅是生态系统中很微小的一部分，要控制自然使其为人类的存在而存在，这显然是人类的妄自尊大。

蕾切尔·卡森在《寂静的春天》一书里所举的一个例子，很能说明这个问题。[①]

美国落基山脉西部的高原及其低坡地带，是由落基山脉的巨大隆起形成的。历史上曾是一个气候恶劣、土地贫瘠的地方。冬季漫长寒冷积雪，夏季干旱炎热多风。土壤干旱，热风还带走了植物叶和茎中的水分，使其几乎不适合任何植物的生长。

然而通过长期的自然选择，一种叫鼠尾草的矮小灌木，凭借灰色的小叶子保持住水分、抵挡住热风，逐渐在此成功扎根。随之而来的还有两种动物：羚羊和松鸡。

鼠尾草为松鸡提供了食物和栖息环境，松鸡帮助鼠尾草疏松土壤、清除杂草。鼠尾草也为羚羊提供了过冬食物。每当冬季来临，只有鼠尾草还保持着灰绿色叶子，散发着清香。羚羊可以用它灵巧的蹄子和尖尖的嘴得到这些食物，松鸡也会跟随羚羊在它们刨开积雪的地方来觅食，鹿和绵羊也靠着鼠尾草过冬。灰绿的鼠尾草、可爱的松鸡、机灵的羚羊、鹿和绵羊，配合着落基山高大寒冷的背景，构成一幅自然平衡的画面。

然而，一些放牧者为了提高放牧效率和收益，要求政府除掉鼠尾草，以便得到更多可以用于养羊的草地。大自然的回答却是否定的。当鼠尾草被除草剂杀死后，羚羊和松鸡与其一起绝迹，鹿也不见了踪影，甚至连人工饲养的牲畜也不能幸免。土地变得更加贫瘠，夏天的青草不够，冬季更是只能让绵羊们挨饿。原本和谐的生命世界已不再存在。

就生态系统的平衡而言，大自然有一套自己的逻辑，人类应当遵从这个逻辑而非我行我素或想当然地改变。大自然岂会被人类轻易塑造、

---

① ［美］蕾切尔·卡森：《寂静的春天》，吕瑞兰、李长生译，上海译文出版社2007年版。

改变？事实上，每当生态平衡受人类活动影响过于频繁时，往往是平衡变得难以维系，而且其结果总会变得对人类不利。人类按照自己意愿进行的所谓改造自然的行为，几乎都是破坏性的，且每每遭到反噬，受害的不仅有人类，还有与人类共享大自然的其他生命。

因此，要解决因外来物种入侵导致的生态问题，"不只是去寻找抑制这种植物或那种动物的技术方法，而是需要了解关于动物繁殖和它们与周围环境关系的基本知识"[1]，以系统思维回应生态系统问题。同时，通过法律领衔的顶层设计，对已知知识系统化和上升为法律，并经由技术措施、管理制度、法律后果进行匹配和落实，最终建立从事先的监测预警到风险评估，再到事中、事后的生态系统认知基础上的综合、科学治理，真正做到"有所为有所不为"。

例如，玫瑰花因土壤中线虫而致病，是直接喷洒化学药剂或对土壤做化学处理，还是采用其他更好的办法？有一种做法是在玫瑰花中间栽种上金盏草，金盏草的根部会分泌一种能杀死或抑制土壤中线虫的分泌物，从而控制土壤中线虫的数量。显然，这是成本最低，对环境最友好的解决方案。[2]

所以，对外来物种入侵的治理，我们特别需要遵循的是生态平衡的逻辑和原则，应当充分考量和利用物种的种类数量、气候情况、竞争生物或捕食性生物等自然或生物因素。

回到上文述及的仙人掌案例，最终也是依循生态平衡的逻辑和原则，通过综合治理方式，才得以圆满解决。在仙人掌造成澳大利亚生态灾难的许多年后，科学家对这些仙人掌原产地的昆虫天敌进行研究，筛选出一种名叫阿根廷蛾（仙人掌蛾）的昆虫引入澳大利亚。这些仙人掌蛾，每年可以在仙人掌上产下数以亿计的虫卵。几年后，仙人掌疯狂地生长终于被抑制住。原先不宜居的地区，又重新可以居住和放牧了。

---

[1] ［美］蕾切尔·卡森：《寂静的春天》，吕瑞兰、李长生译，上海译文出版社2007年版。

[2] ［美］蕾切尔·卡森：《寂静的春天》，吕瑞兰、李长生译，上海译文出版社2007年版。

四、防范外来物种入侵与保护生物多样性的制度化举措

自然迁移和人为引入是导致外来物种入侵的两种主要方式，从任何系统本身的非封闭性以及地球生态系统的整体性上看，完全禁止物种迁移、跨越不仅不必要，也不可行。特别是极端地将人类作为最可怕的外来入侵物种的观点，更是大可不必。

前述这些案例的共同特点表明，需要综合各种治理思路和措施考虑防范外来物种入侵和生物"武器化"，特别是某类外来入侵物种会对本国、本地区的一个或多个行业或整体造成严重损害之时。例如橡胶南美叶疫病菌，就已经不仅仅是单一的外来物种入侵或植物疫情层面的问题，而是可能导致橡胶行业供应链崩溃和危及经济安全的"生物武器"。

同时，目前的主流观点也将外来物种附带的微生物的迁移认定为物种入侵导致的后果之一。尽管各国的法律实践对此规定并不相同，但一般都认为附带的微生物是广义上的外来入侵物种。例如我国《生物安全法》第二十三条就分别从动植物、动植物产品、高风险生物因子（微生物就是《生物安全法》定义的重要的高风险生物因子）方面进行了规定，且适用了不同的法律规定和责任后果，从而使得动植物疫情和物种入侵的防范与治理变得更为复杂。

正是因为外来物种入侵影响并威胁行业发展、公共利益甚至国家安全，各国均在持续更新外来物种的"负面清单"，强化物种间关系的认识，并将其上升为国家意志——法律。

以美国为例，美国在1990年通过《外来有害水生生物预防与控制法》，为相关问题的法律解决设计了相关的法律框架。随后在1996年通过《国家入侵物种法》，明确提出要为社会公众提供外来物种入侵的相关知识及教育。1999年又颁布了第13112号总统令《入侵物种法令》，规定由美国农业部牵头统一管理外来入侵物种，并组建了由总统挂职的国家外来入侵物种委员会。

对于早年被认为是外来物种入侵重灾区的澳大利亚，其在1908年便颁布了《检疫法》，其于1991年实施的《压舱水指南》则是世界上第

一部具有行政强制力的此类法规文件。而现行有效的"可接受保护水平"（appropriate level of protection，ALOP）机制，建立了传入扩散可能性与传入或入侵后果之间的坐标关系和风险评估体系（PRA），也对各国进口政策的实践具有借鉴意义。① 在海关等层面的监测和风险评估实务中，澳大利亚通过严格的检疫检验服务（AQIS）进行检测，2013年后该工作由澳大利亚农渔林业部（DAFF）接管实施，说明对这一问题正在从一般程序性监管向问题本质归因的思路靠拢，即检验检疫不是解决问题的根本，应置于与生态环境有关的基础部门进行综合治理。

而我国《生物安全法》明确规定"防范外来物种入侵与保护生物多样性""防范生物恐怖袭击与防御生物武器威胁"属于该法的适用范围。通过借鉴各国在外来物种引入、入侵相关领域的经验教训和法制化进程，我国将《生物安全法》作为基本法律以突破原有领域局限的角色设定，并建立与部门、行业的基础法律衔接，如分别在《农业法》《森林法》《海洋环境保护法》《进出境动植物检疫法》等法律依据中更新对外来物种的科学认识与治理机制，再通过部门、行业行政法规、规章及执法细化和落实治理措施，形成较为系统和完备的体现，为未来持续应对外来物种入侵提供了制度保障。

五、外来物种入侵的法律风险考量及合规要求

尽管目前对列入《中国外来入侵物种名单》的 71 种外来物种的"零号"溯源和法律追责存在技术上的困难，但并不意味着对外来物种的非法引入无需承担法律后果或责任。

作为"生物安全屏障严守第一道防线"的海关，已将外来入侵物种口岸防控工作纳入"十四五"海关发展规划。2020 年，我国海关共截获检疫性有害生物 384 种 6.95 万种次。2021 年前 2 个月，海关通过组织专家对境外输华水果企业开展视频检查，撤销了 245 家企业输华资

---

① 李浩、郑安民、李东明：《美国、澳大利亚防控生物入侵策略对我国的启示》，载《植物检疫》2007 年第 4 期。

质。依据口岸截获情况，向外方发出违规通报 98 份。依法退回或销毁 15 个国家（地区）进口农产品 56 批，取消 33 家企业输华资质。

因此，对于从事国际贸易或特定行业领域（如上文案例中所述及的橡胶类植物品种培育、种植等领域）的企事业单位，可能涉及与外来物种入侵相关的合规风险。

我国《生物安全法》第二十三条规定："国家建立首次进境或者暂停后恢复进境的动植物、动植物产品、高风险生物因子国家准入制度。进出境的人员、运输工具、集装箱、货物、物品、包装物和国际航行船舶压舱水排放等应当符合我国生物安全管理要求。海关对发现的进出境和过境生物安全风险，应当依法处置。经评估为生物安全高风险的人员、运输工具、货物、物品等，应当从指定的国境口岸进境，并采取严格的风险防控措施。"

对于该条款，一般认为该条中第一款规定的动植物国家准入制度，是外来物种入侵风险防范对象的对应性条款。第二款的人员、运输工具、集装箱、货物、物品、包装物和压舱水排放均涉及外来物种入侵的载体。第三款则就前述情形，明确了评估、防控和处置的监管过程体系。因此，我国现有法律围绕外来物种入侵的监管对象、载体、准入制度以及监管的方式和过程等进行了具体的规定，形成闭环。

由于对外来物种入侵风险的认识有一个逐步发展的过程，对外来物种入侵风险的防范也往往超出了一般企事业单位的应对能力，因此我国《生物安全法》进一步从生物安全信息共享和生物安全清单管理方面进行规范，强化企事业单位的其他合规义务：① 通报和接受生物安全信息，以符合信息共享的要求；② 进行清单管理，配合监管机构防控等。

不仅如此，2020 年 12 月 26 日，第十三届全国人民代表大会常务委员会第二十四次会议通过《中华人民共和国刑法修正案（十一）》（于 2021 年 3 月 1 日生效），在《刑法》第三百四十四条后增加一款，作为第三百四十四条之一规定："违反国家规定，非法引进、释放或者丢弃外来入侵物种，情节严重的，处三年以下有期徒刑或者拘役，并处或者单处罚金。"随后，2021 年 2 月，《最高人民法院、最高人民检察院关于执行〈中华人民共和国刑法〉确定罪名的补充规定（七）》，正式规定了非法引进、释放、丢弃外来入侵物种罪罪名。

这里有三个特别重要的概念需要界定。"非法引进"一般认为指各种入境的方式，包括但不限于携带、行邮、快件、跨境电商、一般贸易以及各种非法进口（如走私）。"非法释放"意味着未经批准，在国境内将外来物种放置于非可控的环境，至于该非可控的状态是否可逆和是否事后可控，行为人是否故意或过失所为，均不影响罪名成立。"非法丢弃"作为释放的一种特殊情形，表明行为人漠视或放任外来物种可能造成的环境或生态危害。就此丢弃情形，如行为人将外来物种以提交有关监管机构的形式放弃对其控制，则不属于丢弃。

另外，对于外来入侵物种，《进一步加强外来物种入侵防控工作方案》明确，要由农业农村部会同国务院其他有关部门制定外来入侵物种名录和管理办法，且允许各地结合实际，研究制订外来物种入侵防控地方性法规、管理名录、应急预案、技术标准和政策措施，这些与上文引述的 4 个批次的《中国外来入侵物种名单》也可能产生不一致，这些会为企业层面的合规增加不确定性。

对公民个人，《中华人民共和国刑法修正案（十一）》（以下简称《刑法修正案（十一）》）也会产生影响。例如脍炙人口的小龙虾（克氏原螯虾）被列入 2010 年《中国第二批外来入侵物种名单》中，尽管可在国内养殖并四季可见，但一方面要求"在尚未引种的地区，应展开其环境风险评估和早期预警，对已广泛分布地区，加强养殖管理"，也就是说不能未经评估和管理地在各地普遍养殖；另一方面，如果从境外快件入关，则可能构成违法，甚至构成非法引进、释放、丢弃外来入侵物种罪——当然如果已经煮熟加工的，应不在此法条调整之列。

第九章

重大新发突发动植物疫情

我国《生物安全法》对"防控重大新发突发传染病、动植物疫情"单列专章进行规定。《生物安全法》语境下的"传染病"指影响公众健康和生命安全的人类传染病。"动植物疫情"指动物疫病、植物病虫害疫病。《生物安全法》第八十五条对"重大新发突发动物疫情""重大新发突发植物疫情"术语的含义作了如下定义:

> 重大新发突发动物疫情,是指我国境内首次发生或者已经宣布消灭的动物疫病再次发生,或者发病率、死亡率较高的潜伏动物疫病突然发生并迅速传播,给养殖业生产安全造成严重威胁、危害,以及可能对公众健康和生命安全造成危害的情形。
>
> 重大新发突发植物疫情,是指我国境内首次发生或者已经宣布消灭的严重危害植物的真菌、细菌、病毒、昆虫、线虫、杂草、害鼠、软体动物等再次引发病虫害,或者本地有害生物突然大范围发生并迅速传播,对农作物、林木等植物造成严重危害的情形。

第九章
重大新发突发动植物疫情

本章我们主要讨论动植物疫情的问题,传染病专章另述。

一、植物疫情

1. 美国白蛾

这是一个笔者亲历的植物疫情。

20世纪80年代,笔者随父母居住在陕西关中地区,其所在的单位被称为花园式工厂。有一年,单位大量的行道树和绿化植物的叶片突然被不知名的害虫啃食,变得千疮百孔。主要交通干道两侧原本枝叶繁茂的法国梧桐上,更是几乎没有了树叶。在多次喷洒农药后,也几乎无任何改观。更为严重的是,情况已逐步波及单位周边的大量农田。

笔者后来的生物老师,当时就在单位的环保部门负责相关的调查处理工作,她在调入单位之前恰巧在某知名农林大学下属的植物保护研究所工作。凭借敏锐的职业嗅觉,她判断这可能不是一场普通的病虫害,而极有可能是一场植物疫情。经过多次现场调查,她收集了大量的被啃食过的植物叶片、虫卵、幼虫、成虫等样本,并将收集的样本带回其原单位,借助植物保护研究所丰富的馆藏资料和标本,与植物保护专家一起对样本进行分类、鉴定,最终查清了肇事凶手:与单位援外项目设备一起来的不速之客美国白蛾。

美国白蛾(拉丁名:Hyphantria cunea),又称美国灯蛾、秋幕毛虫、秋幕蛾等,属昆虫纲鳞翅目灯蛾科白蛾属白蛾种昆虫。原产于北美洲,1922年在加拿大首次发现,现已广泛分布于欧亚地区。1979年首次在中国辽宁省发现,后主要分布在黑龙江大部、吉林、辽宁、北京、河北、天津、山东、江苏、安徽大部、河南、内蒙古东部、湖北东北部、山西大部以及陕西中东部地区。美国白蛾是世界性的检疫害虫,也被列入中国首批16种外来入侵物种名单。[1]

---

[1] 李万玉、李元亭:《美国白蛾的危害特点及防治措施》,载《天津农林科技》2015年第3期。

美国白蛾是一种严重危害林木的食叶性害虫，被列为世界性检疫对象，具有喜食行道树、适生能力强、传播蔓延快以及疫情暴发危害大的特点。国务院在 2006 年甚至专门针对美国白蛾发文《国务院办公厅关于进一步加强美国白蛾防治工作的通知》。[①]

至于 20 世纪 80 年代笔者亲历的由这"妖魔"引发的植物疫情是如何终结的，笔者至今记忆犹新，最主要的方法竟然是抓捕。

根据现在的防治理论，美国白蛾的主要防治方法有 4 大类：人工防治、物理防治、生物防治、化学防治。也许那时的化学杀虫剂威力有限，化学防治几乎没有效果；生物防治方法较复杂，且效果不能立竿见影；物理防治也受到当时条件的诸多限制。最终选择的是以人工防治为主的防治手段。简单地说，就是人工摘除带虫卵的植物叶片、抓毛毛虫（幼虫）、找虫蛹、捉蛾子（成虫）。记得那时我们都会随身带一个小玻璃瓶子，一放学就会在马路边、墙根下、大树下仔细寻找，抓住一只就会放入小瓶子，第二天早上交到学校，每天总会上交几只。有的同学特别厉害，能抓很多。当然，主要的抓捕工作还是要靠成人完成，即单位的职工和周围的农民。说起来有点不可思议，就是这样简单的方法还真的控制住了这场疫情。在之后相当长的时间里，当地再没出现美国白蛾。

2. 森林天幕毛虫

实际上，植物疫情并不罕见，在全世界范围内不时就有发生。

大卫·奎曼在《致命接触：追踪全球大型传染病》一书中对发生在 1993 年美国蒙大拿州西部的森林天幕毛虫（Malacosoma disstria）疫情情况有颇为传神的描写："在 6 月份凉爽的夜晚，当人们站在大树下时，

---

① 国家林业和草原局政府网在 2014 年解读《国务院办公厅关于进一步加强林业有害生物防治工作的意见》中，说明了持续治理的阶段性成果：2010 年至 2013 年连续 4 年保持松材线虫病疫点数量、发生面积和病死树株数"三下降"；美国白蛾基本实现了有虫不成灾的控制目标。

就能够听到毛毛虫粪便顺着树叶倾泻而下的窸窣之声,就像是远处灌丛火灾发出的噼啪声。每天早晨,人们都会看到罂粟种子大小的小粪球将人行道铺了厚厚的一层。偶尔一只孤独的毛毛虫会吐出细丝垂降下来,在你眼前来回晃荡,像是在嘲弄你。赶上哪天下起了寒冷的毛毛雨,冷得让毛毛虫感到不舒服,人们就会发现这些毛毛虫和蔼可亲地盘坐在树干的高处或是树杈处,每处都有成百上千条毛茸茸的灰色躯体,像挤在一起抵御北极风暴的麝香牛一样。有些人周末离开之前会将自家的草坪修剪整齐,一切都看似很好,当人们再返回家的时候,却发现树叶已经落光。人们爬上梯子用喷雾瓶向毛毛虫喷洒带有肥皂的洗碗水。人们用细菌迷雾或是长链分子化学制品来对付毛毛虫,而这些做法都是当地园艺店的员工给出的不同的杀毛毛虫的方法,而这些人和我们一样懂得不多。所有的这些措施往好里说是作用不大,往差里说就是只有毒却无效。这些毛虫继续啃食树叶。……它们不断地吞噬树叶,不断成长,脱掉箍在身上的老皮后继续成长。它们在树枝上爬上爬下,覆盖全城,把我们的树木当成芹菜吃。"①

3. 橡胶南美叶疫病

森林天幕毛虫引起的植物疫情是当地有害生物爆发所导致的。此外,更多的报道中我们看到的是在之前章节所讲到的外来物种入侵(包括迁徙和引入等各种原因)导致的植物疫情。

2021年3月,我国众多媒体披露,中国和东南亚大多数国家都没有直飞南美航班的新原因,不仅是距离遥远影响导航安全,或是航线亏损不经济,更重要的是为了阻却一种由橡胶南美叶疫病菌[Microcyclus ulei (P. Henning) von Arx]引起的橡胶南美叶疫病(South American leaf blight,SALB)的传播,防止其对中国和东南亚地区橡胶行业

---

① [美]大卫·奎曼:《致命接触:追踪全球大型传染病》(第二版),刘颖译,中信出版社2022年版。

造成威胁。相关报道再次引发了国内航天和生物科学爱好者的广泛讨论。①

SALB 在南美的肆虐对橡胶业造成巨大冲击，20 世纪 50 年代亚太地区开始了一系列针对南美橡胶树进口的限制举措。泰国禁止直飞 SALB 地区，马来西亚则要求来自 SALB 地区的人在入境前申报，并且必须走过用滴露杀菌剂浸泡的特殊地毯、进入风洞吹掉孢子，还要接受 X 光扫描。

我国目前将南美洲的橡胶树材料，例如橡胶属植物的芽、苗、籽列入《进境植物检疫禁止进境物名录》，将橡胶南美叶疫病菌列入《进境植物检疫性有害生物名录》，并由海关等按照《进出境动植物检疫法》和《进出境动植物检疫法实施条例》实施除害处理等检疫。

4. 非洲蝗虫

近年来全球最为重要的植物疫情，当属由昆虫引起的植物病虫害危机——2020 年的非洲蝗虫灾害。2019 年 12 月自东非开始，短短 1 个月，就席卷了大半个非洲。据联合国粮农组织统计，此次蝗灾对农作物的破坏力是东非地区 25 年之最，其中肯尼亚的蝗灾是 70 年来最严重的；而索马里和埃塞俄比亚直接宣布农业生产完全停滞，索马里被迫进入了国家紧急状态，数百万人生命受到前所未有的威胁。2020 年初，蝗虫北上"侵略"了印度和巴基斯坦。这次非洲蝗虫引发的灾害一直持续到 2020 年底。

总体来说，植物疫情的实质，是危害某种或某类植物、某几种或某几类植物的生物，包括但不限于细菌、病毒、真菌、原生动物、节肢动物等在数量上的大爆发。甚至可以说，任何疫情，无论动物、植物、人类疫情，都是某种致病、致害生物在数量上的大爆发。

---

① 针对直航问题，也有观点认为主要还是距离原因。现有研究确认橡胶南美叶疫病菌属于真菌中最大的门：子囊菌。其会产生三种孢子并能附着在植物表皮角质层上，在某些物体表面存活 1 周以上时间。有研究表明在橡胶下生长的可可类植物也会受到 SALB 感染。

二、动物疫情

1. 疯牛病

谈起动物疫情，人们会不经意地想起20世纪80到90年代令人毛骨悚然的疯牛病疫情。

疯牛病，又称牛海绵状脑病（Bovine Spongiform Encephalopathy，BSE），为动物传染性海绵样脑病（Transmissible Spongiform Encephalopathy，TSE）中的一种，是由朊病毒引起的一种亚急性进行性神经系统疾病，通常脑细胞组织出现空泡，星形胶质细胞增生，脑内解剖发现淀粉样蛋白质纤维，并伴随全身症状，以潜伏期长、死亡率高、传染性强为特征。该病自1985年在英国首次发现以来，逐渐在世界范围内蔓延，先后扩散到了欧洲、美洲和亚洲的31个国家，受到疯牛病牵连的国家有100多个。疯牛病疫情对世界养殖业、餐饮业造成了重大损失。

随着疯牛病的流行，由同一致病因子引起的人的新型克雅氏病（俗称人类疯牛病）出现，还导致了全世界对疯牛病的恐慌，给动物和人类健康及国际政治经济等领域带来全球性影响，并引发国家之间的持续贸易争端。

在英国同意禁止将哺乳动物的肉和骨头用于动物饲料（牛羊肉骨粉也统称为反刍动物源性饲料，目前我国等多数国家均已禁止进口）等措施之后，1999年欧盟取消了英国牛肉的出口禁令，英国的新型克雅氏症病例也在同年达到顶峰后开始下降。2005年初，全球新型克雅氏病例病人已经超过180人，主要分布在欧洲，在亚洲的日本、沙特和中国香港地区也有出现。[1]

---

[1] 《克雅氏病》，载广东省疾病预防控制中心网，http://cdcp.gd.gov.cn/jkjy/jkzt/crbyfykz/crbkpyd/content/post_3438479.html，访问时间2022年5月16日。

疯牛病不仅属于严重的动物疫情，还与人类可能通过误食病牛的牛肉制品而感染导致新型克雅氏病的朊病毒有关。但我们对该病毒的认识仍然极为有限，甚至病毒溯源还显示，在1984年已有疯牛病病例出现。目前的主要突破是美国生化学家斯坦利·B.普鲁西纳（Stanley B. Prusiner）发现了朊病毒①和英国疯牛病传播之间的关系，并因此获得了1997年的诺贝尔医学奖。但美国食品药品监督管理局在官网上的介绍中表示：证据表明用来自病牛或其他动物的肉骨粉制作的饲料加重了疯牛病的传播，但是疯牛病的病原体未知。世界卫生组织对疯牛病的说明中也认为疯牛病病原体的本质尚有争议。

因此，我们或许可以朴素地推测，自然界中新型变异型克雅氏病早已存在，但其传播途径有限。肉骨粉饲料、摄入矿物质失衡（如锰元素过量、有机农药滥用）等有可能加剧了传播，并最终在各种（已知和未知）因素的共同作用下，在20世纪80年代实现了从牛到人的跨物种传染。

时至今日，疯牛病仍是困扰人类的一类动物疫情，并不时引起人类警觉。出于食品安全与贸易博弈的权衡考虑，我国质检总局在2017年6月20日发布公告，允许美国牛肉输华，结束了受疯牛病影响达13年的牛肉进口禁令。2018年6月26日海关总署、农业农村部公告，解除英国30月龄以下剔骨牛肉②禁令。但2021年9月，在时隔将近10年后巴西政府再次发布公告确认发现2例非典型疯牛病病例，并从当天起暂停对华牛肉出口。

我国海关总署动植物检疫司于2022年1月发布的《禁止从动物疫病流行国家/地区输入的动物及其产品一览表》中，对27个国家、地区

---

① 朊病毒（Prion），严格来说不是病毒，它们不含核酸而仅由蛋白质构成，是一类可自我复制并具感染性的小分子疏水性蛋白质，能引起哺乳动物和人的中枢神经系统病变。

② 据认为，疯牛病在30个月以下的牛中少见。但也有观点认为目前对朊病毒的检测方法灵敏度有限，无法确切地判断病原体在牛体内的分布，只能判断牛脑、脊髓、淋巴系统等有限的组织、器官的病毒富集。

的牛及相关产品（部分国家、地区对 30 月龄以下剔骨牛肉除外）做出了禁止输入的规定。这也是我们在购买进口牛肉时，通常看到的是剔骨后的牛肉的原因。

2. 非洲猪瘟

近年来，中国人餐桌上的猪肉突然金贵起来。不仅价格一路上扬，而且涨幅颇大。有单位甚至过年时不再发放现金奖金，而是直接发实物猪肉。究其原因，皆因已被广泛报道的非洲猪瘟。

2018 年，"非洲猪瘟"一词还被选为当年社会生活类十大流行语。[①] 更有甚者，时任菲律宾总统的杜特尔特因为非洲猪瘟暴发宣布从 2021 年 5 月 10 日起进入为期一年的国家灾难状态。[②] 可见近两年非洲猪瘟疫情的猖獗。

非洲猪瘟是由非洲猪瘟病毒感染家猪和野猪而引起的一种急性出血性的烈性传染病，被世界动物卫生组织（OIE）列为法定报告动物疫病，也是我国重点防范的一类动物疫情，其最急性和急性感染死亡率高达 100%。

非洲猪瘟于 1921 年在肯尼亚首次被发现，主要分布在撒哈拉以南的非洲国家。1957 年先后流传至西欧和拉美国家。2007 年以来，在全球多个国家发生、扩散、流行，特别是俄罗斯及其周边地区。2017 年 3 月，俄罗斯远东地区伊尔库茨克州再次发生非洲猪瘟疫情。

2018 年 8 月 3 日，中国确诊首例非洲猪瘟病。此后疫情不断，病例在多地被发现，持续了两年多时间。根据我国《生物安全法》对"重大新发突发动物疫情"的界定，非洲猪瘟属于我国境内首次发生的、发

---

① 《汉语盘点 2018："奋""改革开放四十年"分列国内年度字词》，载人民网，http://media.people.com.cn/n1/2018/1221/c40606-30479731.html，访问时间 2022 年 8 月 2 日。

② 《非洲猪瘟暴发，菲律宾总统宣布全国进入灾难状态一年》，载中国新闻网，https://www.chinanews.com.cn/gj/2021/05-11/9474776.shtml，访问时间 2022 年 7 月 24 日。

病率和死亡率较高的动物疫病，且传播迅速，给养殖业生产安全造成严重威胁、危害，对公众生活造成了严重影响。根据估算，中国因非洲猪瘟造成的损失有万亿之巨。

中国是养猪及猪肉消费大国，生猪出栏量、存栏量以及猪肉消费量均位于全球首位。每年种猪及猪肉制品进口总量巨大，与多个国家贸易频繁。同时，我国与其他国家的旅客往来频繁，旅客携带的商品数量多、种类杂、距离疫区近（例如，我国距发生非洲猪瘟疫情的俄罗斯远东地区伊尔库茨克州仅1000公里）。因此，防疫形势十分严峻。为此，我国农业部于2017年4月12日特别发布了关于进一步加强非洲猪瘟风险防范工作的紧急通知。

一般认为，健康猪与患病猪或污染物的直接接触是非洲猪瘟最主要的传播途径。健康猪被带猪瘟病毒的蜱等媒介昆虫叮咬，也是可能的感染途径。

通常非洲猪瘟的跨国传入途径主要有4类：一是生猪及其产品的国际贸易和走私；二是国际旅客携带的猪肉及其产品；三是国际运输工具上的餐厨剩余物；四是野猪迁徙。中国已查明疫源的68起家猪疫情传播途径主要有3种：一是生猪及其产品跨区域调运，约占全部疫情的19%；二是餐厨剩余物喂猪，约占全部疫情的34%；三是人员与车辆带毒传播，这是近年疫情扩散的最主要方式，约占全部疫情的46%。由于在世界范围内还没有研发出可以有效预防非洲猪瘟的疫苗，主要的控制方法是通过高温、消毒剂有效杀灭病毒。因此，做好养殖场生物安全防护是防控非洲猪瘟的关键。

2019年2月，农业农村部印发了《非洲猪瘟疫情应急实施方案（2019版）》，至2022年已更新至第五版。2019年7月3日，国务院办公厅印发了《国务院办公厅关于加强非洲猪瘟防控工作的意见》。上述文件均为我国应对、控制非洲猪瘟特别刊发。2019年7月后，在综合防控治理下，非洲猪瘟疫情发生势头明显减缓，正常的生猪生产和运销秩序逐步恢复，但跨境非洲猪瘟的风险仍在持续。

三、与动植物疫情相关的规范体系、法律责任及合规风险

（一）规范体系

以非洲猪瘟为例，我们可以尝试梳理一下法律法规和规范性文件体系，该体系由以下层级的规范组成：一是由《生物安全法》《动物防疫法》等基本法律部门构成的法律规定；二是由国务院颁布的《兽药管理条例》《动物免疫标识管理办法》《动物检疫管理办法》《病原微生物实验室生物安全管理条例》等行政法规组成的法律依据；三是由《国务院办公厅关于加强非洲猪瘟防控工作的意见》（国办发〔2019〕31号）、《国务院办公厅关于进一步做好非洲猪瘟防控工作的通知》（国办发明电〔2018〕12号）、《国务院办公厅关于做好非洲猪瘟等动物疫病防控工作的通知》（国办发明电〔2018〕10号）、农业农村部《非洲猪瘟等重大动物疫病分区防控工作方案（试行）》、农业农村部《非洲猪瘟疫情应急实施方案（第五版）》、农业农村部《关于进一步加强非洲猪瘟防控有关事项的公告》、《海关总署、农业农村部公告2021年第76号（关于防止海地非洲猪瘟传入我国的公告）》等组成的部门规章和规范性文件，以及《非洲猪瘟防控强化措施指引》等指引、指导性行政规范性文件。这些法律、行政法规、地方性法规、行政规章，以及公告、通知、指导方案等各层级的政策性、技术性的规范性文件，共同构成了我国针对特定动物疫情防控的法律文件体系。

我们也有理由预见，未来任何动植物疫情的出现，都可能会导致很强针对性的治理规范的产生，特别是具有规范性文件性质的技术规范。对于某些动植物疫情而言，所产生的治理需求可能是一次性的，但由外来物种入侵、非法生物技术应用等自然、人为风险因素导致新型疫情和既有疫情的新变化，都势必会对法律、技术和管理资源、跨机构以及跨国协调机制等提出更复杂和更专业的需求。

（二）法律责任及合规风险

与动植物疫情有关的法律风险，除了我们在上一章中所提到的与外来物种入侵相关的民事、行政以及刑事法律责任外，对于涉及动植物饲养养殖、动植物相关制品的生产销售、动植物运输及处置等行为的法律主体而言，可能产生的法律风险还包括：

1. 对涉疫动物生产、销售、运输可能引发的法律风险

在非洲猪瘟疫情期间，农业农村部办公厅就非洲猪瘟疫情防控中违法违规典型案例发布了多次通报，以下我们引述几个典型案例。

（1）湖南省桃源县某集团公司养殖场拒绝监督检查、不履行疫情报告义务，以及运输依法应当检疫而未经检疫生猪引发动物疫情案。

湖南省桃源县畜牧兽医部门自 2018 年 8 月以来，多次赴当地某集团公司下属养殖场开展非洲猪瘟疫情排查，该公司养殖场均不予配合。后经采样检测，该公司下属三家养殖场生猪抽样检测结果呈非洲猪瘟阳性。经查，该公司所属部分养殖场在 9 月底已出现母猪连续死亡等异常现象，但均未按规定向畜牧兽医部门报告，并将 1441 头母猪分别出售给该公司屠宰场和其他屠宰加工企业，部分生猪流入长沙某私屠滥宰点，造成屠宰场点环境样品和该公司生产的猪肉产品样品检出非洲猪瘟阳性。同时，该公司养殖场在未取得《动物检疫合格证明》的情况下，向该公司所属的其他养殖场转场仔猪，造成其他养殖场检出非洲猪瘟阳性。事件发生后，公安机关对该公司养殖场场长倪某全、张某，子公司经理蔡某，桃源县某肉业公司负责人刘某全等四人进行刑事立案调查。相关调查处理工作正在进行。

对于这个案件，行为人可能涉及的刑事罪名是《刑法》第三百三十七条的妨害动植物防疫、检疫罪。按照规定，违反有关动植物防疫、检疫的国家规定，引起重大动植物疫情的，或者有引起重大动植物疫情危险，情节严重的，处三年以下有期徒刑或者拘役，并处或者单处罚金。

(2) 北京市王某非法调运疫区省份生猪案。

北京市康庄高速公路检查站动物卫生监督执法人员于 2018 年 9 月 23 日在检查中发现,王某驾驶的轻型皮卡车载有 2 头生猪,无法提供《动物检疫合格证明》。经查,涉案生猪是王某从内蒙古(2018 年 9 月 14 日发生非洲猪瘟疫情)乌兰察布市集宁区察右前旗购入,在未取得《动物检疫合格证明》的情况下,拟途经北京运往河北省遵化市建明镇屠宰。北京市延庆区动物卫生监督所依据《中华人民共和国动物防疫法》,对王某作出罚款 4800 元的行政处罚,并对涉案生猪进行了无害化处理。

非法调运疫区动物的,可能涉及的罪名还包括《刑法》第三百三十七条规定的妨害动植物防疫、检疫罪等。这也是兽医等动物卫生监督机构人员在非洲猪瘟疫情期间可能面临的法律风险。

2. 生产、销售涉疫动植物制品的法律风险

对于像人患疯牛病一类的人畜共患传染病,[①] 如果将其制品进行生产、销售,进入食品流通领域,可能构成《刑法》第一百四十三条的生产、销售不符合安全标准的食品罪。按照该条规定,生产、销售不符合食品安全标准的食品,足以造成严重食物中毒事故或者其他严重食源性疾病的,处三年以下有期徒刑或者拘役,并处罚金;对人体健康造成严重危害或者有其他严重情节的,处三年以上七年以下有期徒刑,并处罚金;后果特别严重的,处七年以上有期徒刑或者无期徒刑,并处罚金或者没收财产。[②]

也许读者会问,对于非洲猪瘟这类非人畜共患传染病,生产、销售猪瘟肉制品是否也会产生严重的法律后果甚至承担刑事法律责任?答案是肯定的,否则公众大可不必担忧猪瘟对我国猪肉行业的影响。

[①] 原农业部在 2009 年公告第 1149 号制定了《人畜共患传染病名录》,牛海绵状脑病位列第一位。

[②] 《刑法》第一百四十三条。

虽然现代医学科学尚未对瘟猪肉导致人体损害及其他负面影响给出十分具体明确的答案，但对其食用的潜在风险仍然存在。这主要是考虑到在猪患病机体抵抗力下降时，猪的胃肠中存在着的数量众多的细菌经淋巴管进入血液循环，在内脏和肌肉组织内大量繁殖并产生毒素，以及病猪死后由于蛋白质被破坏、凝固，又极不容易煮透所可能产生的带病菌死猪肉食用风险。

按照《刑法》第一百四十三条规定，生产、销售不符合安全标准的食品，足以造成严重食物中毒事故或者其他严重食源性疾病的，处三年以下有期徒刑或者拘役，并处罚金；对人体健康造成严重危害或者有其他严重情节的，处三年以上七年以下有期徒刑，并处罚金；后果特别严重的，处七年以上有期徒刑或者无期徒刑，并处罚金或者没收财产。2021年最高人民法院、最高人民检察院《关于办理危害食品安全刑事案件适用法律若干问题的解释》对"足以造成严重食物中毒事故或者其他严重食源性疾病"进行了扩大解释，其中第2种情形为"属于病死、死因不明或者检验检疫不合格的畜、禽、兽、水产动物肉类及其制品的"。显然，销售此类制品的行为同样可能涉嫌生产、销售不符合安全标准的食品罪。

事实上，在农业农村部发布的"辽宁省王某军、各某芳逃避检疫，销售生猪引发非洲猪瘟疫情案"等典型案例中，就涉及上述类似情况。2018年6月，辽宁省沈阳市浑南区养殖户王某军通过辽宁省生猪经纪人朱某仁、吉林省生猪经纪人郑某军购入100头仔猪，后陆续发病死亡，王某军及其妻各某芳未经申报检疫将同群猪全部售出。其中出售给沈阳市沈北新区沈北街道五五社区养殖户张某森的45头生猪，8月2日确诊为非洲猪瘟病例。养殖户王某军及其妻各某芳，生猪经纪人朱某仁、郑某军等以涉嫌妨害动物防疫、检疫罪和生产、销售不符合安全标准的食品罪被刑事拘留。

3. 其他可能涉及的法律风险

此外，与动植物疫情相关的法律风险还包括我们在上一章节中所讨论的外来入侵物种的相关法律责任，特别是涉及作为《刑法修正案（十一）》增加设立的刑事法律责任，以及与动植物疫情相关的疫苗研发、实验、试验也可能会产生法律风险。因此我们在非洲猪瘟的例子中，会看到农业农村部特别对猪瘟疫苗进行了针对性规定，如 2020 年《关于进一步加强监督管理严厉打击非法生产经营使用非洲猪瘟疫苗等违法行为的通知》中明确指出市面上各种所谓疫苗，按照《兽药管理条例》规定，都是非法疫苗，均应按假兽药处理。对于由此进一步引出的与微生物、疫苗等相关的《病原微生物实验室生物安全管理条例》等法律问题，可参见本书的其他章节。至于读者感兴趣的问题：为何没有像新冠疫苗一样研发非洲猪瘟疫苗，这就是另一个故事了。

第十章

重大新发突发传染病

我们能创建一个无疾病大流行的世界吗？根本没有如此的担保书，但由于有了精心准备和快速应对，我们就能预防大多数失去控制的暴发，降低这些暴发导致国际性传播的影响。

——世界卫生组织，《流行控制：重大致死性传染病的关键事实》

正如本书在前言部分所述，我国《生物安全法》的施行回应了新冠病毒大流行，甚至可以认为，《生物安全法》通过十一项制度的构造，试图形成对新冠病毒等传染病的系统化风险控制机制。通过跟踪和研读新冠病毒的政策法律系列，我们会形成对《生物安全法》更为立体和丰富的认识。不仅如此，2019年末开始的新冠病毒大流行事件，也将以某种深刻、迂回的方式，重塑全球各国应对生物安全风险问题的底层逻辑和顶层设计。

一、传染病

我国《生物安全法》第八十五条对"重大新发突发传染病"术语的含义作了如下定义：重大新发突发传染病，是指我国境内首次出现或者已经宣布消灭再次发生，或者突然发生，造成或者可能造成公众健康和生命安全严重损害，引起社会恐慌，影响社会稳定的传染病。

传染病是由各种病原体引起的能在人与人之间、人与动物之间、动物与动物之间相互传播的一类疾病。病原体主要是由致病性微生物（如细菌、病毒、真菌等）组成。

微生物是地球上最古老和最普遍的生命形式，其与人类的关系密切和复杂到不可思议。它们有着极强的环境适应能力，能耐受极其恶劣的生存条件，即使是在高盐、高温、低温、高酸、高碱、低营养、高干旱、高压、高辐射以至高浓度重金属离子等极端环境下都能保持生命力。它们的种类不计其数，数量也大到不可想象，且充斥在各种空间，存在于各种物体的表面和内部。它们是"生物圈上下限的开拓者和各种记录的保持者"[①]。从时间上看，微生物作为地球上最古老的生命体，已存在数十亿年，而人类只有短短的几百万年。这是否意味着传染病可能在人类出现之前就一直存在，而且一直与人类如影随形？

也许我们不能历数人类历史上曾出现过的全部传染病，但我们至少听说过如霍乱、鼠疫、黄热病、天花、炭疽、HIV、流感这些可怕的名字；至少可以在过去的二十年间比较详细地记录那些新发生或卷土重来的令人恐惧的疾病大流行案例；至少可以从中感受到这些传染病的大流行对人类的政治、经济、军事、文化等各方面所造成的重大影响。

2003年，严重急性呼吸综合征（SARS）爆发，全球8000多人发病，其中十分之一死亡。

2009年，一种新流感病毒（H1N1）导致了21世纪首场流感大流行。

2012到2013年，一种新病在中东出现，导致中东呼吸综合征（MERS）的流行，并灾难性地扩散到该地区以外的其他国家。

2014年，埃博拉病毒在西非爆发，严重影响了几内亚、利比里亚和塞拉利昂3个非洲国家，并扩散到3个洲的其他国家，引发全球预警。

---

① 何国庆等主编：《食品微生物学》，中国农业大学出版社2009年版。

2015年，寨卡病毒在巴西爆发，并引发了近70个国家的寨卡病毒病的流行。

2017年，马达加斯加的鼠疫大暴发导致至少2417人染病、209人死亡。有9个与马达加斯加有贸易和旅行联系的国家和地区进入鼠疫戒备状态。

2019年，新冠疫情在全球爆发。

可以毫不夸张地说，在人类文明的进程中，传染病的阴影始终挥之不去，它以复杂而微妙的方式影响着人类的过去、现在和未来，传染病流行史已经成为人类历史中不可分割的一部分。

二、传染病从未远离

20世纪初，西班牙大流感造成全球5000万人死亡，经济几近崩溃。这一惨痛的经历，在不断提醒和警示我们传染病的危害性和易感性，也使得人们对传染病保持着较为清醒的认识和较高的防范意识。但此后随着生物技术的发展，新疫苗、抗生素和新治疗手段不断地涌现，一些传染病得以控制（例如天花、脊髓灰质炎等），一些传染病暂时销声匿迹，让人们产生了人类已经战胜微生物和传染病的错觉，以至于许多学者，例如1969年美国的威廉·斯图尔特在国会发言时称："应该合上关于传染病的书本，对抗瘟疫的战争已经结束。"然而，微生物根本不可能消亡，传染病亦不可能消失，传染病很快就以令人震惊的方式重回人们的视野。

近几十年来，人类已发现了1500多种新病原体。这些病原体包括1976年发现的埃博拉病毒和1983年发现的人类免疫缺陷病毒（HIV）。由HIV导致的艾滋病，仅在35年间就令约7000万人感染，3500万人死亡。埃博拉病毒病在近40年出现了25起致病性爆发，而且这些爆发往往是在长时间寂静后突然发生的。

我们不禁要问：传染病大流行的历史会重演吗？答案是肯定的。唯一不确定的是，我们不知道它何时会发生。但是可以确定的是它随时可能发生，而且在发生之前不会给我们任何提醒——但并非不会留下某些迹象。这些蛛丝马迹的线索，特别是发现和共享这些线索的能力，成为现代社会应对传染病系统建设的重要方面。

三、新危险因素与挑战

现代人类行为的改变和科学技术的发展，使得传染病的流行呈现出许多新的特征，也给传染病流行的控制带来了新的挑战。

第一，现代交通运输业的发展使得诸如飞机、高铁、汽车、轮船等运输工具，甚至是运输的货物都成为病原体传播的新载体。病原体与人和货物一起，随着高速运转的运输工具在世界范围内奔驰。而一些像现代建筑中的空调系统等设备、设施，甚至建筑体系本身，也可能为病原体提供新的局部生态环境。可以说，这是一个新时代，一个无法阻止"特洛伊木马"承载着病原体满世界飞奔的时代。

例如，2020年10月，中国疾病预防控制中心在冷链食品外包装分离到新冠活病毒。这是国际上首次在冷链食品外包装上分离到新冠活病毒，并证实接触新冠活病毒污染的外包装可导致感染。这些病毒在物品表面的存活时间引发了公众的极大兴趣，也有效地推动了一次科普。

第二，运输的货物会随着快速、便利的现代交通工具的普及和贸易的全球化，不断突破着高山、丛林、沙漠、海洋等物理、地理屏障，而人口流动速度和频率也与过去完全不可同日而语。这也使得人，这一传染病的最重要载体在全球范围内实时行进，新时代传染病的传播速度更快，范围更广，可能累及的人数越多，造成的影响也越大。

例如，2009年的H1N1在不到9周的时间里就传遍世界各大洲。2015年的中东呼吸综合征在韩国暴发时，2个月的时间里就出现186例病例，死亡36例，损失约80亿美元。因此，当今时代是一个传染病流行大提速的新时代。

第三，这是一个传染源、传播途径、传播模式不断变化更迭的新时代。

人口密度和人类行为方式的改变，直接影响着病原体传播和分布。早期的许多流行病因当时人口数量少和密度低而无法流行。然而，现代城市庞大的人口数量和超高的人口密度,不仅使得传染病流行成为可能,而且必然大大加速病原体的传播,加大感染概率。

移民、贸易、旅游,以及现代农业及养殖业的生产方式的改变,甚至战争等因素,都大大增加了人与人之间、人与野生动物之间、人与饲养动物之间的接触频度。人们在原始自然环境与现代居住环境之间高频次出入和切换,人们的森林砍伐、土地利用、粮食生产、野生动物屠杀和食用、活家禽饲养运输销售等行为,都可能促进传染病的发生和传播。

同时,城市化程度的大幅提高,使得城市周边地区与农村地区形成重叠和交叉,人与家畜、家畜与野生动物之间形成了密切且反复的接触,也大大增加了出现新流行性传染病的可能性,对未来人和动物(驯化及野生)的传染病模式,特别是人畜共患传染病模式、逆人畜共患病传播模式的产生带来显著影响。

第四,生态环境的改变,正在对传染病的发生、传播等产生重大影响。

生物多样性的破坏与流行性传染病的增加存在着正相关性。生态平衡被人为破坏、因自然因素导致的失衡,以及空气污染、全球变暖的气候变化等,都将成为未来影响全球传染病发生、分布的重要因素。

自然界中野生动物栖息地的丧失和野生生物贸易,使得人与动物离开了其各自原有的环境,人与动物之间的天然界限被打破,为传染病从动物向人的传播创造了条件。例如,携带新冠病毒的蝙蝠和穿山甲,被带离自然环境并进入城市,就相当于向人口密集的区域植入了一个野生动物疾病的集散中心。人类尚不自知,却已暴露在可怕的、未知的风险之中。

现在的学界已有这样的共识:人口增长越快,我们对环境的破坏就越多;损害生态安全的农业活动就越密集,爆发新流行病的风险就越大。保护生物多样性和生态平衡,是遏制动物源性疾病传播的主要原则和路径。

第五，应对重大传染病流行，对公共卫生机构、医疗机构及相关制药等产业提出了重大挑战。

世界卫生组织抗疫的全球策略首选接种疫苗。对已知且有疫苗的传染病而言，可能遇到的最大问题是疫苗生产能力不足、因疫情突发而导致需求暴涨的双重作用引发的疫苗严重供给不足。对新发传染病和病原体会快速变异的传染病，怎样迅速开发出有效的疫苗和治疗药物，是人类需要面对的最大挑战。

疫情之下，公共卫生体系因优质医疗资源的稀缺性和有限的可及性，难以保证每个个体都可以公平地获得有效的保护。而全球卫生保健体系发展的极度不平衡性，更加剧了这种情形。卫生保健体系薄弱地区，往往因为诊断技术的欠缺和有效治疗物品的短缺，成为传染病加速爆发的突破口，进而影响和加剧传染病在全球流行。可以说，"在所有人安全之前，没有人是安全的。"[①]

即使是在卫生保健体系发达的地区，传染病也会呈现井喷式爆发，在短时间内集中占用大量医疗资源，令医疗体系难以负荷，濒临崩溃。保证医疗机构的承压能力且医疗资源不被耗尽，将成为最终取得抗疫胜利的关键。其中最为重要的，是保护好医护人员和卫生工作者不因疫情减员。这种减员有可能是致命的，一方面它会削弱和消耗卫生系统本身的力量和资源，另一方面这种减员很难在短期内恢复，从而使得卫生保健系统在疫情和通常医疗服务工作的双重压力叠加下，更加不堪负荷，雪上加霜。一旦医疗体系崩溃、医疗资源耗尽，势必导致更加严重的社会恐慌，甚至是社会动荡，人类社会将不得不同时应对疫情、经济、政治等多重压力和威胁。

第六，传染病防控的公共卫生干预管理面临新的挑战。

对传染病的公共卫生干预，主要依靠控制传染源和采取社区隔离等措施。例如，消杀染病动物，隔离患者和疑似病患，大规模流行病调查

---

① 世界卫生组织主编：《流行控制：重大致死性传染病的关键事实》，周祖木主译，人民卫生出版社2019年版。

等。这些干预措施的广泛有效实施，需要通过推行特殊的公共政策，制定临时管控措施和机制，以及国民的自律和自愿合作等方面的共同配合来实现。这无疑对政府的信息获取能力、决策能力、紧急动员能力、统筹调度能力、舆论宣导能力等行政能力提出了更高的要求和挑战。

第七，疫情期间的谣言流行，正在成为生物安全的新风险。对公众负面情绪的疏解和安抚、信息科学准确地发布和传达等，正在对政府的生物安全能力提出新挑战。

流行性传染病的危害之一是会引发社会普遍的恐惧、焦虑和不安情绪。疫情期间，各种信息（包括谣言、虚假信息、误导信息等）正通过手机App、社交媒体等各种即时通讯设备、网络通信技术快速传遍全球。不同的观点和信息，都会不同程度地引发公众认识上的混乱、情绪上的焦虑甚至恐慌。特别是虚假或误导的信息还会引起公众对政府倡导的各种合理的防控措施的怀疑、消极对待甚至是抵触抗拒，从而延误关键的疫情干预措施。信息的科学准确表述传达、对错误信息的及时澄清、与公众的有效沟通，都是取得和维持公众信任的重要能力。这些技能的培养和纯熟，都是对政府生物安全能力的新要求和新挑战。

第八，现代传染病流行的复杂性，决定了对现代传染病的发生，病原体的特性或其来源、传播路径等方面的预测，几乎成为不可能。

现代传染病的流行，可能有着复杂的起源、隐蔽的传播路径、广泛的影响和严重的后果，会对社会、政治和经济等各个方面产生重大影响，而且会在不同的国别环境中产生显著差异。因此，没有放之四海而皆准的通用干预方案，需要通过全球机制来协同治理和共同应对。应对重大突发传染病的流行，是对全球生物安全能力的全新挑战。

简言之，现代传染病呈现出的上述诸多特点，决定了传染病流行作为生物安全问题的复杂性，也反映出对这一生物安全问题防控、应对的复杂性和挑战性。对大规模流行性传染病的应对，不仅需要新的技术、新的机制、新的防控体系，还需要全球各国政府及公共卫生部门具备更高、更全面的能力，以及更新的态度。

四、新冠疫情——一场前所未有的挑战

任何现代危机都无法与此次疫情相提并论。面对来势凶猛的新冠疫情，许多国家元首和政府首脑都指出，我们已经处于战时状态，而对手是看不见的敌人，当然这是一种比喻："如果我们正在经历的这场疫情算作一场战争，那它并不是一场传统意义上的战争。毕竟，这场战争中的敌人是全人类共同的敌人。"①

现任世界卫生组织总干事谭德塞曾说："西班牙流感是历史上有记录以来最致命的暴发，死亡人数达到5000万，比第一次世界大战的死亡人数还要多。幸运的是，自那时以来我们还没有遇到如此大规模的突发公共卫生事件，但我们随时可能会遇到。暴发的事实是严酷的，世界仍旧是脆弱的。我们不知道下一次在哪里发生，何时发生，但我们知道那将会是异常可怕的损失，对人的生命和全球经济都会造成严重损害。"② 一语成谶，新冠疫情的大流行几乎完全印证了上述论断。

克劳斯·施瓦布和蒂埃里·马勒雷在《后疫情时代：大重构》一书中说："新型冠状病毒大流行引发了现代史上空前的全球性危机。毫不夸张地说，全世界乃至我们每个人都因此陷入了几十年未曾有过的艰难境地。对我们而言，这一决定性时刻的影响将持续多年，许多事情都将永远改变。新冠疫情正在严重破坏经济，使社会、地缘政治等多个领域陷入危险与动荡，引发人们对环境问题的深刻关注，也让技术广泛进入我们的生活。……数以百万计的企业处境岌岌可危，许多行业面临危机，只有少数能够逆势发展。……新冠病毒大流行标志着全球发展的根本性转折，……意料之外的快速变化将层出不穷，互相融合，引发第二

---

① ［德］克劳斯·施瓦布、［法］蒂埃里·马勒雷：《后疫情时代：大重构》，世界经济论坛北京代表处译，中信出版集团2020年版。
② 世界卫生组织：《流行控制：重大致死性传染病的关键事实》，周祖木主译，人民卫生出版社2019年版。

波、第三波、第四波乃至更多后果。"①

由新冠病毒引发的疫情是一场空前的灾难，也是人类所面临的一场前所未有的挑战，一方面是因为疫情引发的变化难以准确预测，另一方面是因为由疫情引发的变化所产生的新秩序，本身也存在无限的可能性。但有一点是可以肯定的，新冠疫情影响的绝不会仅仅是确诊数、死亡数、失业率等各种数据，其必将从更广大的范围和更深的深度对当今世界产生重大的影响。甚至可以说，新冠疫情作为全球性的生物安全事件，正在或将要改变世界的面貌和格局，改变人类的发展进程，影响人类的前途和命运。

首先，在新冠疫情的语境下，人类所面临的是一个复杂系统背景下的重大而艰巨的挑战。它不仅仅是传染病大流行的生物安全问题，更是经济、社会、地缘政治、环境等因素相互叠加、共振，甚至是"化合"形成的更加复杂、严峻的系统风险问题。

心理学家赫伯特·西蒙将"复杂系统"定义为"以非简单方式相互作用的大量要素组成的系统"②。其特点之一是组成系统的要素间虽具有互联性但缺乏明显的因果联系，且要素之间的影响往往是非线性的。这意味着各要素对系统的影响，几乎无法预测。同时，系统中只要一个要素发生变化，就会对其他要素和整个系统产生连锁式的、令人惊讶的严重影响。

因此，如果我们孤立地看待新冠疫情下的经济风险、地缘政治风险、社会风险与环境风险，可能还会觉得每类风险都是可控的。但事实上，系统要素的互联性就使得上述各种风险相互叠加、整合、传导，并产生共振效应后，与原来的预想可能大相径庭。因此，我们根本无法通过孤立地评估单一要素风险而采取措施，以达到控制风险的目的。

---

① [德]克劳斯·施瓦布、[法]蒂埃里·马勒雷：《后疫情时代：大重构》，世界经济论坛北京代表处译，中信出版集团2020年版。

② [德]克劳斯·施瓦布、[法]蒂埃里·马勒雷：《后疫情时代：大重构》，世界经济论坛北京代表处译，中信出版集团2020年版。

具体地说,新冠疫情不仅引发了全球性生物安全问题,而且已在全球许多地方引发了人员失业、政府财政危机、社会动荡、民族主义抬头等社会、经济等问题,也导致了各国经济持续下行引发的去全球化,各国防疫政策难以统一协调而导致了全球治理机制失灵,以及恢复经济运行与环境保护之间冲突等政治、环境问题。这些亟待解决的问题相互交织、互为影响,难以厘清因果和顺序,成为更加复杂的系统问题。

其次,新冠疫情之下,快速正确地决策变得更加困难。

一方面,新冠疫情的防控,不仅要求各类专家要从自身专业和学科去研究和思考本专业的问题,还需要他们从更宏观的视野为决策者提供更有价值的信息和洞见,以利于决策者做出最佳决策。对极复杂问题的权衡和决策,是新冠疫情带来的前所未有的挑战之一。

另一方面,全球新冠患者数量呈几何级数增长,疫情蔓延速度之快,着实让各国无法适应和疲于应付。这种增长的态势,迫使我们必须正视时间的重要性,快速决策和有效干预将传染控制在小范围内。因为一旦疫情来到某个临界点,就会突然加速或发生不可逆转的恶化。这也意味着我们失去了控制疫情的最佳时机。因此,快速决策十分重要。然而现代信息社会产生的海量信息,使得我们在相关信息处理上所需花费的时间大幅增加,这也使得快速决策变得愈发困难。

同时,政府决策必须考虑和平衡不同群体的利益诉求、关注相关决策对国际关系和秩序的影响,政府决策的复杂性也增加了快速正确决策的难度。

最后,新冠疫情引发了人文观念的冲突。

社交隔离,几乎是各国政府在疫情初期为了有效控制疫情所能采取的唯一有效的措施。伦敦帝国理工学院的研究表明,包括英国、西班牙、意大利、法国和德国在内的 11 个欧洲国家在 2020 年 3 月实施的大规模严格封禁,避免了约 310 万人死亡。[①] 根据另一项由加州大学伯克

---

① Wighton, Kate, *Lockdown and school closures in Europe may have prevented 3.1m deaths*, Imperial College London, https://www.imperial.ac.uk/news/198074/lockdown-school-closures-europe-haveprevented.

利分校开展的研究发现,6个国家(中国、韩国、意大利、伊朗、法国和美国)通过各自实施的隔离措施,总共避免了5.3亿感染病例,相当于6200万确诊病例。① 但是,严格的封禁也导致了社会生活的暂时停摆,许多人因无法工作影响了生计,进而引发了"要生命还是要生计"的争论。

事实上,只要客观地分析一下就可以知道,在其他有效的干预措施出现之前,即使放弃生命也并不会令人们的经济状况改善。相反过早地取消社交隔离会导致更多员工感染,更多企业停工停产,会使本来不振的经济更加低迷。正如经济学家和公共卫生专家所言:"只有拯救生命才能挽救生计。"②

"要生命还是要生计"虽然是一个伪命题,但它实实在在反映出人们因疫情在观念上产生的变化和冲突,也预示着新冠疫情正在改变着人们一些固有的观念。

新冠疫情让我们所面临的不仅仅是传染病大流行的生物安全问题的挑战,更是一场前所未有的经济、社会、地缘政治、环境等因素相互传导、叠加、共振后形成的更加复杂、严峻的系统风险的挑战。人类何以应对?我国《生物安全法》正是为此新变局、新挑战而生的一部法律。"《生物安全法》全面总结生物安全风险防控的经验做法,针对存在的短板弱项,特别是新冠肺炎疫情防控中暴露出来的问题,确立了十一项基本制度"。③

但正如张居正所言:"盖天下之事,不难于立法,而难于法之必行。不难于听言,而难于言之必效。"我们仍将面对人类安全、生态和谐与

---

① Hsiang, Solomon, et al., *The effect of large-scale anti-contagion policies on the COVID -19 pandemic*, Nature, https：//www.nature.com/articles/s41586-020-2404-8.

② Cherukupalli, Rajeev and Tom Frieden, *Only Saving Lives Will Save Livelihoods*, Foreign Affairs, https：//www.foreignaffairs.com/articles/united-states/2020-05-13/only-saving-lives-will-save-livelihoods.

③ 《我国生物安全进入依法治理新阶段》,载光明网,https：//tech.gmw.cn/2021-04/16/content_34768380.htm,访问时间2023年3月31日。

持续发展的多重纠结，在某些阶段，这种冲突也会构成所谓的"不可能三角"，这就意味着我们需要为了解决突出问题而放弃某些利益。

六、与传染病相关的法律责任

各国在传染病相关的法律中进行义务要求或规定法律责任都有悠久的历史，例如英国在非常早期就有应对传染病的《1721年隔离修改法》（Quarantine Act 1721），也有观点认为其最早的公共卫生条例是在1518年应对鼠疫期间产生。不过自工业革命以来，公认现代意义上的公共卫生法案诞生于1848年。即便如此，此后各国对疑似病患、病患的处理也是五花八门。

我国围绕《传染病防治法》《国境卫生检疫法》《食品卫生法》《执业医师法》等法律在内已经构建了相应传染病防治、管理的法律体系，并通过《刑法》及修正案的方式规定了涉及传染病防治和管理的若干罪名，这些刑事责任构成了涉及传染病防治和管理最为严重的法律后果。但仅从传染病本身考虑防治可能并不足够，还需要跳出"头痛医头、脚痛医脚"的循环，从宏观、微观尺度上系统性地考虑传染病发生、传播的内外部原因，防范、治理的社会化综合措施将现象上升为关联，在关联中识别因果，将因果转化为规范，把人类传染病放置于生态系统下进行全方位的打量和审视。所以我们会看到，在《生物安全法》的体例下，人类传染病与动植物疫情，都整体地放入第三章"防控重大新发突发传染病、动植物疫情"，这种编排体现了不同于传统传染病防治的思路，也是本书贯穿始终的生物安全观的体现。

本章的最后，我们还是列举出现行法律中最主要的刑事法律责任规定，这些规定不仅适用于新冠病毒传染病防治。同样，并非所有的法律后果都会指向刑事责任。

1.《刑法》第一百一十四条、第一百一十五条规定的"投放危险物质罪""以危险方法危害公共安全罪"。"……投放毒害性、放射性、传染病病原体等物质或者以其他危险方法危害公共安全，尚未造成严重后果的,处三年以上十年以下有期徒刑","致人重伤、死亡或者使公私财产遭受重大损失的,处十年以上有期徒刑、无期徒刑或者死刑"。

2020年2月的《关于依法惩治妨害新型冠状病毒感染肺炎疫情防控违法犯罪的意见》中明确,故意传播新型冠状病毒感染肺炎病原体,具有下列两种情形之一,危害公共安全的,应当依照《刑法》第一百一十四条、第一百一十五条第一款的规定,按以危险方法危害公共安全罪定罪处罚:一是已经确诊的新型冠状病毒感染肺炎病人、病原携带者,拒绝隔离治疗或者隔离期未满擅自脱离隔离治疗,并进入公共场所或者公共交通工具的;二是新型冠状病毒感染肺炎疑似病人拒绝隔离治疗或者隔离期未满擅自脱离隔离治疗,并进入公共场所或者公共交通工具,造成新型冠状病毒传播的。

2. 非法制造、买卖、运输、储存危险物质罪:非法制造、买卖、运输、储存毒害性、放射性、传染病病原体等物质,危害公共安全的,处三年以上十年以下有期徒刑;情节严重的,处十年以上有期徒刑、无期徒刑或者死刑。……单位犯前两款罪的,对单位判处罚金,并对其直接负责的主管人员和其他直接责任人员,依照第一款的规定处罚。

3. 盗窃、抢夺枪支、弹药、爆炸物、危险物质罪:……盗窃、抢夺毒害性、放射性、传染病病原体等物质,危害公共安全的,处三年以上十年以下有期徒刑;情节严重的,处十年以上有期徒刑、无期徒刑或者死刑。

4. 抢劫枪支、弹药、爆炸物、危险物质罪:……抢劫毒害性、放射性、传染病病原体等物质,危害公共安全的,……处十年以上有期徒刑、无期徒刑或者死刑。

5. 妨害传染病防治罪:违反《传染病防治法》的规定,有下列情形之一,引起甲类传染病以及依法确定采取甲类传染病预防、控制措施的传染病传播或者有传播严重危险的,处三年以下有期徒刑或者拘役;后果特别严重的,处三年以上七年以下有期徒刑:(一)供水单位供应的饮用水不符合国家规定的卫生标准的;(二)拒绝按照疾病预防控制机构提出的卫生要求，对传染病病原体污染的污水、污物、场所和物品进行消毒处理的；（三）准许或者纵容传染病病人、病原携带者和疑似传染病病人从事国务院卫生行政部门规定禁止从事的易使该传染病扩散的工作的；（四）出售、运输疫区中被传染病病原体污染或者可能被传染病病原体污染的物品，未进行消毒处理的；（五）拒绝执行县级以上人民政府、疾病预防控制机构依照传染病防治法提出的预防、控制措施的。

按照《关于依法惩治妨害新型冠状病毒感染肺炎疫情防控违法犯罪的意见》，经国务院批准，国家卫健委已决定对新型冠状病毒感染肺炎采取甲类传染病的防控措施。因此对其他违反《传染病防治法》的行为，拒绝执行卫生防疫机构依法提出的防控措施，引起新型冠状病毒传播或者有传播严重危险的，应当依照《刑法》第三百三十条的规定，以妨害传染病防治罪定罪处罚。

6. 投放虚假危险物质罪及编造、故意传播虚假恐怖信息罪：投放虚假的爆炸性、毒害性、放射性、传染病病原体等物质，或者编造爆炸威胁、生化威胁、放射威胁等恐怖信息，或者明知是编造的恐怖信息而故意传播，严重扰乱社会秩序的，处五年以下有期徒刑、拘役或者管制；造成严重后果的，处五年以上有期徒刑。

7. 传染病菌种、毒种扩散罪：从事实验、保藏、携带、运输传染病菌种、毒种的人员，违反国务院卫生行政部门的有关规定，造成传染病菌种、毒种扩散，后果严重的，处三年以下有期徒刑或者拘役；后果特别严重的，处三年以上七年以下有期徒刑。

导致传染病菌种、毒种扩散的重要警示案例，是发生在2003年SARS疫情之后的2004年北京、安徽两地发生的SARS疫情。这次疫情北京和安徽两地共出现9例SARS确诊病例，有862人医学隔离。随后的调查报告显示：这次非典疫情源于实验室（中国疾病预防控制中心传染病预防控制所，被卫生部指定为SARS毒株的6家保管单位之一）内感染，是一起因实验室安全管理不善，执行规章制度不严，技术人员违规操作，安全防范措施不力，导致实验室污染和工作人员感染的重大责任事故。①

8. 污染环境罪：违反国家规定，排放、倾倒或者处置……含传染病病原体的废物、有毒物质或者其他有害物质，严重污染环境的，处三年以下有期徒刑或者拘役，并处或者单处罚金；情节严重的（如致使多人重伤、严重疾病，或者致人严重残疾、死亡的），处三年以上七年以下有期徒刑，并处罚金。

9. 妨害国境卫生检疫罪，与我们之前讨论的外来入侵物种导致的人类传染病、动植物疫情密切相关。违反国境卫生检疫规定，引起检疫传染病传播或者有传播严重危险的，处三年以下有期徒刑或者拘役，并处或者单处罚金。

此外，从事传染病防治的政府卫生行政部门的工作人员严重不负责任，导致传染病传播或者流行，情节严重的，可能构成传染病防治失职罪。

---

① 《卫生部：今年北京安徽非典疫情来自实验室内感染》，载《人民日报》2004年7月2日，第2版。

第四部分

影响生物安全的技术因素和风险

第十一章

生物技术与生物安全

随着合成生物学前景在望,基因学的创新发展也令人十分振奋,为医学的突破性发展奠定了基础。生物科技虽然还不能遏制(更谈不上预防)传染病的发生,但最新的发展成果已经大大提高了人类对新冠病毒基因组的识别和测序速度,也进一步提高了医学诊断的准确性。此外,采用 RNA(核糖核酸)和 DNA(脱氧核糖核酸)平台的最新生物技术让疫苗研发的速度超越了以往任何时期,同时也推动了新型生物工程治疗方法的发展。

——克劳斯·施瓦布、蒂埃里·马勒雷,《后疫情时代:大重构》

一、生物技术

什么是生物技术?

生物技术有传统生物技术和现代生物技术之分。

根据《科普中国·科学百科》的定义,生物技术(biotechnology)是指人们以现代生命科学为基础,结合其他基础科学的科学原理,采用先进的科学技术手段,按照预先的设计改造生物体或加工生物原料,为人类生产出所需产品或达到某种目的的技术方式。

这里所称的生物技术明显是指现代生物技术。

前文已经提到,《卡塔赫纳生物安全议定书》将"现代生物技术"界定为下列技术的应用:(1)试管核酸技术,包括重新组合的脱氧核糖核酸(DNA)和把核酸直接注入细胞或细胞器,或(2)超出生物分类学科的细胞融合,此类技术可克服自然生理繁殖或重新组合障碍,且并非传统育种和选种中所使用的技术。

在《卡塔赫纳生物安全议定书》通过后的近20多年,生物科学及相关学科呈现出人类历史上前所未有的快速发展和繁荣,现代生物技术的概念已经得到了极大的丰富,其内涵和外延已经远远超出《卡塔赫纳安全议定书》原有的界定。

我国《生物安全法》未对"生物技术"概念单独定义,只是将"生物技术研究、开发与应用"界定为"通过科学和工程原理认识、改造、合成、利用生物而从事的科学研究、技术开发与应用等活动"。

总的来说,生物技术不仅是一种以生物科学为基础的综合性技术手段,也是一门新兴的、综合性学科。它综合了基因工程、分子生物学、生物化学、遗传学、细胞生物学、胚胎学、免疫学、有机化学、无机化学、物理化学、物理学、信息学及计算机科学等多学科技术。它不仅包括基因工程、细胞工程、酶工程、发酵工程和蛋白质工程,还包括随着计算生物学、合成生物学等兴起而发展起来的生物信息技术、纳米生物技术与合成生物学技术等。它将为揭示生命现象和疾病机理,以及为人类疾病的诊断、治疗和预防等提供新技术手段、新路径、新理论和依据。

因此,生物技术的发展水平,不仅反映的是各国科学领域研究水平和技术水平的整体发展和综合实力,更体现的是人类文明的发展进程和文明程度。

二、现代生物技术发展现状及趋势

生物技术的发展涉及的学科众多,涉及的分支学科更是异常繁复,新学科、新技术、新理论和新的成果层出不穷且有井喷之势。加之生物技术的快速发展，以及与其他学科的深度融合，使得生物技术的相关知识和理论变得十分复杂，即使是生物学家对于其不熟悉的细分领域也存在许多盲区。因此，要清晰地阐明并让普通民众能具象体会到现代生物技术的发展状况和趋势，并不是简单容易的事情。我们试着从国务院发展研究中心国际技术经济研究所编写的《世界前沿技术发展报告2020》、《世界前沿技术发展报告2021》、国家发展和改革委员会高新技术产业司与中国生物工程学会编写的《中国生物产业发展报告2017》三份报告和相关研究文章的内容，以及从三份报告内容的对比中管窥一二。[①]

《中国生物产业发展报告2017》专设生物技术发展前沿与热点分析一章，将基因编辑技术列为发展前沿和热点。报告详细列举了2017年在CRISPR基因编辑系统优化完善、农业育种、动物基因编辑、人类疾病研究和治疗、改造工业微生物方面的全球研究进展。并指出基因编辑技术在未来可能出现的三方面的重要趋势：一是将加速迈向临床应用；二是将广泛用于农作物新品种创制和动物新品种选育；三是将加快生物制造的发展速度。还特别指出基因编辑技术的安全伦理问题需要关注。

国务院发展研究中心国际技术经济研究所编写的《世界前沿技术发展报告2020》在2020世界前沿技术发展报告综述及世界生物技术及产业发展报告中指出：2019年生命科学技术研究和生物技术持续取得突破。基因编辑、合成生物学等前沿颠覆性技术发展成熟催生出的基因治疗、生物材料、生物存储等产业日益兴起，助推生物经济规模持续扩大，引发世界主要经济体的高度关注。基因编辑伦理问题得到重视。前沿生物技术治理框架被提上议程。同时，生物传统安全威胁和非传统安全威胁仍然突出。世界主要经济体继续深化生物安全布局，推动生物安全防御

[①] 国际上，如经合组织在2018年更新了生物技术的统计定义和分类，其生物技术统计定义基于经合组织的《生物技术统计》和WIPO的《国际专利分类法》。同时经合组织也承认，该定义和分类仅是指示性而非详尽的清单，各国可能使用不同的生物技术定义。

体系的建立健全,以有效提升其应对和治理能力。① 《世界前沿技术发展报告 2020》还花了大量篇幅详细介绍了 2019 年生物技术方面的重大进展和合成生物学、基因编辑、微生物组学、干细胞四个方向的发展情况。

国务院发展研究中心国际技术经济研究所编写的《世界前沿技术发展报告 2021》,在 2021 世界前沿技术发展报告综述及世界生物技术及产业发展报告中指出:疫情之下,生物安全问题空前凸显,人类健康成为科技创新的热点领域。为应对新冠肺炎疫情,各国纷纷出台支持政策,新冠疫苗研发速度打破历史记录,灭活疫苗、减毒疫苗、亚单位疫苗、DNA 疫苗、mRNA 疫苗、病毒载体疫苗等多种疫苗的研发均取得重大进展,并展现出有效遏制疫情的巨大潜力。在疫苗研发之外,其他生物医药领域也取得突破性成果:细胞疗法、基因疗法在实体瘤、遗传性疾病等领域开展的早期临床试验中显示出初步疗效;新一代 AlphaFold 人工智能系统可以精准预测蛋白质的三维结构,为人类探索药物分子世界提供了强大的工具;迄今最大规模人类遗传变异体目录的公布,有助于提供人类生物学特征和疾病的重要见解等;② 特别介绍了人工智能与生命科学等交叉学科取得的成果,例如,生物计算、生物存储、脑机接口等技术。《世界前沿技术发展报告 2021》还花了大量篇幅详细介绍了 2020 年生物技术这方面的重大进展和合成生物学、基因编辑、干细胞、脑科学四个方向的发展情况。

通过主题词检索,我们发现《世界前沿技术发展报告 2020》提到基因编辑技术 152 次、干细胞 110 次、合成生物学 64 次、脑科学 3 次、脑机接口 8 次、生物存储 6 次、DNA 存储 4 次、生物计算 3 次、生物安全 8 次。《世界前沿技术发展报告 2021》提到基因编辑技术 108 次、干细胞 130 次、合成生物学 83 次、脑科学 20 次、脑机接口 21 次、生物计算 2 次、DNA 存储 12 次、生物安全 18 次。

---

① 国务院发展研究中心国际技术经济研究所:《世界前沿技术发展报告 2020》,电子工业出版社 2020 年版。

② 国务院发展研究中心国际技术经济研究所:《世界前沿技术发展报告 2021》,电子工业出版社 2021 年版。

我们再从论文数量来看,有关干细胞研究的论文在 2016 年已突破 20000 篇,其后保持着稳定。合成生物学和基因编辑的论文也表现出较快的增长。在干细胞领域,2010 至 2019 年,美国、中国、德国、日本、英国等国家发表的干细胞相关论文数量较多。其中,美国发表的干细胞论文数量达 62159 篇,占全球总量的 34.76%,远高于其他国家。2010 年起,中国的年度论文数量超过英国、德国等发达国家,上升至全球第 2 位,且在之后 10 年里增速显著高于其他国家。在合成生物学领域,同期全球发表相关论文的年增长率皆在 10% 以上。美国发表的论文数量达 26138 篇,占全球总数的 35.46%;中国以 18388 篇排名全球第 2 位,且增速较快。2019 年,中国在合成生物学领域的论文数量超过美国,位列世界首位。在基因编辑领域,美国在这 10 年期间发表的论文数量达 7751 篇,占全球总数的 47.51%;中国以总数 3732 篇的论文量排名全球第 2 位。中国近 5 年在基因编辑技术方面论文量的平均增长率超过 50%,与美国保持着齐头并进的发展态势。[1]

显然,基因编辑、干细胞、合成生物学是生物技术最热的三个领域,脑科学(含脑机接口)、生物计算(含生物存储等)的热度持续升温,生物安全已经引起各国的高度重视,并纳入全球治理的视域。

综合上述三份报告的内容和观点,我们可以看出近年来世界现代生物技术的发展呈现出以下趋势:

1. 生物技术呈现出与其他学科深度融合、创新突破多点爆发、发展大幅提速的态势[2]

就基因编辑技术而言,以先导编辑、超精准分子剪刀、纳米递送系统、可以实时观测活细胞中基因组编辑动态变化的多功能成像系统

---

[1] 彭耀进、周琪:《应对生物技术变革与伦理新挑战的中国方略》,载《中国科学院院刊》2021 年第 11 期。

[2] 参见国务院发展研究中心国际技术经济研究所:《世界前沿技术发展报告 2020》,电子工业出版社 2020 年版;国务院发展研究中心国际技术经济研究所:《世界前沿技术发展报告 2021》,电子工业出版社 2021 年版。

CRISPR LiveFISH 为代表的新基因编辑系统、编辑工具、基因编辑成像方法等技术的问世，使得基因编辑技术呈现多样化。一方面大大提高了基因编辑技术的应用范围、精准度和编辑效率，另一方面使得研究人员对基因编辑的工具有了更多选择空间，使得基因编辑技术可以更加安全地应用于各种场景，有助于攻克脱靶难题。基因编辑技术在疾病治疗方面也取得了新进展，为人类治愈癌症、遗传病、罕见病等不治之症带来了希望。特别是基因编辑技术在应对新冠疫情方面已经展现出令人期待的前景。同时，基因编辑技术在动植物方面的应用，正有力地推动着农业变革。

在合成生物学方面，合成生物学正在深刻变革传统行业的生产模式和推动行业融合，人工智能、大数据、自动化和光遗传学等新兴技术突破性发展，大大提高了合成生物学的应用广度和实用性。合成生物学在基础元件构建、线路设计、新材料开发、医药研发、工业生产、农业改良方面都取得了众多突破性成果。在面对新冠肺炎疫情时，也展现出强大的应用潜力。同时，合成生物学最新成果有力地推动了生物计算的发展，DNA 合成、测序和检索技术正在被应用于数据存储系统，以 DNA 存储为代表的生物存储与计算技术取得系列突破。例如，科学家实现了数据信息 0 和 1 与碱基信息 A、T、C、G 的全自动互转和识别；开发出可超长时间保存的寡肽分子存储数据的新方法；将数字图像存储在含有糖、氨基酸等液体混合物中并实现检索功能；在细菌和真核细胞中创建用于逻辑计算和存储的电路等，让人类在大数据时代碰到了硅基存储和计算发展的同步挑战，也迎来了生物存储和计算的曙光。

在干细胞方面，干细胞制备、新类型开发、组织修复、器官移植以及机理研究和临床应用等领域取得了突破性的进展，成果不断涌现；基于干细胞的新型药物、基因治疗及美容抗衰老等产品接连上市；大量从事干细胞研究的初创公司涌现。到 2020 年底全球登记的干细胞临床试验已超过 7000 项，近一半已完成临床试验研究，疾病治疗所涉及的领域几乎遍及神经系统类、癌症和肿瘤类、血液和淋巴类、心血管类等对人类健康构成最主要威胁的疾病领域。在新冠肺炎治疗方面，也表现出一定潜力。总体上讲,干细胞在生命科学、新药试验和疾病研究这三大领域已经展现出巨大的研究和应用价值。

在脑科学方面,既有针对脑发育和脑疾病开展的研究项目,也有基于人工智能、大数据、超级计算机和机器人等新技术突破而开展的应用项目。脑科学研究的"工具箱"不断被丰富,与脑相关技术的应用也进入快速发展期,特别是脑机接口和类脑智能等技术受到各界广泛关注和期待。2020 年《自然·机器智能》中显示,麻省理工学院等学院派团队仅用 19 个类脑神经元实现控制自动驾驶汽车。脑机接口技术帮助瘫痪男子重获触觉。2021 年 11 月 24 日,马斯克创办的脑机接口公司 Neuralink 发布了一条视频,展示了一只大脑里被植入了芯片的猴子用意念玩乒乓球游戏。这项最新的成果使用的是 Neuralink 的 LINK 脑机接口技术。具体来说,通过一台小手术向大脑内植入一枚直径 23mm、厚度 8mm 的芯片,实现实时读取脑电波、无线传输脑电波数据,并可以用手机控制。LINK 脑机接口技术是 Neuralink 于 2020 年 8 月完成、通过手术机器人植入实验猪大脑内的,并依靠神经元活动成功预测出实验猪的行为轨迹。

2. 生物技术及产业已经成为世界经济最重要的推动力之一,世界各国加紧生物技术及产业布局,竞争态势日趋激烈

第四次工业革命浪潮的到来,特别是新冠疫情的突发和持续,加剧了全球政治、经济、科技、安全等格局的变化,大国竞争全方位展开,生物科技已经成为世界各主要经济体角力的主要战场。各国为加紧生物技术及产业布局,密集出台顶层战略、计划和政策。

在发展生物技术方面,各国在延续之前已有战略规划的基础上,又频繁出台相关计划和政策。例如,英国于 2010 年发布了《生物科学时代:2010—2015 战略计划》,确定了食品安全、生物能源与工业生物技术,以及医疗卫生基础生物科学作为三个优先发展领域。其后,又分别于 2012 年 5 月和 2017 年 4 月投资 2.5 亿英镑和 3.19 亿英镑推动生物科学方向的研究,旨在利用生物技术手段应对人口增长、化石能源替代

和老龄化等全球挑战。2018年9月，英国发布指导英国生物科学发展方向的路线图——《英国生物科学前瞻》，其主要内容包括深化生物科学前沿发现、解决战略挑战和建立坚实基础三个方面。[①] 2019年6月，英国发布《生物科技领域实施计划2019》，提出加强对生命规律的探索，推动农业和食品、可再生资源、健康三大领域的产业转型，维持英国在生命科学领域的领先地位。

俄罗斯于2012年4月发布的《俄罗斯联邦2020年生物技术发展综合计划》，提出优先发展生物制药和生物医学、工业生物技术、生物能源、农业生物技术、食品生物技术、林业生物技术、环境生物技术和海洋生物技术。2018年2月，俄罗斯政府出台路线图《2018—2020年生物技术和基因工程发展措施计划》，确定了九大优先领域的具体措施。在原有综合发展计划的基础上，在优先发展领域中增加了发展生产潜力和生产合作、发展基础设施以及基因工程三块内容。[②] 2019年4月，俄罗斯政府发布《2019—2027年俄罗斯联邦基因技术发展计划》，强调将加速基因编辑等基因技术发展，为医学、农业和工业创造科技储备，并监测和预防生物性紧急情况的发生。

在生物经济战略和政策方面，美国持续发力，以强有力的政策支持基础研究和创新发展。其在《国家生物经济蓝图》（2012年4月）基础上逐步细化各项规划和举措，并于2019年3月发布《生物经济计划：实施框架》。第116至117届国会期间，参众两院提出了各个版本的"全球流行病预防""生物安全信息共享""生物武器政策"等议案。欧盟发布的《面向生物经济的欧洲化学工业路线图》、意大利发布的《意大利的生物经济：为了可持续意大利的新生物经济战略》、加拿大发布《加拿大生物经济战略——利用优势实现可持续性未来》等文件，强化生物经济的布局，带动和激发国家经济活力。2019年6月，日本发布

[①] 《生物科技领域国际发展趋势与启示建议》，载网易网，https://www.163.com/dy/article/ECQA61RU0511B355.html，访问日期2022年12月16日。

[②] 《生物科技领域国际发展趋势与启示建议》，载网易网，https://www.163.com/dy/article/ECQA61RU0511B355.html，访问日期2022年12月16日。

《生物战略2019——面向国际共鸣的生物社区的形成》，提出建立生物优先思想、建设生物社区、建成生物数据驱动三大目标，旨在到2030年将日本建成世界最先进的生物经济社会。

总之，生物领域的基因编辑、干细胞、脑科学等技术的持续突破和应用转化，为提振和促进世界经济的发展、解决人类共同面临的疫情、气候、生态等全球性问题提供了新方案、新路径，带来了新的希望。生物经济不仅为应对新冠肺炎等重大突发传染病提供物资和技术保障，也成为后疫情时代各国摆脱疫情影响的重要经济源动力。生物技术已经成为世界各主要经济体竞相争夺的科技高地，竞争日趋激烈。

3. 全球生物安全形势复杂，非传统生物安全问题日益突出，对全球治理体系提出新的挑战

面对以新冠肺炎为代表的对人类健康构成重大威胁的各类传染病，以及动物疫情和植物病虫害的来袭，非传统生物安全风险已成为各国高度重视和忧虑的主要生物安全风险类型，各国纷纷通过出台生物安全战略、构建生物防御体系来加以应对。

2018年，美国出台首份应对全面生物安全威胁的国家战略——《国家生物安全防御战略》，以期加强生物风险管控，推动生物科技发展和生物防御体系的建设。2019年，美国又发布了《全球卫生安全战略》和《2019—2022国家卫生安全战略》，并启动了"预防新兴致病威胁""基因编辑用于检测"等项目，积极部署预防流感、天花、炭疽、埃博拉、马尔堡等病毒感染的疫苗研发和储备工作。英国也于2019年在国家级生物安全战略的基础上，发布了《传染病战略2020—2025》等文件。其他经济体也出台相应的政策加强生物防御体系建设，强化生物安全科技支撑。

三、生物技术特点及热点问题

生物技术作为新一轮工业革命的核心技术，近十几年所取得的成果和已展现出的生机活力无疑是令人振奋的，甚至是震撼的。但以更长远

的眼光看，其发展仍处于喷薄待发阶段，其未来有无限的可能性。这种无限的可能性必然会带来高度的不确定性。生物技术未来的发展走向、发展模式和路径、应用场景，以及对未来人类的社会、经济、政治、文化、生活的影响，乃至对人类自身命运的影响，都充满了高度的不确定。

生物技术的发展已经与其他传统的、新兴的学科产生深度的融合，已不再孤立前行，而是与多学科交叉、融合形成交互式发展和推动。未来这种交互式发展，为生物技术的发展注入了新的活力、新的动力，也为生物技术开拓出更广阔的发展疆域和空间，还可能成为生物技术发展的主旋律。

以人工智能和大数据为代表的网络信息技术、以纳米技术为代表的新材料等学科与生物技术的融合发展，会呈现出颠覆性、系统性、复杂性及社会性等特征。在创造出更多颠覆性的人间奇迹，为解决诸多传统的影响人类生存和发展的重大问题带来新思路、新方案和新曙光的同时，也会给人类带来新问题和更大的挑战。

生物技术在呈现出复杂性的同时，又呈现出技术知识资料和数据、相关设施设备及产品的简易化、智能化，使得获得生物技术知识和应用技能的可及性和普及性远远高于以往的各个时期。一些发烧友甚至自行构建了相当成体系的、接近专业研究能力的实验室。还出现了为救治患罕见病孩子，在生物学知识方面零基础的父亲自学生物学相关知识、自建实验室配制救命药的事例。

生物技术与多学科的深度融合，使得生物技术发展不再仅受单一因素的影响，而是受许多要素影响，其共同构成了一个复杂的系统。要素之间交互式影响的动态变化，既使得要素之间呈现出复杂的关联性，也使得结果与影响因素之间呈现出非线性的关系。从这种意义上讲，人类对生物技术本身的发展，几乎是无法把控和预测的，生物技术发展本身就会带给人类巨大的挑战。现代生物技术水平及能力的跃升，既代表着人类能力的飞跃和人类文明的巨大进步，也意味着人类即将面临更大的，甚至是自造的障碍和困境。

现代生物技术的发展和影响已经深入到人类生活的方方面面，生物技术与人类的高度相关性，使得生物技术的两用性特点更加凸显。一方面，生物技术的发展帮助人类探索生命起源、生物演进、生命活动、生态系统等生命规律，并将这些规律和原理应用到人类社会的各个层面、各个领域以解决现存的传统问题和突破现有困境的桎梏，在扩展人类自身能力和生存、活动空间等方面，不仅推开了现实的门，也打开想象的窗。另一方面，生物技术亦是一把双刃剑，人类在得到和享受它带来的巨大益处的同时，也不得不正视和面对它的另一面。当诸如基因编辑、合成生物学等前沿生物技术，被用于有害目的、被误用、被滥用，甚至是扮演起上帝的角色来改造包括人类在内的生命结构和功能，乃至创造生命时，人类的生命健康、食物安全、生态安全、生存安全、文明否定和自我认同等将会全方位遇到挑战。

同时，生物技术还具有外部性，即一个人的行为对其他人福祉的影响。生物技术的外部性，既包含正外部性，也包含负外部性。行为人的行为对他人、公共环境利益的减损等负外部性问题，也是生物技术发展中令人困扰、应当得到高度重视的问题。

四、生物技术引发的生物安全风险与法律责任

无论是"传统"的生物技术[①]，还是新近大热的基因编辑、干细胞、脑科学等技术，除了我们乐见其成的促进人类社会发展和解决生态失衡等正向作用外，也在某些方面加剧或引入了新的安全风险。而生物技术与信息技术、医学、电力等其他学科近年来持续交叉、融合产生的叠加效应，更应予以关注。

典型的例子如生物技术在支持身份识别和认证的网络与数据安全上具有便捷、准确的效果，但同时又引发公众对人脸、指纹等生物特征信

---

① "传统"的生物技术并不传统，生物技术的宝藏值得人类持续发掘。例如塑料技术作为20世纪"最糟糕的发明"之一，一直是困扰生态的难题，新近在生物降解塑料方面的持续突破为解决这一世纪难题指出了一种方向。

息泄露的担忧。为此最高人民法院专门发布了《最高人民法院关于审理使用人脸识别技术处理个人信息相关民事案件适用法律若干问题的规定》等专门法律文件试图规范这一问题——这在之前的立法和司法实践中并不常见。

我国《生物安全法》第四章专章规定了生物技术研究、开发与应用安全，对生物技术研究、开发与应用分别进行了规范，以实现促进生物技术健康发展的立法目的。整体而言，对生物技术的规范，《生物安全法》设定了以下制度：

1. 准入禁止制度

对危及公众健康、损害生物资源、破坏生态系统和生物多样性等危害生物安全的生物技术活动的禁止制度，是《生物安全法》为生物技术研发、应用设置的基线，也是红线。包括对生物技术研发、应用的行政许可设置等事前的一票否决，监测、检查生物安全事件响应处置等过程监管中的停止、吊销相关许可证件，对危害生物安全的技术活动进行最大化的预防、阻断和终结。

同时，在分类准入和进出口清单管理中，也体现了准入禁止的具体规定。

2. 伦理评价制度

对生物技术的研发、应用，法律和伦理并行不悖、互为补充，是公认有效的保障机制。伦理原则和对生物技术研发、应用的伦理评价，缩减了法律可能存在的滞后性问题，更加细化了法律中公序良俗的原则性规定，补强和支撑了对禁止活动的评价依据。

法律与伦理制度的典型适用案例，读者可以参考本书前言部分的"基因编辑婴儿"事件。《生物安全法》的回应是，从事生物医学新技术临床研究，应当通过伦理审查，并在具备相应条件的医疗机构内进行。这也体现出仅由法律责任对行为实施事后追责，难以单独实现对生物安全的保障，其造成的生物危害后果，亦很难在短期内消除。因此伦理原则和事前评价非常必要。

3. 生物技术环境安全监测预警制度

《生物安全法》寻求建立针对新发突发传染病、动植物疫情、进出境检疫、生物技术环境安全等在内的监测网络，这体现了对生物安全系统化管理的总体安全思路。外来入侵物种、动植物疫情、传染病等可能是某些生物技术研发、应用导致的后果，因此通过事前和尽可能实时地监测预警，能够减少和降低生物技术对生态环境的危害后果。

在这一制度体系下，农业农村部、海关等主管部门发布了行政规章、技术标准和方案等规范性文件，以建立和完善监测预警体系，例如颁布了《农业转基因生物安全评价管理办法》（2022修订）、《转基因动物安全评价指南》、《转基因植物安全评价指南》（2017修订）、《动物用转基因微生物安全评价指南》（2017修订）、《农业转基因生物安全管理术语》、《进出境转基因产品检验检疫管理办法》、《入出境特殊物品卫生检疫检测技术规范》、《2022年农业转基因生物监管工作方案》等。

值得一提的是，生物技术环境安全监测网络和国家生物安全风险监测预警体系的建设仍然任重道远。例如，我国早在2004年即启用国家传染病与突发公共卫生事件监测信息系统，现已建成全球最大的传染病疫情和突发公共卫生事件网络直报系统，但新冠病毒疫情的发生和蔓延反映了国家传染病网络直报系统没有起到预期的预警作用。[①] 为此，《关于做好新冠肺炎疫情常态化防控工作的指导意见》（国发明电〔2020〕14号）和《国家卫生健康委办公厅关于做好信息化支撑常态化疫情防控工作的通知》等文件中都反复重申：加强区域统筹，完善中国疾病预防控制信息系统，提升软硬件环境，支撑医疗卫生机构根据疾病监测数据集标准实现与中国疾病预防控制信息系统的数据交换，打通疾

---

① 管建强：《如何避免疫情早期预警机制失灵》，载中国法学网，http://io-law.cssn.cn/fxyjdt/202003/t20200313_5101084.shtml，访问时间2022年9月16日。

控、医疗、实验室等信息,实现医疗卫生机构、疾控机构疫情相关核心信息快速报送。这些发文都说明建立和建成有效的监测预警制度体系,仍需要持续整合和发挥信息化、数据应用等领域的成果,并不断接受安全事件的考验。

4. 主体责任制度

这一制度体现在《生物安全法》第三十五条,从事生物技术研究、开发与应用活动的单位应当对本单位生物技术研究、开发与应用的安全负责,采取生物安全风险防控措施,制定生物安全培训、跟踪检查、定期报告等工作制度,强化过程管理。

5. 生物技术研发分类管理制度

《生物安全法》根据对公众健康、工业农业、生态环境等造成危害的风险程度,将生物技术研究、开发活动分为高风险、中风险、低风险三类,并建立风险分类标准及名录。企业等主体应根据风险分类,遵守相应的国家生物技术研究开发安全管理规范。

其中,从事高风险、中风险生物技术研究、开发活动,应当由在我国境内依法成立的法人组织进行,并依法取得批准或者进行备案。相关活动前进行风险评估,制定风险防控计划和生物安全事件应急预案。

6. 重要设备和特殊生物因子管控清单制度

《生物安全法》从主体和监管对象上分别作出规定:个人不得购买或者持有列入管控清单的重要设备和特殊生物因子。购买或者引进列入管控清单的重要设备和特殊生物因子,应当进行登记,确保可追溯,并报国务院有关部门备案。

7. 生物医学新技术临床研究的规范制度

除了伦理审查外,规范制度还包括对机构、人员的行为规范制度,这无疑是历次生物安全事件教训的总结。

8. 应急预案和应急制度

生物安全领域的应急制度可以分为两个层面：①"国务院有关部门应当组织制定相关领域、行业生物安全事件应急预案，根据应急预案和统一部署开展应急演练、应急处置、应急救援和事后恢复等工作"，即国家、行业层面的应急预案。②"县级以上地方人民政府及其有关部门应当制定并组织、指导和督促相关企业事业单位制定生物安全事件应急预案，加强应急准备、人员培训和应急演练，开展生物安全事件应急处置、应急救援和事后恢复等工作"，即企业层面的应急预案。

就生物技术可能引发的生物安全事件而言，还特别规定"从事高风险、中风险生物技术研究、开发活动，应当进行风险评估，制定风险防控计划和生物安全事件应急预案"。

目前国家层面涉及生物安全的专项应急预案包括国家突发环境事件应急预案、国家突发公共卫生事件应急预案、国家突发公共事件医疗卫生救援应急预案、国家突发重大动物疫情应急预案、国家食品安全事故应急预案等。

本书后续的章节，还将围绕这些人为的安全风险和应对人为风险的制度建设进行探讨。

第十二章

应对抗生素滥用与微生物耐药

也许不用外星人或陨石撞击出手,人类滥用抗生素所致的超级细菌,就足以颠覆世界秩序。

——斯蒂芬·霍金

算学盛而愈多难取之题,治理盛而愈多难防之弊。道高一尺,魔高一丈,愈进愈阻,永无止息。然反而观之,向使不进,乃并此阻而不可得。是阻者进之验,弊者治之效也。

——谭嗣同,《仁学》

一、抗生素的前世今生

(一)抗生素

提到抗生素,读者可能都会有一个基本印象就是:抗生素主要对细菌有杀灭作用,但是抗生素对病毒无效。这一基本正确的共识形成,正说明生物安全的科普正在发挥积极作用。但是,随着生物科学技术的发展,这一概念也在不断经受来自新发现的考验,人类的认知也在不断经受着刷新。

对抗生素概念经典的表述是:由微生物(包括细菌、真菌、放线菌等)或高等动植物在生活过程中所产生的具有抗病原体或其他活性的一类次级代谢产物,能干扰其他细胞发育功能的化学物质。

抗生素概念的内涵和外延都有一个发展的过程,不同时期,有不尽相同的含义。

早期的抗生素主要指天然的、能抑制细菌生长繁殖等功能的化学活性物质,所以又被称为抗菌素。但是随着对抗生素研究的深入,以及新的抗生素不断被发现,甚至人工合成,抗生素概念的内涵和外延有新的内容。不仅包括天然的由微生物或高等动植物产生的化学物质,也包括通过化学合成方式取得的人工合成或半合成的各种具有特定功能的化学物质。其作用对象从细菌,扩展到真菌、病毒、衣原体、支原体等。其功效从单一抗菌,发展到可以治疗真菌、病毒、衣原体、支原体,甚至肿瘤等。[①] 应用范围也从仅用于人类疾病治疗,发展到对鱼类、禽类、畜类等疾病治疗或传染病疫情的控制等。20世纪90年代以后,科学家根据喹诺酮类抗生素新的作用机制,又将这类抗生素称为生物药物素。

(二)抗生素的探索之旅

如果我们把抗生素被人类发现之前的时代称为前抗生素时代,那么,毫不夸张地说前抗生素时代对人类而言是无比黑暗的。那时任何外伤对人类都可能是致命的,生命的逝去如此频繁和轻易。但即便如此,人类在自发寻找抗生素的旅途中仍怀抱着希望在黑暗中摸索前行。

早在古代,埃及人、中国人以及中美洲印第安人就已经知道了很多治疗外伤的方法。例如,用猪油调和蜂蜜、豆腐上的霉或捣碎的草药涂

---

① 例如大环内酯类(典型代表是阿奇霉素)、氟喹诺酮类以及四环素类抗生素对没有细胞壁的支原体有效,短密青霉和葡枝青霉产生的霉酚酸也是一种抗生素,对HIV病毒起作用。

敷伤口等，他们之所以选择这样或那样的方式，主要是依据其经验和观察，他们并不知道这些做法的医学意义，也不知道上述办法之所以有一定效果，恰巧是因为里面可能存在某种抑菌物质。

到了近代，随着知识积累、科学发展，人类对抗生素的探索明显加速。

1867年，英国外科医生李斯特首创石炭酸（化学名为苯酚）消毒法。用石炭酸消毒创面、手术室和器具表面，以减少术后感染及因感染导致的死亡。1877年，著名的巴斯德和儒贝尔发现某些微生物能抑制尿中炭疽杆菌的生长，并敏锐地意识到微生物有可能成为治疗药物。1910年，德国医生埃尔利希筛选出可以有效地治疗梅毒的药物——砷凡纳明。1928年，亚历山大·弗莱明发现了青霉素的抗菌作用，并于1929年发表了《论青霉菌培养物的抗菌作用》一文。尽管当时因青霉素的不稳定和提纯的困难导致其应用受到限制，但这些都无法遮挡发现青霉素所具有的划时代意义。这一年被视为抗生素元年。1932年，德国化学家克拉尔合成了一种橙色染料——百浪多息。同年，德国生物化学家杜马克发现其可以在体内有效地杀死链球菌。而后巴黎巴斯德研究所的特雷富埃尔从百浪多息中找出了其有效成分——氯苯磺胺。磺胺药物的问世，标志着抗生素时代的开始。

随后，人类开始进入了抗生素研究成果快速涌现、新抗生素不断被发现，以及抗生素工业化生产开始形成的新时代。

1941年，钱恩与弗洛里合作，成功分离出了青霉素。1944年，青霉素首次在美国生产出来。同年，新泽西大学分离出来第2种抗生素：链霉素。1947年，发现金霉素。1948年，发现氯霉素和最早的广谱抗生素四环素。1950年，发现土霉素。1952年，发现红霉素。1956年，礼来公司发明了万古霉素。1958年发现卡那霉素，等等。

随后人们从自然界中寻找到新的抗生素的速度明显变缓，但随着希恩在1958年合成6-氨基青霉烷酸成功，人类进入了半合成抗生素的时代。20世纪50年代至70年代，抗生素开发又进入了黄金时期。新上市的抗生素逐年增多，并于1971年至1975年渐达顶峰，这5年间共有

52 种新抗生素问世。20 世纪 80 年代开始，每年新上市的抗生素逐年递减。1996 年至 2000 年的 5 年中，仅有 6 种新抗生素开发出来。2003 年，全球仅 1 个新产品——达托霉素上市。2018 年 2 月，《自然·微生物学》杂志在线发表的报告称，美国科学家通过提取土壤细菌 DNA 并测序，从中发现一类命名为 Malacidins 的新抗生素，能够杀死许多多重耐药并引发疾病的细菌。

（三）抗生素抗病机制

毫无疑问，了解抗生素抗病原体的作用机制，对于防治感染、理解病原体的耐药机制等方面具有重要意义。通过对抗生素抗病机理的长期深入地研究，学界对抗生素主要抗病机制，特别是对抑菌机制的研究，已形成基本共识。

抗生素应当具有安全性和有效性，可以简单概括为抗生素只对病原体有抑制和杀伤作用，对人体无损害或损害很小。因此，抗生素抗病机理的着眼点之一是通过对病原体特有性的结构、功能的破坏和抑制，达成其安全有效的抗病目的。例如，与人体相比，细菌细胞具有人体细胞不具有的细胞壁结构，如某种抗生素可以只破坏或抑制其细胞壁的合成，就可能达到仅仅对病原体起作用的目的。另一抗病机理的着眼点可能是基于病原体也是生命体，具有新陈代谢的特征，阻断其细胞内新陈代谢所需的重要物质的合成或代谢，进而达成对病原体的抑制或杀伤。

以抗生素的抗菌机制为例，抗生素的抗菌作用主要是通过抑制细菌细胞壁形成、破坏细菌细胞膜的通透性、抑制细菌的蛋白合成、抑制和阻断细菌的核酸合成及代谢等路径实现。可以通俗地表述为破坏细菌的细胞壁和细胞膜的防御保护功能，通过对细菌细胞的蛋白质、叶酸等物质的合成阻断、抑制细菌的正常的生长代谢。

例如，万古霉素、替考拉宁、青霉素 G、甲氧西林、阿莫西林、1-4 代头孢、氨曲南、亚胺培南、头孢西丁等抗生素，可以抑制细菌细胞壁的重要组成物质肽聚糖的合成，从而抑制其细胞壁的形成，使细菌丧失保护其形态、抵抗外部环境物质侵入的"铠甲";多黏菌素具有双极性的表面活性,可以增加细菌细胞膜通透性,导致细菌因细胞内物质大量流失死亡;链霉素、阿米卡星、四环素、多西环素、红霉素、克拉霉素、林可霉素和克林霉素等,可以特异性地作用于细菌合成蛋白质的细胞器核糖体,能选择性抑制细菌蛋白质合成;环丙沙星、氧氟沙星、甲硝唑、利福平等抗生素,则可以阻止细菌的 DNA 复制、转录和 mRNA 的合成;磺胺类药物,可以通过减少细菌细胞内二氢叶酸、四氢叶酸的合成影响其核酸合成,进而抑制其繁殖。

需要指出的是,抗生素,无论是从其抗病机制的哪个着眼点出发,都有可能对人体造成影响和损害。当我们开始了解抗生素抗病机理时,是不是有点理解"是药三分毒"的含义?是不是有点理解抗生素滥用对我们个体的人和作为整体的人类所可能造成的伤害甚至是灾难了?

二、弊病渐现

(一)抗生素的使用及滥用

青霉素的发现,开启了医学的黄金时代,也标志着人类开始步入抗生素的时代。青霉素成功挽救了无数生命,成为现代医学基石之一。[①] 青霉素等抗生素的广泛使用,使得人类在抵抗疾病、适应环境的进化历程向前迈出了一大步,据悉使得人类的平均寿命提高了 20 岁。人们都相信:抗生素就是灵丹妙药。肺炎、脑膜炎、溃疡、结核病、尿道感染、耳鼻喉感染、心脏瓣膜感染、产褥热,甚至包括梅毒和淋病,还有什么病是抗生素治不了的呢?

于是,抗生素被越来越广泛地使用,不仅用于人类疾病的治疗,还用于家畜、家禽、水产的养殖中,甚至被添加到许多食品、化妆品中。

---

① 马丁·布莱泽在《消失的微生物:滥用抗生素引发的健康危机》中盛赞:"终于,有一种药物可以治疗致命细菌引起的感染了。它的疗效如此令人震撼,人们认为它是真正的'奇迹'。"

抗生素的使用剂量也越来越大，抗生素不仅存在于生物体中，还广泛存在于自然界的空气、土壤、水体之中。其实，更准确的说法是"自然界中存在着普遍的抗生素污染"。很明显，抗生素已在全球范围内被滥用。

2015年，美国疾病动态、经济和政策研究中心（Center For Disease Dynamics, Economics & Policy, CDDEP）根据对科学文献以及国家和地区监测系统的数据分析，计算并绘制了39个国家12种细菌的抗生素耐药性地图，另外还有69个国家过去10年甚至更长时间内的抗生素使用趋势。该研究成果显示：从2000年至2010年，全球抗生素消费量增长了30%。全球牲畜中抗生素使用量也在攀升，而且这一领域抗生素消费量在2030年可能翻一番。[①]

中国科学院首份污染地图由中国科学院广州地球化学研究所应光国课题组完成。该研究结果显示，2013年中国抗生素总使用量约为16.2万吨，其中48%为人用抗生素，其余为兽用抗生素。而且中国东部的抗生素排放量密度是西部流域的6倍以上。大部分抗生素通过人畜排泄至体外，一年有超过5万吨抗生素排放进入水土环境中。而早在2014年5月，华东理工大学等机构发表的研究报告表明，我国地表水中含有68种抗生素。2015年4月，复旦大学公共卫生学院周颖课题组历经一年，通过对上海、江苏和浙江的千余名8到11岁的学校儿童人群尿中抗生素的生物监测也证实，近六成儿童人群尿中检出1种抗生素，四分之一检出超过2种抗生素，有些甚至有6种抗生素。[②]

据悉我国已成为世界上抗生素生产的第一大国，每年仅抗生素原料就生产约21万吨。同时，我国也是世界上抗生素使用的第一大国，抗生素使用量约占世界总使用量的50%。

无论是国内还是全球，抗生素滥用情况都十分普遍和严重。2005年的数据显示，在我国医院门诊约有75%的感冒患者使用抗生素，

---

① 《全球抗生素使用报告出台》，载《中国科学报》2015年9月22日，第2版。
② 《中国首份抗生素污染地图发布，北方流域浓度高》，载搜狐网，http://news.sohu.com/20150626/n415687353.shtml。

外科手术使用抗生素的比例达到 95%。我国年人均抗生素使用量为 138 克，是美国的 10 倍，抗生素滥用比例为 80%。我国畜牧养殖业每年消耗的抗生素更是高达 9.7 万吨，是美国的 9 至 10 倍，是欧盟的 25 倍。①

（二）抗生素滥用的原因

造成抗生素滥用的原因很多，主要涉及患者、医生、药品流通企业、生产厂商、药政管理部门。

从患者角度看，患者在使用抗生素方面存在如下的误区：将抗生素等同于消炎药，使用抗生素治疗感冒；使用抗生素预防感染；偏好优先使用广谱抗生素、盲目使用进口药和贵重药；同时使用多种抗生素；不按照规定的疗程使用抗生素；习惯性用药和盲目用药等。

从医生角度看，医生在使用抗生素方面可能存在如下问题：联合用药不科学，频繁更换抗生素，对抗生素的疗效周期性掌握不好，预防性用药使用不科学；对药物代谢动力学和药效学的知识应用不纯熟，不能指导合理用药，研究个性化的用药方案；未能及时获得新药物、已有药物出现问题的资讯，以及某些疾病最新的治疗方案等。

抗生素滥用有时反映出用药不严谨的情况，如仅凭经验，甚至是主观臆断用药，未区分抗生素与消炎药的区别，对不良反应未给予重视，疏于对患者使用抗生素的指导，随意扩大预防性用药的范围和量等。当然还包括受经济利益的驱使，违反原则超常使用抗生素。

对药品流通企业而言，造成抗生素滥用的原因有：未严格执行抗生素处方销售制度，未能在流通环节把好关等。

对生产厂商而言，生产抗生素的厂家之间的激烈竞争，可能导致销售无序、虚假宣传、利用非正当手段在医疗机构拓宽销售渠道等现象。

---

① 李晓平等：《抗生素滥用现象剖析与建议》，载《医学与哲学》2005 年 10 月第 10 期。

政府有关部门对抗生素生产、销售、使用等环节的监管力度不够，相关法律法规体系有待完善，也是造成抗生素滥用的原因。

（三）抗生素滥用的危害

抗生素滥用的危害可以从两个层面来理解，一是抗生素滥用直接对人体造成的危害，二是环境中的抗生素对人体及生态环境造成的危害。

就直接危害而言，抗生素的滥用会造成以下几方面的危害：

抗生素的不合理使用，会对人体的肾脏、肝脏、消化道、血液、神经等多脏器，以及消化系统、排泄系统、循环系统、神经系统等多个系统造成不同程度的损害，产生相应的毒副作用。对此，医学界已达成共识。

不合理地使用抗生素，例如长期大剂量应用抗生素，还可能破坏体内菌群平衡，使得某些对抗生素不敏感的细菌等病原体被筛选出来并大量繁殖，进而可能导致患者抵抗力下降而加重原有病情或造成二次感染。

如果对感染性疾病不合理地使用抗生素，还可能导致对诊断具有参考价值的症状和体征被掩盖，导致误判、误诊和错过治疗的最佳时期，延误病情。

抗生素滥用另一个灾难性的后果，就是导致细菌等病原体产生广泛的耐药性。物竞天择，适者生存，细菌等病原体为了生存，会不断进化，通过不同的途径对抗生素产生耐药性，以适应抗生素存在的环境。随着抗生素持续、过度扩大使用，可以抵抗治疗药物的"超级细菌"就此诞生，并成为威胁人类健康的一大强敌。抗生素耐药性已成为全球性公共健康问题。

就环境中的抗生素泛滥所造成的危害而言，会产生以下三大后果：一是通过食物链的累积、浓缩、放大作用，环境中的抗生素被传递到人体，对人体产生直接损害；二是人体长期暴露在含有抗生素的环境中，也会对人体健康产生不利影响。例如儿童长期暴露在含有大量抗生素环境中，患肥胖、哮喘的几率会增高；三是加剧抗生素的耐药性产生。

三、微生物耐药性

正如本章所述,微生物耐药性问题是抗生素药物面临的两大难题之一。一方面人类在苦苦追寻新的抗生素,另一方面还需分散相当的精力回应微生物产生的对现有抗生素的获得性耐药问题。2016年《全球抗生素耐药回顾》报告甚至惊呼:"如果不采取任何措施,发展至2050年,每年预计将有1000万人因为抗生素耐药性(ARM)问题死亡,这意味着每隔3秒,ARM将杀死1个人。"[①]

(一)概念

微生物耐药,是指微生物对抗微生物药物产生抗性,导致抗微生物药物不能有效控制微生物的感染。微生物耐药问题异常严峻,且对我们又如此重要,以至于成为我国《生物安全法》中明确规定的两项攻关内容之一。[②]

(二)耐药机制

以细菌为例,细菌的耐药机制可从细菌耐药的遗传机制和生化机制两个角度理解。

(1)根据细菌耐药性发生的遗传机制,可将细菌的耐药性分为固有耐药(intrinsic drug resistance)和获得性耐药(acquired drug resistance)。

---

① 《后抗生素时代:你不得不重视的问题》,载搜狐网,https://www.sohu.com/a/76845638_152537,访问时间2022年7月29日。

② 比较同时期立法的《网络安全法》《数据安全法》等法律表述,一般很少使用"攻关"一词。法律中使用"攻关"是非常谨慎的,并具有明确的计划性,这说明需要解决问题的紧迫和严重。1983年开始实施的国家科技攻关计划是中国改革开放以后设立的第一个国家科技计划。对应微生物耐药性问题的"生态修复与生态安全保障""人体微生态与健康"是工程科技2035发展战略指明的"重大工程科技项目攻关"。

固有耐药是指细菌对某些抗菌药物天然不敏感，也称为细菌的天然耐药性。其具有种属特异性，比较稳定，可代代相传，可预测。如一些革兰氏阴性杆菌因外膜通透性屏障，对万古霉素耐受，也称细菌的抗药性。

获得性耐药是指在正常情况下对抗菌药物敏感的细菌群体中的某些细菌，通过基因突变、基因的转移和重组等方式获得对抗菌药物的耐药性，也称细菌的耐药性。其中，基因突变产生的耐药性是随机的、小概率的，且较为稳定，为可代代相传突变，一般只对一种或两种相似的药物耐药，但可累积。例如，耐多药结核分枝杆菌（MDR-TB）的产生是细菌染色体上耐异烟肼基因和耐利福平基因的基因突变逐步累加的结果；基因转移和重组产生的耐药性是细菌获得耐药性的主要方式，其发生概率高，形成后遗传较稳定，也是引起耐药性扩散的主要原因，且与多重耐药性有关。这种外源性耐药基因通过质粒、噬菌体、转座子和整合子等以转化、接合、转导和转座等方式在细菌之间转移。

（2）细菌耐药的生化机制，是指将对抗菌药物敏感的细菌通过生化代谢产生对抗菌药物的耐药性的机制；即细菌通过阻止药物进入细菌细胞，增加药物泵出，破坏药物活性，形成具有保护作用的生物膜等某一方式或数种方式的联合获得耐药性。

例如，耐药细菌可以利用细胞壁的屏障作用或细菌细胞膜通透性的限制和改变，阻止抗菌药物进入而对抗抗生素的杀菌或抑菌作用；也可以利用像铜绿假单胞菌、大肠埃希菌等具有的由内膜转运载体、连接蛋白和外膜孔道蛋白组成的外排泵，直接将某类抗生素（如大环内酯类、喹诺酮类、β-内酰胺类和四环素类）泵出细菌体外，使菌体内的抗生素浓度明显降低，不足以抑制或杀死细菌；也有耐药细菌可以在抗生素的刺激下，诱导出水解酶、钝化酶等，通过降解、修饰等方式使抗生素失去活性；耐药细菌也可以在刺激下改变抗生素作用靶点的结构或产生可以修饰靶点的酶，导致靶点结构改变使药物不能与靶点结合等。

除了可以通过单一细胞的生化代谢产生药物耐药性外，群体细菌也可以通过分泌纤维蛋白共同形成黏性生物膜的方式产生出耐药性。生物膜的屏障作用可以阻止、延缓抗菌药物渗透到生物膜内，更使得抗生素难以达到细菌细胞内并达到有效抑菌或杀菌浓度。同时生物膜内的细菌呈现出的休眠状态，也使得其对抗菌药物不敏感。

还需要指出的是，某些细菌不是采用单一方式或路径获得耐药性的，而是采用多种方式和路径的联合而获得的。例如铜绿假单胞菌的抗药性，就是同时采用降低细胞膜通透性、降解抗菌药物使其失去活性，以及通过外排泵泵出抗菌药物等多种方式和路径获得的。

也许，随着耐药性研究的深入，还会有越来越多的病原体获得耐药性的方式和路径及耐药机制被揭示出来。但即使是现在，我们也不得不正视耐药性问题已经成为困扰当今医学界的全球性重大难题。耐药细菌产生的速度远远高于人类新药的研发速度，这种局面如持续下去，人类总有一天将陷入无药可用的困局。

（三）耐药性的危害

耐药性是目前全球最紧迫的公共卫生问题之一。

2010年，携带耐药基因的"新德里金属-β-内酰胺酶1"（NDM-1）超级细菌在印度和中国出现，表明抗生素滥用导致的耐药性问题已经十分严重。

2014年，世界卫生组织发布首份抗生素耐药报告，指出因为耐药性问题的加剧，越来越多的感染（比如肺炎、结核、败血症和淋病等）变得更难治疗，有时甚至无法治疗。世界卫生组织强调，如果再不采取措施，我们将进入后抗生素时代，届时普通感染、轻微损伤都会再次威胁生命。

2016年，英国政府与维康基金会（Wellcome Trust）合作启动了"回顾全球抗生素耐药性"项目，通过系统性调研旨在从经济学和社会角度审视耐药性现状并提出积极合理的解决方案。该项目由英国财政部秘书、著名经济学家吉姆·奥尼尔（Jim O'Neill）主持，并于2016年5月18日发布《全球抗生素耐药回顾》报告。该报告指出，

第十二章
应对抗生素滥用与微生物耐药

目前每年已有 70 万人死于抗生素耐药，到 2050 年，抗生素耐药每年会导致 1000 万人死亡。如果任其发展，可累计造成 100 万亿美元的经济损失。①

2016 年 5 月 26 日，美国微生物学会刊物《抗生素与化疗》报道了美国本土首例人感染携带 MCR-1 基因的大肠杆菌病例，该大肠杆菌带有 15 种耐药基因，对现阶段所有抗生素均有耐药性，包括对素有抗生素"最后一道防线"之称的粘杆菌素也是如此。该报道一出，世界媒体和公众一片哗然和恐慌。②

如果抗生素耐药性问题得不到解决，世界面对各种"超级细菌"，很快便会无药可用。人类一旦失去有效抗生素和其他抗菌药物，是否意味着将重回前抗生素时代的黑暗？是否意味着人类在防治传染病和延长生命方面取得的现有成果都将损失殆尽？

2016 年 G20 杭州峰会提出，抗生素耐药性严重威胁公共健康、经济增长和全球经济稳定，有必要从体现 20 国集团自身优势的角度，采取包容的方式应对抗生素耐药性问题，以实证方法预防和减少抗生素耐药性，同时推动研发新的和现有的抗生素。

2015 年开始，世界卫生组织将每年 11 月的第 3 周定为世界提高抗微生物药物认识周（WAAW），旨在加强全球对抗生素耐药性问题的关注。2018 年 WAAW 的主题是"我们很快就没有可用的抗生素了，急需做出改变"。2019 年的主题是"抗生素的未来取决于我们所有人"。到 2020 年，"团结起来保护抗微生物药物"成为 WAAW 大声疾呼的主题，并更新了"为何抗微生物药物耐药性呈现增长趋势"的新知识：① 在人类、动物和植物中滥用和过度使用抗微生物药物；② 卫生保健机构、农场和社区环境的清洁饮用水和环境卫生设施欠缺，人和动物难以获得清洁饮用水、环境卫生和卫生设施；③ 新冠病毒（COVID-19）大流行

---

① 《后抗生素时代：你不得不重视的问题》，载搜狐网，https：//www.sohu.com/a/76845638_152537，访问时间 2022 年 7 月 29 日。

② 《无药可救的"超级细菌"真的没治吗》，载人民网，http：//scitech.people.com.cn/n1/2016/0530/c1007-28388988.html，访问时间 2022 年 7 月 29 日。

对抗生素的滥用可能会加速抗微生物药物耐药性的出现和传播。[①]

虽然抗生素耐药在某种程度上是一种不可避免的自然过程，但是抗生素的滥用无疑会大大加速这一过程。因此，在耐药性问题上，人类绝不能坐以待毙，而应当积极作为。

四、对抗生素滥用和耐药性问题的应对策略

抗生素滥用和耐药性是一个事物矛盾的两面。对微生物所表现出的对药物的"抵抗"——耐药性的应对策略，应从不同层面思考和布局。首先，应当强化公众对于抗生素滥用及耐药性问题的认知和理解，通过提升对耐药性问题的重视程度，可以促进、推动抗生素滥用问题的解决。其次，国家还应当从技术层面、法律层面，通过治理体系的建设和多种措施的采取进行应对和规制。

（一）技术层面的应对策略

1. 科学合理应用抗生素

这是减少或延缓病原体对抗生素产生耐药性的重要的措施之一。应当包括以下几个方面：

（1）严格掌握抗菌药物临床应用的适应证，对有明确使用抗生素指征的疾病或有预防使用指征的疾病才使用；否则，不得使用。

（2）在用药前及用药过程中，应尽可能进行病原体种类和抗生素药物敏感试验，并根据实验结果指导、调整用药方案，选择敏感抗生素品种进行对症治疗。

（3）合理选择抗生素及配伍，发挥最大治疗功效，降低不良反应。针对多重耐药或混合感染等复杂病因，依据明确的联合用药指征，采取

[①] 世界卫生组织认为，COVID-19是由病毒引起的疾病，而非由细菌引起，因此不应使用抗生素来预防或治疗病毒感染，除非同时存在细菌感染情况。这代表了目前公认和主流的科学观点。

合理的抗生素配伍进行联合用药治疗。

（4）准确掌握抗菌药物剂量、疗程和给药方法，杜绝频繁更换抗生素品种、不按疗程用药（服药）、不按要求的方式方法用药（服药）。

2. 建立抗生素使用平台和病原体耐药性监控平台，并实现互联互通和数据共享

建立抗生素使用平台，对抗生素的使用进行监控，并建立合理的使用指标。其中，应特别加强抗生素在农业领域使用情况的监控，以遏制抗生素滥用。同时构建病原体耐药性监测的各级网络平台，并实现互联互通和数据共享。及时掌握病原体耐药性的最新变化动态，发布用药指南或指引，实现高敏感性抗生素的有效及高效使用。让耐药病株在与敏感病株的竞争中失去优势而实现数量上减少，阻止细菌耐药性的发生和扩散。

3. 抓住耐药病原体感染的重要环节，进行重点防控

例如，对医院严格执行消毒隔离制度和医院感染控制措施，控制耐药性病原体在医院等医疗机构的流行，以及医疗机构内部的交叉感染。

4. 研究新型诊断技术，研究新型抗生素和其他治疗技术

实现对病原体耐药性的早期快速检测，以确保抗生素被合理适量的使用。在明确耐药机制基础上，探索新的抗生素作用靶点以改进或组合使用现有抗生素，开发新型的抗生素或具有预防性、治疗性功能的疫苗，以及针对病原体耐药性的新治疗方法。耐药性本身就是细菌与抗生素之间的持久战，长期使用同一种抗生素无疑助长了超级细菌的繁衍，开发新型抗生素是解决耐药性问题的关键之一。

5. 借助于信息技术、数据技术，丰富新型抗生素和抑制耐药性的技术储备

近年来，利用计算机建模筛选可获得的化合物，以测试对细菌至关重要但在人类身上不存在的代谢方式，成为抗生素开发探索的新路径。而可穿戴设备、互联网医疗等则为治疗抗生素耐药性感染提供了新选择。这些生物技术与信息技术结合的手段及成果，将为人类应对微生物耐药性带来更多启发与新希望。

（二）法律规制

1. 法律法规体系的构建初现雏形

关于抗生素滥用及耐药性应对，我国已经出台了为数不少的规范性文件，这些主要集中在医疗领域的规范性文件有望在我国《生物安全法》的框架下，就其法律的强制性、权威性和与更高位阶法律的统合性方面，得到进一步提升。

（1）在医用抗生素监控方面，颁布的规范性文件有：

2004年，卫生部发布了第一版《抗菌药物临床应用指导原则》；

2005年，卫生部等部门发布了《关于建立抗菌药物临床应用及细菌耐药监测网的通知》；

2007年，卫生部发布了《处方管理办法》（卫生部令第53号）；

2010年，卫生部发布了《全国抗菌药物整治工作方案》；

2012年，卫生部颁布了《抗菌药物临床应用管理办法》，对医疗机构使用抗生素进行了严格规范，其中包括抗菌药的适用条件、抗菌药物临床应用管理和监督管理等；

2016年8月5日，国家卫计委、国家发改委和农业部等14个部门联合制定公布《遏制细菌耐药国家行动计划（2016—2020年）》，明确到2020年，全国二级以上医院基本建立抗菌药物临床应用管理机制，而零售药店凭处方销售抗菌药物的比例基本达到全覆盖；

2017年8月3日，商务部发布《全国药品流通行业发展规划（2016—2020年）》，明确各地商务主管部门要指导督促药品流通企业，依据《安全生产法》《药品管理法》《药品经营质量管理规范》，建立健全企业内部的安全生产责任制和药品采购、储存、销售、运输等各个环节的安全生产规章制度和操作规程,形成规范化、常态化的长效工作机制。

(2) 对畜牧养殖业抗生素的使用监管方面,已颁布的规范性文件有:

1994年,农业部发布《动物性食品中兽药的最高残留限量(试行)》;

2009年6月3日,农业部下达《2009年度动物源细菌耐药性监测计划的通知》(农医发〔2009〕10号)。

(3) 关于抗生素污染方面,环保部于2009年下达了《关于开展抗生素药渣等危险废物产生及处置专项检查的通知》(环办〔2009〕80号),以及2020年1月9日最高人民法院提出的司法指引原则。该原则要求以"十严"标准来保护长江,包括对长江流域生态环境保护要实行最严格的生态环境保护标准;对违反环境保护相关法律法规的行为严格落实企业主体责任和政府监管责任,实行生态环境损害责任终身追究制;对环境污染、破坏生态的行为从严惩处,以及打击向长江干支流偷排、直排的犯罪行为等。

可以说,上述法律法规和规范性文件的颁布,对抗生素滥用的管理已经产生一定效果。例如,通过调查发现,我国二三级医疗机构门诊抗生素使用率已经从2010年的19.4%下降到2017年的7.7%,住院抗生素使用率从2010年的67.3%下降到2017年的36.8%。[①] 2020年全国抗菌药物临床应用、细菌耐药、真菌病监测数据显示,重点监测的品种使用强度有不同程度的减少,[②] 这也与公众实际用药体验基本符合。

2. 法律体系尚待进一步完善

我国《生物安全法》的颁布,无疑将应对微生物耐药问题提高到一

[①] 《抗生素污染,不仅仅是输液量超标那么简单》,载搜狐网,https://www.sohu.com/a/529377930_611440。

[②] 《"一图读懂" 2020年全国抗菌药物临床应用、细菌耐药、真菌病监测数据》,载网易网,https://www.163.com/dy/article/GP6DJ2CH0532Q87W.html。

个新的高度，为应对微生物耐药问题治理提出了新要求，给出了治理的新思路和新框架。这也意味着应当将现有应对抗生素滥用及耐药性问题颁布的法律法规和规范性文件进行梳理和清理，并与《生物安全法》协调和统一。同时尚有很多法律空白领域亟需颁布相关法律法规和规范性文件进行规定、规制、监管、约束。特别是对抗生素在农业畜牧业中使用的规制，以及持续针对管控抗生素滥用及减少耐药性的监管，相关法律法规体系的建立和有效性验证工作仍待完善。

例如2019年，我国农业农村部即表示将修订《兽药管理条例》及配套规章，并逐步将抗生素污染排放纳入重点行业水污染物排放监管范围。但时至今日，对抗生素污染的治理，并未纳入我国环保机构的治理范围。目前纳入《固体废物污染环境防治法》管理范围的仅限抗生素菌渣。

有关问题的操作、处理，尚无法律规定和法律化的技术操作指引可供依据，相关法律法规体系的尚待完善。

3. 行政监管方面的应对

从某种程度上我们可以说，抗生素的滥用导致了抗生素的污染和病原体产生耐药性的问题。对抗生素滥用、污染的治理，对耐药性的研究、监控、应对，不仅是医疗、农业、环保、食品加工等各个单独领域和部门的问题，而是全社会的问题，需要政府、行业及全社会的参与和共同行动。

观念上，需要全民树立和提升科学使用抗生素的对己意识和环保、生态等对外意识；需要企业树立和提升其主体意识和责任意识；需要政府和行业从更高层面重视抗生素滥用和污染、病原体耐药治理问题的重要性和重大意义，强化监管意识，提升监管能力和监管水平。

行动上，需要政府、行业主管部门的强力推动，以及政府多部门的联合执法；需要全面监管和动态监管；需要全社会监督；需要相关部门按照各自行政职权和职责范围在各自领域做好行政监管工作。

例如，卫生部门应当严格落实抗生素分级管理和医师处方权限制度，严格执行抗菌药物凭医师处方供应等规定；食品药品监督管理部门应当对抗生素生产企业的设立、产品审批、原材料采购、生产标准和工艺、质量体系、销售、废料排放等全生命周期进行监管，对食品中抗生素的添加、残留等进行监管；农林畜牧水产部门，应当对抗生素在农牧渔业饲料添加和对禽、畜、鱼类治疗用中抗生素的品种、剂量、标准、使用方法等严格监管，对禽、畜等排泄物的处理、排放等严格监管，以减少禽畜鱼类携带的耐药病株，通过食物传递到人体，进而造成耐药病株在人群中的传播，以及降低环境中抗生素对病原体的选择性压力，进而减少耐药病株的产生；发改委等部门应出台相关政策，鼓励个人、研究机构、企业开发新型诊断试剂、新型抗生素或替代药物、新的治疗方法，为应对耐药性问题开辟新的道路。

4. 借鉴其他国家的治理经验，加强国际合作，充分认识和发挥全球治理机制在管控抗生素滥用和耐药性方面的作用

抗生素耐药性已经成为全球性问题，对公共卫生、农业、经济发展等构成严峻挑战，对可持续发展造成负面影响。遏制抗生素耐药性刻不容缓，需要全球共同努力和行动。

2019年1月，英国政府发布《抗微生物药物耐药性20年展望》和新的5年国家行动计划——《解决抗微生物药物耐药性2019—2024》，提出通过减少对抗微生物药物的需求和无意接触，优化抗微生物药物的使用，以及保障微生物耐药性解决方案的供应，在2040年前有效控制微生物耐药性感染问题。[①]

2019年3月，欧盟委员会通过《解决环境中药物的战略方法》，就减少向环境排放药物带来的微生物耐药性问题提出促进审慎使用、改进培训和风险评估、收集监测数据、激励"绿色设计"、减少制造排放以

---

① 《英国发布抗微生物药物耐药性20年展望和5年行动计划》，载中国科学院网，http://www.casisd.cn/zkcg/ydkb/kjqykb/2019/kjqykb201903/201904/t20190408_5271021.html，访问时间2022年7月29日。

及减少浪费和改善废水处理6项针对性措施。①

2019年9月,美国疾病控制与预防中心启动"药物过量从数据到行动"计划,首期投资3亿美元用于强化药物过量的预防和应对工作,具体措施包括监测药物过量的数据、提高本土应对能力、快速识别过量威胁及提高公众认识等。

中国早在2016年担任二十国集团主席国期间,就积极推动将抗生素耐药性问题写入《二十国集团领导人杭州峰会公报》。在该报告中,还特意提到将呼吁世界卫生组织、联合国粮农组织、世界动物卫生组织、经合组织于2017年提交联合报告,就应对这一问题及其经济影响提出政策选项。②

2020年12月17日,中国常驻联合国代表团代表中国发出了声音:抗生素耐药性是全球性挑战,需要加强国际合作。中国积极参与应对抗生素耐药性的国际合作;遏制抗生素耐药性需要改善全球卫生治理;多边主义是应对全球挑战的关键;应支持联合国发挥领导和协调作用,为世界卫生组织提供更多资源;并提议在2030年可持续发展议程框架内解决抗生素耐药性问题,在减贫、增强民众体质、传染病防控等领域加大努力,从根本上减少抗生素使用。③

全球各国只有积极参与抗生素开发和耐药性问题的全球治理,才能共同构建更加健康、绿色、美好的未来,这与气候变化倒逼碳达峰和碳中和一样,都属于人类可持续发展和命运共同体的宏大叙事。

---

① 《2019年上半年世界科技发展态势——生物篇》,载今日头条,https://www.toutiao.com/article/6743517392774627843/,访问时间2022年7月29日。

② 《对抗抗生素滥用,已成为G20峰会议题》,载搜狐网,https://www.sohu.com/a/114123257_358279,访问时间2022年7月29日。

③ 《中国代表呼吁全球共同遏制抗生素耐药性》,载新华网,https://www.xinhuanet.com/world/2020-12/18/c_1126877783.htm,访问时间2022年7月29日。

第十三章

病原微生物实验室生物安全

经典影视作品《生化危机》将实验室的生物安全问题带入了公众视野。正如其所昭示的那样,担忧病原微生物实验室的生物安全问题并非杞人忧天。

人们不禁发问:高致病性病原微生物从实验室泄漏,对公众将意味着什么?哈佛大学流行病学教授马克·利普西奇警告说:如果增强型新型流感病毒从实验室泄漏继而引起大流行,有可能造成数百万人死亡。为此,各国均高度重视实验室的安全风险,并建立专门机构和人员对其安全性进行审查。以我国为例,中国疾病预防控制中心设立了国家人间传染的病原微生物实验室生物安全评审专家委员会,对实验室开展生物安全审批相关的专家评审工作。

一、生物安全的分类管理要求与实验室机制的形成

(一)病原微生物及分类管理

我国《生物安全法》第四十三条第一款规定,国家根据病原微生物的传染性、感染后对人和动物的个体或者群体的危害程度,对病原微

物实行分类管理。

《病原微生物实验室生物安全管理条例》第二条第二款规定，该条例所称病原微生物，是指能够使人或者动物致病的微生物。第四条中规定，国家对病原微生物实行分类管理。

根据上述规定，生物安全语境下的"病原微生物"是指能够使人或者动物致病的微生物。并且，国家对病原微生物实行分类管理。

根据《病原微生物实验室生物安全管理条例》第七条、第八条的规定，我国根据病原微生物的传染性、感染后对个体或者群体的危害程度，将病原微生物分为四类：

第一类病原微生物，是指能够引起人类或者动物非常严重疾病的微生物，以及我国尚未发现或者已经宣布消灭的微生物。

第二类病原微生物，是指能够引起人类或者动物严重疾病，比较容易直接或者间接在人与人、动物与人、动物与动物间传播的微生物；第一类、第二类病原微生物统称为高致病性病原微生物。

第三类病原微生物，是指能够引起人类或者动物疾病，但一般情况下对人、动物或者环境不构成严重危害，传播风险有限，实验室感染后很少引起严重疾病，并且具备有效治疗和预防措施的微生物。

第四类病原微生物，是指在通常情况下不会引起人类或者动物疾病的微生物。

病原体对应的病原微生物等级，根据国家相关部门颁布的病原微生物名录确定。人间传染的病原微生物名录由国务院卫生主管部门商国务院有关部门后制定、调整并予以公布；动物间传染的病原微生物名录由国务院兽医主管部门商国务院有关部门后制定、调整并予以公布。

（二）病原微生物实验室及实验活动

1. 实验活动和实验活动管理

《病原微生物实验室生物安全管理条例》第二条规定："对中华人民

共和国境内的实验室及其从事实验活动的生物安全管理，适用本条例。……本条例所称实验活动，是指实验室从事与病原微生物菌（毒）种、样本有关的研究、教学、检测、诊断等活动。"

我国《生物安全法》第四十三条中规定："从事高致病性或者疑似高致病性病原微生物样本采集、保藏、运输活动，应当具备相应条件，符合生物安全管理规范。具体办法由国务院卫生健康、农业农村主管部门制定。"

根据上述规定，生物安全语境下的"实验室活动"，不仅包括在实验室从事与病原微生物菌（毒）种、样本有关的研究、教学、检测、诊断等活动，还包括对高致病性或疑似高致病性病原微生物样本采集、保藏、运输等活动。

对实验活动的管理，包括对实验样本的管理（包括但不限于采集、保藏、运输等）、对实验动物的管理、对实验废弃物的管理等，对实验行为的管理、对实验操作流程的管理等。

其中，对生物样本的采集活动，应当满足《病原微生物实验室生物安全管理条例》第九条规定的条件，并遵从该条规定的方法等；对生物样本的运输活动，应当满足《病原微生物实验室生物安全管理条例》第十条、第十一条、第十二条、第十三条、第十七条的规定；对生物样本的保藏应当遵从《病原微生物实验室生物安全管理条例》第十四条、第十五条、第十六条、第十七条的规定。对从事其他的实验室活动，我国《生物安全法》和《病原微生物实验室生物安全管理条例》未规定的，需参照其他行政规章、行业标准及其他规范性文件的规定执行。

2. 病原微生物实验室和实验室管理

根据所研究病原微生物的等级及生物安全防护水平，病原微生物实验室被分为四类：一级（BSL-1）、二级（BSL-2）、三级（BSL-3）、四级（BSL-4）。也被相应称为 P1、P2、P3、P4（P 为 Protection 的缩写）实验室。

实验室的生物安全水平等级越高，意味着其防护能力越强，可研究的病原的危险性也越高。三级、四级实验室为高等级病原微生物实验室，有更为严格、特殊的资质要求和监管要求。

我国《生物安全法》及《病原微生物实验室生物安全管理条例》的相关规定，确立了我国对病原微生物实验室的管理原则和制度模式：

（1）明确个人不得设立病原微生物实验室或者从事病原微生物实验活动。明确对我国尚未发现或者已经宣布消灭的病原微生物，未经批准不得从事相关实验活动。

（2）明确国家根据对病原微生物的生物安全防护水平，对病原微生物实验室实行分等级管理。

实验室分为一级、二级、三级、四级，从事病原微生物实验活动应当在相应等级的实验室进行。低等级病原微生物实验室不得从事国家病原微生物目录规定应当在高等级病原微生物实验室进行的病原微生物实验活动。

（3）设立病原微生物实验室，应当依法取得批准或者进行备案。

特别是对三级、四级实验室的设立（包括新建、改建、扩建三级、四级实验室或者生产、进口移动式三级、四级实验室），实行的是审批制。

（4）对三级、四级实验室的运行，实行的是认证制。

（5）对三级、四级实验室从事危险实验活动，实行的是批准制。

三级、四级实验室，需要从事某种高致病性病原微生物或者疑似高致病性病原微生物实验活动的，应当依照国务院卫生主管部门或者兽医主管部门的规定报省级以上人民政府卫生主管部门或者兽医主管部门批准。实验活动结果以及工作情况应当向原批准部门报告。

（6）对实验室人员管理，实行的是负责人责任制、人员定期培训制和工作报告制。

（7）对实验室行为的管理，要求标准化和规范化。

（8）组成国家、地区级病原微生物实验室生物安全专家委员会。委员会承担从事高致病性病原微生物相关实验活动的实验室的设立与运行的生物安全评估和技术咨询、论证工作。

（9）对实验室实施相应的感染控制。

3. 高等级病原微生物实验室

从某种程度上讲，P4 实验室属于国之重器，是一国经济、科技等综合实力的象征。

P4 实验室研究的对象，是对人体具有高度危害性的已知或未知的病原体，比如埃博拉病毒、天花病毒等。对这些病毒的研究，是破解这些病毒传染及致病机理、寻找诊疗方法及开发药物和疫苗等关键问题的重要基础。如果没有 P4 实验室，对高致病性病原体开展研究是不可想象的。P4 实验室既是研究高致病性病原体的科学堡垒，也是保护科研人员的安全屋，亦是保护普通民众的隔离屏障。自 SARS 疫情以来，P4 实验室的建设受到越来越多的国家的重视。

全球到底有多少座 P4 实验室，仍然是未解之谜——存在从 50 多座到 70 多座的不同说法。

随着基因编辑技术、合成生物技术的发展，在高等级生物实验室里进行的研究和实验活动也越来越危险，研究不再仅仅是对病原体本身的研究，而是更多关于病原体遗传物质的重组、结构和功能的改造等方面的研究。这些危险的研究，使得本已十分危险的病原体具有了更高的毒性、致病性、致死率、传播性，更快的变异性等，也使得病原微生物实验室在生物安全问题方面埋下了越来越多、越来越大的隐患。

二、实验室生物安全事件及其反思

（一）已知病原微生物实验室的生物安全事件

最早的实验室生物安全事件报告，是德国科学家、诺贝尔奖获得者罗伯特·科赫（Robert Koch）于 1883 年发表的霍乱实验室感染报告。

近几十年来的实验室生物安全事件可以追溯到 1977 年的 H1N1 流感的大流行，有学者认为该事件是由实验室里的病原体逃逸引发的。实验室生物安全事件发生的类型，现在也多可以从我国《生物安全法》第五章病原微生物实验室生物安全的禁止或强制条款中得到印证。历次安全事件惨痛教训的总结详见表 13-1。

表 13-1 已知部分实验室安全事件

序号	法律禁止或强制要求条款	已知案例
1	病原微生物实验室应当符合生物安全国家标准和要求。从事病原微生物实验活动，应当严格遵守有关国家标准和实验室技术规范、操作规程，采取安全防范措施。	1979 年，苏联的斯维尔德洛夫斯克发生了一起实验室泄漏事件。该市附近的一个军事研究机构因忘记更换实验室排气系统中的过滤器而意外地将炭疽孢子释放到空气中并飘向街道，致使多名居民染病并死亡。该事件也被称为"生物切尔诺贝利"。令人后怕的是，如果泄漏当天，风是从另一个方向吹来，其后果将不堪设想，有可能导致数 10 万人成为炭疽杆菌的攻击目标。[①]
2	从事高致病性或者疑似高致病性病原微生物样本采集、保藏、运输活动，应当具备相应条件，符合生物安全管理规范。	自 2003 年非典疫情发生以来，在新加坡、中国等地已经相继发生 6 起实验室 SARS 病毒泄漏事件。其中发生在北京与安徽的事件经卫生部调查认定，源于实验室内感染，是一起因实验室安全管理不善，执行规章制度不严导致的安全事件。

---

① 《苏联细菌武器工厂恐怖泄漏事故：一夜之间百人丧生》，载新浪网，http://mil.news.sina.com.cn/history/2017-08-23/doc-ifykcqaw1049578.shtml，访问时间 2022 年 7 月 29 日。

续表

序号	法律禁止或强制要求条款	已知案例
3	从事病原微生物实验活动应当在相应等级的实验室进行。低等级病原微生物实验室不得从事国家病原微生物目录规定应当在高等级病原微生物实验室进行的病原微生物实验活动。	2014年6月19日，美国疾病控制和预防中心证实，一家P3实验室为其他低等级实验室准备实验用炭疽杆菌。在对活炭疽杆菌进行灭活时，由于没有遵循正确的程序，工作人员将带有活炭疽杆菌的样本转移到3个低级别实验室，而后者并不具备处理活炭疽的设施，结果导致多达86人接触到可致死的炭疽杆菌，成为美国实验室历史上一次重大的安全事故。① 2014年艾奥瓦州立大学的一位科学家从西班牙引入了一株中东呼吸综合征（MERS）病毒，未经大学监督委员会批准在一个BSL2实验室展开研究，而研究这一病毒最低安全标准是BSL3实验室。
4	病原微生物实验室应当采取措施，加强对实验动物的管理，防止实验动物逃逸，对使用后的实验动物按照国家规定进行无害化处理，实现实验动物可追溯。禁止将使用后的实验动物流入市场。	2022年1月，从毛里求斯运达美国的载有100只实验猴的卡车在前往美国疾控中心批准的检疫机构的途中和一辆大货车相撞，其中的4只猴子逃脱，该事件成为了生物安全事故的一个最新的注脚。 案号为（2015）松刑初字第15号判决书显示，被告人在研究过程中利用科研经费购买了实验所需的猪、牛。对出售课题研究过程中淘汰的实验受体猪、牛、牛奶所得款项，账外单独保管。②

---

① 《美政府实验室生物安全事故 86人恐接触致命炭疽菌》，载观察者网，https://www.guancha.cn/america/2014_06_21_239566.shtml，访问时间2022年7月29日。

② 对实验动物的处置，我国已有相应的制度规范，比如2006年科技部的《关于善待实验动物的指导性意见》等，但仍时有案件发生。

续表

序号	法律禁止或强制要求条款	已知案例
5	病原微生物实验室应当加强对实验活动废弃物的管理，依法对废水、废气以及其他废弃物进行处置，采取措施防止污染。	2019年7月，美国陆军传染病医学研究所（USAMRIID）停止研究活动。经检查发现，USAMRIID的P3、P4实验室的标准操作程序存在偏差，而且废水处理能力不足。公开的委婉说法是：在2018年5月排污系统受损后，实验室一直未能成功改善其系统。①
6	病原微生物实验室的设立单位负责实验室的生物安全管理，制定科学、严格的管理制度，定期对有关生物安全规定的落实情况进行检查，对实验室设施、设备、材料等进行检查、维护和更新，确保其符合国家标准。	按照美国《信息自由法案》②披露的实验室事故报告显示，所涉实验室防护服在2013年和2014年间的20个月内，至少出现了37起破裂或穿孔事故。③

---

① 《一起美军P4级病毒实验室的泄漏事故》，载搜狐网，https://www.thepaper.cn/newsDetail_forward_7466186，访问时间2023年3月31日。

② 美国的《信息自由法案》是关于联邦政府信息公开的法律，于1966年国会通过，其具有类似于我国的《政府信息公开条例》的法律地位。

③ 《20年100多起安全事故：揭密美国生化试验室病毒泄露（漏）幕后》，载凤凰网，https://ishare.ifeng.com/c/s/7vsq814a0bA，访问时间2022年7月29日。

续表

序号	法律禁止或强制要求条款	已知案例
7	病原微生物实验室的设立单位应当建立和完善安全保卫制度，采取安全保卫措施，保障实验室及其病原微生物的安全。高等级病原微生物实验室应当接受公安机关等部门有关实验室安全保卫工作的监督指导，严防高致病性病原微生物泄漏、丢失和被盗、被抢。	2005年，感染了淋巴腺鼠疫的3只实验室老鼠失踪，引发美国疾控中心联合FBI展开搜捕。① 2014年7月，美国疾控中心某实验室，一个相对温和的流感样本意外地被危险的H5N1禽流感毒株污染，之后该标本被寄到农业部的实验室。
8	病原微生物实验室的设立单位应当制定生物安全事件应急预案，定期组织开展人员培训和应急演练。发生高致病性病原微生物泄漏、丢失和被盗、被抢或者其他生物安全风险的，应当按照应急预案的规定及时采取控制措施，并按照国家规定报告。	2008年，美国亚特兰大疾控中心新兴传染病实验室因意外停电，导致对生物安全实验室至关重要的负压系统关闭。当时科学家正在该处研究一种禽流感菌株，而且该实验室还保存着天花病毒。 2019年9月，俄罗斯新西伯利亚地区科尔索沃的俄罗斯国家病毒学和生物技术研究中心（State Research Centre of Virology and Biotechnology）因天然气爆炸而起火。②
9	病原微生物实验室所在地省级人民政府及其卫生健康主管部门应当加强实验室所在地感染性疾病医疗资源配置，提高感染性疾病医疗救治能力。	2015年美国犹他州Dugway试验场的生化实验室曾因工作人员"失误"，将活炭疽的样品发送给了美国各地（18家）的实验室。该案被称为第二起"炭疽恐怖事件"，后触发了美国疾病控制和预防中心的调查，有接触史人员为此接受抗生素治疗。

① 《带致命病毒小白鼠失踪：危险的生物研究》，载网易网，https：//c.m.163.com/news/a/GI93M74R0534V0M1.html，访问时间2022年7月29日。

② 《俄罗斯国家实验室发生爆炸，内存放多种致命活体病毒！》，载搜狐网，https：//www.sohu.com/a/342264444_269522，访问时间2022年7月29日。

美国是世界上拥有高等级生物实验室最多的国家，不仅在本土建立了数量众多的高等级生物实验室，而且在世界各地也建造了大量的高等级实验室。根据美国政府问责局（Government Accountability Office，GAO）公布的数据，截至2009年，美国拥有15座P4实验室，1356座P3实验室。而美国科学家联合会2020年2月的统计称，美国目前有13家正在运行、扩建或规划中的P4实验室，以及1495个P3实验室。美国的P4实验室，已成为其实现所谓"生物防御战略"的最重要的支撑之一。

然而其P3、P4实验室的安全记录令人十分担心。

美国疾病控制和预防中心在2012年发表的一篇文章中公布：实验室生物安全事件从2004年的16起，到2008年的128起，再增加到2010年的269起。美国审计署2009年曾发布一份统计报告，报告显示，在过去的10年里，仅仅是P3实验室，就发生了共计400次安全事故。美国Vox新闻也报道，2005年至2012年间，美国有1059起实验室事故报告，平均每隔几天就有一次事故发生。[①] 近十几年里，美国的高等级生物实验室，屡次曝出安全事故，涉及炭疽杆菌、天花病毒、H5N1病毒等诸多细菌和病毒。如果这些病毒意外地从实验室泄漏出来进入公共环境，这对公众将是可怕的灾难。当然，尽管公开报道中美国实验室的安全事件很多，但我们不能无视其应对安全事件的能力和问责机制。

（二）实验室安全事件的反思

从已知实验室安全事件看，所暴露、总结出的问题仍然显得缺乏诚意，公开信息看到的无非是设施不到位、制度不健全、意识不充分、培训不完善、实验不规范、响应不及时等，但这些问题即使在早期的《实

---

① 转引自《迷雾重重！外媒口中"美国政府进行最黑暗实验的中心"，起底德特里克堡生物基地》，载澎湃新闻网，https://www.thepaper.cn/newsDetail_forward_7466186。

验室生物安全手册》中已都有体现。先哲黑格尔已经总结："人类从历史中吸取的唯一教训，就是人类不会吸取任何教训。"对已有经验教训总结形成的书面文件，并未得到有效的遵循，甚至某些情况下被有意违反。

我国《生物安全法》再次借鉴了实验室安全事件的经验教训，并鲜明地提出了人员赋能与管理的重要性。

三、我国实验室管理的状况与问题

（一）我国病原微生物实验室生物安全管理的历史沿革

随着病原微生物实验室的生物安全问题凸显和国际化，世界卫生组织于1983年发布了《实验室生物安全手册》（第一版），1993年发布了《实验室生物安全手册》（第二版），2004年发布了《实验室生物安全手册》（第三版）。这些文件是指导实验室生物安全的重要规范性文件。

2003年5月9日，我国颁布了《突发公共卫生事件应急条例》。该条例首次明确提出严防传染病病原体的实验室感染、病原微生物的扩散和菌种保藏等要求。《突发公共卫生事件应急条例》与卫生部发布的《传染性非典型肺炎人体样品采集、保藏、运输和使用规范》《传染性非典型肺炎实验室生物安全操作指南》《传染性非典型肺炎病毒研究实验室暂行管理办法》及《微生物和生物医学实验室生物安全通用准则》[①]，这些规范性文件共同构成了我国最早的实验室生物安全规范体系的核心。

2004年11月12日，国务院颁布了《病原微生物实验室生物安全管理条例》，其与《突发公共卫生事件应急条例》、卫生部颁布的《可感染人类的高致病性病原微生物菌（毒）种或样本运输管理规定》《人间传染的病原微生物分类名录》《人间传染的高致病性病原微生物实验室和实验室活动生物安全审批管理办法》，农业部颁布的《高致病性动物

---

① 该准则2002年版简称为WS233-2002，2017更新版简称为WS233-2017。

病原微生物实验室生物安全管理审批办法》，国家环境保护总局颁布的《病原微生物实验室生物安全环境管理办法》，建设部颁布的《生物安全实验室建筑技术规范》（GB 50346—2011），国家质量监督检验检疫总局和国家标准化管理委员会颁布的《实验室生物安全通用要求》（GB 19489—2008）等强制性国家标准，共同构成了随后阶段的我国实验室生物安全的法律法规体系。

2020年10月17日，我国《生物安全法》颁布。《生物安全法》、2018年修订的《病原微生物实验室生物安全管理条例》、2011年修订的《突发公共卫生事件应急条例》，共同组成我国现阶段实验室生物安全法律法规体系的核心。其与上文所述及的行政规章、强制性国家标准等共同构成我国现阶段较为完善的实验室生物安全法律法规体系。

（二）病原微生物实验室生物安全能力存在的问题[①]

总体上看，我国病原微生物实验室生物安全能力的发展存在明显的短板，缺乏科学可量化的评价体系，相关制度建设尚待进一步完善，与生物技术迅猛发展的形势不相匹配和适应，在某种程度上制约了我国在生物技术研究和应用方面的创新、繁荣和快速发展，不利于国家生物安全战略的实施。

借鉴国际实验室安全管理的情况，结合中国疾病预防控制中心2017年编写的《中国实验室生物安全能力发展报告》，针对实验室生物安全存在的相关问题进行梳理可以发现：

1. 实验室生物安全能力的发展存在明显的短板

高等级生物安全实验室是实现国家生物安全战略的重要手段，特别是BSL-4实验室（也称P4实验室）。目前，我国仅有两个BSL-4实验室，一个是中国科学院武汉国家生物安全实验室，一个是国家动物疫病

[①] 参见中国疾病预防控制中心组织编写：《中国实验室生物安全能力发展报告：管理能力调查与分析》，人民卫生出版社2017年版。

防控高级别生物安全实验室。而我国的 BSL-3 实验室数量也较少，且分布不均。主要分布于东中部地区，西部地区分布少，特别是西北地区，目前还没有 BSL-3 实验室。由于高等级实验室，尤其是 BSL-4 实验室数量上的制约，我国在相关生物技术水平提升、能力突破、创新技术及产品的产生等方面，受到很大的限制和局限，也无法满足快速、高效、及时地控制突如其来的传染病疫情的需要。

在经费方面，每年配备的实验室生物安全管理经费较少，实验室生物安全管理工作经费不足且无相应的经费保障机制。直接影响基层实验室生物安全培训、监督检查等工作的落实和持续开展，严重制约了实验室生物安全能力和水平的提升。

由于各地的经济和社会发展水平的差异，各地实验室生物安全管理水平呈现出不均衡的态势。总的来说，省级行政部门、国家级实验室和省级实验室设立单位，具有较好的能力和条件开展相应的实验室生物安全管理工作，但市县等基层管理部门和实验室设立单位开展相应工作的能力和条件有限。疾控、科研院所、医疗机构等不同系统、不同单位，在开展实验室生物安全方面，其工作能力和执行情况也存在差异。这种差异主要体现在实验室生物安全组织构架的设立、实验室生物安全培训、监督检查、规章制度建设、实验室备案，以及病原微生物菌（毒）种的运输审批等方面。

同时，实验室生物安全工作缺乏监督、评价体系，工作效果还有待科学量化。例如，对执行规章制度自觉性，实验室管理制度执行状况，实验室人员安全意识、管理手段等事项的评估、评价，未制定科学的评判指标和建立可量化的标准。监管方面缺乏具体明晰的检查标准，监督检查方案制订随意性大。

整体上讲，我国实验室生物安全能力的发展存在明显的短板，生物安全管理能力和管理效果有待进一步提升。

2. 管理体系建设有待完善，存在薄弱环节及风险隐患

我国实行的是病原微生物实验分类管理机制。国家将高等级生物安全实验室作为重点加强管控的对象,也是管理和监督的核心。目前,围绕高致病性病原微生物和高等级生物安全实验室生物安全管理工作已经形成了以我国《生物安全法》《病原微生物实验室生物安全管理条例》为主干,以相关部门规章、国家及行业强制性标准等为支持的体系构架,管理体系较为系统、完善。但在执行层面,尚需进一步落实和完善。

在省级主管部门履行管理责任方面,存在简单机械转发上级文件要求的情况,不能因地制宜地制定具体有效的规章制度及管理体系,行政管理的责任感、管理能力、管理水平和管理效率都有待进一步提升。

对非高致病性病原微生物菌(毒)种及实验室管理,也存在管理依据不足和管理不规范等问题。例如,对我国目前数量最多、分布范围最广的 BSL-2 实验室的管理,缺乏全面、系统的法律法规和制度体系要求。根据《病原微生物实验室安全管理条例》的规定,我国的 BSL-2 实验室实行的是备案管理制度,应当向 BSL-2 实验室所在地设区的市级人民政府卫生主管部门备案,但事实上有些地方的主管部门尚未开始履行该职责。对省内地区间的高致病性病原微生物菌(毒)种或样本运输审批和管理工作,尚有省份未建立具体的审批管理制度或程序规范,监管缺失,存在安全隐患。

3. 与生物技术迅猛发展的形势不相匹配和适应,促进生物技术发展,保障生物安保、生物保藏等方面的配套措施有待健全

近年来,随着基因编辑技术和合成生物学技术的成熟及应用,特别是生物技术具有的两用性特点,其可能带来的生物安全风险日益凸显。但实验室生物安全制度建设方面相对滞后,难以从容应对生物技术发展带来的新的生物安全问题。

虽然,国家卫计委于 2013 年发布了《关于对病原微生物科研活动严格管理的通知》,该通知要求加强对高致病性病原微生物和人畜共患病科研活动的项目立项审批、项目结题、文章发表的管理,加强

科研伦理和生物安全审查。2006年的《人间传染的病原微生物名录》在其解释说明中，也明确提出严禁开展在两个不同病原体之间进行完整基因组重组的实验活动。但两份文件都缺乏具体性和系统性的规定，更未形成管理制度体系，难以应对现代生物技术带来的新的生物安全问题，亟需出台新的规范，建立管理制度体系和强化科研人员的自律规范。

我国《生物安全法》《病原微生物实验室生物安全管理条例》《传染病防治法》《国家安全法》《反恐怖主义法》均要求加强病原微生物菌（毒）种在运输、保藏过程中的安全要求，但还缺少更具体的生物安全保障措施与要求等规范性文件和国家强制性的行业标准的支撑。

4. 与国际上的差距

尽管，我国在实验室生物安全关键技术及技术平台的研发、技术标准和技术操作规范的建立以及一些重大科技专项的开展等方面，取得了显著的成绩。但不可否认，与发达国家相比还存在很大的差距。人才和研发能力严重不足，未形成有自主知识产权的实验室生物安全设备和装备等产品及产品系列，缺乏实验室生物安全的系统性解决方案和成套设备装备的整体设计。目前国内实验室绝大多数的设备和装备都是进口的，实验室建设成本高昂。

在实验室维护保障和实验室生物安全保障方面，缺乏实验室设施设备生产和维护的专业团队，无法对实验室的进口设备和装备进行有效维护，实验室维护的时间成本和经济成本巨大。

管理方面也亟待提高和加强。应当充分利用网络信息技术，加快加大实验室生物安全综合管理和信息平台的建设，以掌握实时动态数据，把握宏观情况，及时追踪国际动态，适时调整管控政策和措施。

在病原微生物保藏方面，存在保藏机构的设施设备落后，无统一的技术标准、投入不足、对保藏资源的科学利用问题认识不足等问题。保藏机构之间存在的明显的不均衡性，也不利于保藏工作的整体水平的提升和持续发展。在保障资源的共享利用、对外提供、知识产权等方面，缺乏具体的规范和指引。对保藏资源的科学利用重要性认识不到位，保藏资源的科学利用几乎是空白，不能形成对保藏事业的反哺和良性循环。实验室生物安全工作核心之一是菌（毒）种安全管理问题，没有菌（毒）种安全，就不能实现实验室生物安全。只有加强了保藏机构建设，由保藏机构按照规定接收、检定、集中储存与管理菌（毒）种或样本，建立资源共享使用机制，向合法从事病原微生物实验活动的单位提供菌（毒）种或样本，才能真正确保实验室生物安全，从而实现确保国家安全战略与利益。

四、规制病原微生物实验室生物安全管理

1. 以《生物安全法》统合实验室管理理念

加强病原微生物实验室生物安全管理工作，应当提升各类实验室生物安全管理相关参与人的生物安全意识和对生物安全工作的参与程度，从国家整体安全层面审视实验室生物安全问题，对病原微生物实验室生物安全管理方面存在的问题，一方面应当充分意识到其严重性，一方面应当有针对性地加以规制，使之服从于国家总体安全战略，为国家应对重大突发性传染病、生物恐怖与生物武器等重大生物安全事件提供技术支持和保障。

随着科技的发展和时代的变迁，实验室生物安全的概念已经发生了深刻的变化，其内涵和外延都不断地被调整和更新。我国《生物安全法》的施行体现了这些变化，从业单位和人员应对实验室生物安全工作的新变化和新要求，需要加强相关工作参与者的培训和学习，加强人才培养，建立人才梯队。需要有国际视野、实操经验、法律意识、专业知识的综合性、复合型人才团队，统筹我国实验室生物安全的管理框架，完善法律法规体系，制定国家级强制性行业标准，搭建信息化数据管理平台，补齐实验室生物安全管理短板，通过法律与行政管理、专业技术、信息化管理等综合手段，为实现国家整体安全战略与生物安全利益提供全面的保证。同时，应强化实验室设立单位和实验室负责人在实验

室生物安全管理工作中的主体责任。以实验室作为主体，完善实验室生物安全风险评估机制，建立相关规章制度、操作技术规程、应急处置预案等管理体系，全面提升管理能力与水平。

2. 实验室布局与能力建设

（1）合理的布局与配置。

加快和完善高等级生物安全实验室的布局，形成多层次、全覆盖的生物安全实验室网络。加强高等级生物安全实验室的布局、建设和运营管理，建立以区域性高等级生物安全实验室为核心，与本区域其他实验室形成紧密协作，发挥高等级实验室的技术和人员优势，通过定期组织相关培训和应急演练等方式，带动本地区实验室生物安全管理水平和能力的整体提升。

借鉴国际经验建立国家级病原微生物资源保藏中心，建立全国病原微生物菌（毒）种保藏机构网络和工作平台，逐渐形成保藏工作的专业机构和专业队伍，建立高致病性病原微生物菌（毒）种溯源技术体系，提升实验室菌（毒）种意外泄漏等事件时的追踪、调查、处置能力。同时，保藏中心作为公共资源平台，在确保国家安全的前提下，应当将促进保藏资源与传染病诊断试剂、疫苗等生物技术与生物产业的发展作为重要的工作职责，在资源提供者和开发利用者之间建立桥梁，形成对保藏资源的科学开发和良性互动，提升我国的生物技术和生物产业的发展水平。

针对高致病性病原微生物和高等级生物安全实验室的管理工作已步入规范化、法治化轨道，但针对非高致病性病原微生物以及 BSL-2 实验室，多数法规标准只提出了原则要求，没有配套的细节。应当以生物两用性技术、生物安全保障、BSL-2 实验室管理、省内运输审批为重点，制定各项要求的具体指标、相关规范，以强化基层生物安全能力的建设，将基层实验室生物安全能力夯实。

（2）人员赋能。

根据我国高等级生物安全实验室和病原微生物菌（毒）种保藏机构

的规划，可以预见我国生物安全实验室数量将逐步增加，需要更多的科研人员进入生物安全实验室，开展相关的科研活动。相应的实验室各类人员的需要，也会不断增加。世界卫生组织在《实验室生物安全手册》中指出，有效的实验室生物安全实践是实验室生物安全的根本，实验室工作人员所应具备的职业能力素质和责任心是决定实验室生物安全的重要基础。健全的机构制度和精良的设施设备固然重要，但确保实验室生物安全关键还在于人。加强我国实验室生物安全专业人才队伍建设，才能为实验室生物安全持续发展提供不竭动力。

整体上讲，实验室生物安全工作是一项长期的系统工程。已知的安全事件和未知的安全风险不断警醒着认知与践行的艰难。但正如先贤荀子所言："道阻且长，行则将至，行而不辍，未来可期。"人类一旦开启了实验室建设，便无退路可循，实验室生物安全工作战线上的管理人员和技术人员，应以全球化的视野、总体国家安全观的战略高度，加强顶层设计，夯实底层基础，为生物安全保障做出应有贡献，实现基于风险控制的实验室生物安全目标。

第十四章

人类遗传资源保护与生物安全

一、人类遗传资源和我国人类遗传资源法律保护的必要性

(一)人类遗传资源

提到遗传物质,大家都知道指向的是核酸(包括 DNA 和 RNA)。其中,DNA 是主要的遗传物质,并且通过历时数年的三个经典实验得以证实:1928 年英国生物学家弗雷德里克·格里菲斯的肺炎双球菌转化实验、1944 年美国微生物学家奥斯瓦德·艾弗里、科林·麦克劳德和麦克林·麦卡蒂对格里菲斯转化实验的证明实验,以及 1952 年阿尔弗雷德·赫希和玛莎·蔡斯的噬菌体侵染细菌实验,完成了证明的最后一环。

1953 年 4 月 25 日,詹姆斯·沃森和弗朗西斯·克里克在《自然》杂志发表了一篇名为《核酸的分子结构——DNA 的结构》[①] 的论文。DNA 双螺旋结构的分子模型的发现,堪称是生物学历史上最具里程碑

[①] 论文题为 Molecular Structure of Nucleic Acids:A Structure for Deoxyribose Nucleic Acid。

式的重大发现之一,被誉为20世纪以来生物学方面最伟大的发现,它标志着分子生物学的诞生。1962年,詹姆斯·沃森和弗朗西斯·克里克还因此获得诺贝尔生理学或医学奖。当然,对RNA的研究也在突飞猛进,不仅证明其也属于遗传物质,甚至在今天我们都可以准确地说出"新型冠状病毒是正链RNA病毒"的专业术语。

对遗传物质的探索在持续,人们发现了包括之前章节提到的疯牛病的致病机理中的朊病毒(蛋白质)错误折叠蛋白质也具备遗传特性,以及表观遗传①等层出不穷的新实验和新发现,形成了更多的新概念和新理论。2001年,国际人类基因组测序联合会公布了人类基因组参考序列的初稿,"人类基因组计划"第一阶段完成。这是新世纪最令人瞩目的消息,但我们仍然要说,人类认识遗传物质的历程还远未完成。

我国《生物安全法》和《人类遗传资源管理条例》将"人类遗传资源"概念的外延界定为包括人类遗传资源材料和人类遗传资源信息两部分。"人类遗传资源材料"是指含有人体基因组、基因等遗传物质的器官、组织、细胞等遗传材料。"人类遗传资源信息"是指利用人类遗传资源材料产生的数据等信息资料。

人类遗传资源是一种独特的、具有特殊价值的资源。它不仅是一种有限的、珍稀的经济资源,具有经济学意义上的特征,同时也是一种独特的、异常重要的生物资源。它贮存和体现的不仅是生物的进化史,也是人类的生存和发展史。它既是生命的说明书,又是解密生命之谜的密码本。

人类遗传资源作为最重要的生物资源之一,还具有许多特性,包括但不限于以下几种:

1. 再生性

指人类遗传资源具有的不断更新和繁殖的能力,也是生物资源的基本属性。

---

① 新的实验发现了非随机且具有低突变率的基因组斑块中的必需基因过度表达,猜测可能用以保护其基因免受突变。

2. 多样性和区域性

即人类遗传资源具有种类的多样性和功能的多样性，并且人类基因的特异性往往与其生活环境密切相关，具有明显的区域差异。因区域差异形成的遗传物质的特异性，构成了人种、民族差异等重要部分。某种程度上，正是因为不同人种、民族之间遗传物质的差异，使得保护和保障一国的人类遗传资源成为必要（可详见本书有关生物武器的讨论）。

3. 可解体性和不可逆性

即人类不同的族群和个体都具有自身独特的遗传基因，有着任何其他族群和个体所不能替代的基因。环境的重大变化，抑或人为破坏都可能导致族群和个体的毁灭，进而导致基因库的灭失。一旦灭失就意味着某个基因库将不复存在，具有不可逆性。

4. 未知性

指目前人类对很多基因不知或不完全知道其价值。即使已经认识和开发的，也不是完全清楚其所有的价值。

（二）人类遗传资源保护与生物安全

随着生物技术在全球科技创新前沿的主导地位愈发突出，其正在成为驱动全球可持续发展的核心力量之一，人类遗传资源已经成为全球生物产业发展的重要物质基础和人类生存和发展所涉及的一系列重大问题解决的重要生物基础。这必然导致与人类遗传资源相关的生物技术的研究的大量增加和快速增长，人类遗传资源保护及相关生物安全问题的重要性愈发凸显。

1. 人类遗传资源保护的强化，是我国生物安全的需要

随着生物技术的发展，采集族群及个人基因组数据难度逐渐降低，导致监管难度不断增加，可能引发潜在生物威胁，影响国家安全。

2017年，俄罗斯总统普京就提到，已发现有刻意采集俄罗斯人生物资料的行为。俄罗斯专家也就刻意采集俄罗斯人生物资料的行为呼吁：基因安全是关乎民族生存的大计，必须防备不法分子通过基因采集来制造基因武器。①

现代生物技术的发展，已经使得通过基因测序技术对生物样本测序可以很容易获得特定族群的生物数据，进而可以发现特定族群的基因组特征及其与某种病毒感染之间的关系，并可据此通过合成生物技术设计或改造病毒，增加对特定人群的感染特异性，其潜在后果极其严重。

2. 对人类遗传资源保护，是我国对人类遗传资源合理、科学利用的需要

人类遗传资源作为一种重要的战略资源，对认识生命本质、探索疾病发生发展的原理和机制、研发疾病预防干预策略、促进人口健康具有重要意义。

中国科技部有关负责人解读我国《人类遗传资源管理条例》时曾说："人类遗传资源首先是一个资源属性，资源要保护好，更要合理使用。我们必须坚定地划出保护公共利益、尊重隐私、尊重伦理、禁止买卖、禁止非法外流的红线以适应发展新趋势、回应新诉求。在发展和监管之间找到一个平衡点。"②

需要明确的是，合理的开发有助于更好地保护人类遗传资源。我国有56个民族、14多亿人口，孕育了极其丰富的民族遗传资源和典型的疾病遗传资源，应当充分研究和深度挖掘，把生物安全的主动权和资源开发的收益权掌握在自己手中。

---

① 《普京亲自表态非常紧急："基因武器"已经从背后捅刀了？》，载搜狐网，https://www.sohu.com/a/202264131_600524，访问时间2022年7月31日。

② 《管好用好人类"生命说明书"——科技部、司法部有关负责人解读〈中华人民共和国人类遗传资源管理条例〉》，载中国政府网，http://www.gov.cn/xinwen/2019-06/12/content_5399732.htm，访问时间2022年7月30日。

3. 对我国人类遗传资源的保护，是提升我国生物技术研究和转化水平的需要

我国是一个人口大国，民族众多，有较为独特和丰富的人类遗传资源。同时，我国也是生物数据输出大国。特别是早些年，在人类遗传资源的采集、保藏、利用、出境等方面存在着诸多不规范之处，一方面存在与境外机构合作不规范，大量样本和数据非法外流情况时有发生。另一方面对输出的人类遗传资源进行研究的成果权属约定不明，国内研究人员未参与实质性研究工作，相关研究情况处于失控状态，亦未享受遗传资源开发带来的惠益。

例如，2017年2月和7月，生物学预印本网站 bioRxiv 和 Scientific Data 分别发表文章，基于汉人基因数据，对中国人群的遗传及进化特征进行分析。然而这两篇文章中中国学者并不是研究人员，也不在作者之列。[①]

4. 人类遗传数据误用，可能带来的生物安全威胁

在生物技术研究开发活动中，少数组织和个人实施严重悖逆社会伦理的行为或者生物恐怖主义，可能直接或者间接引发生物安全危害的问题。医疗机构在生物医学新技术的应用行为应当规范，以保证医学技术临床应用的安全，保障人民群众的健康权益。

综上，人类遗传资源的管理不当，轻则国家的经济利益受损，重则危及国家、民族安全。

二、我国人类遗传资源保护的历史沿革及制度安排

我国人类遗传资源保护的法律化、制度化，经历了以下的阶段。

[①]《科技部撤销两项中国人类遗传资源国际项目许可，追回资源材料及研究数据》，载搜狐网，https://www.sohu.com/a/222571538_505859，访问时间 2022年7月29日。

1997年，谈家桢院士在考察了上海、浙江等地的基因研究和产品开发单位后发现，我国的遗传资源已经引起一些发达国家的特别关注，他们纷纷以"合作"的名义，来中国收集大量的人基因组标本，人类遗传资源流失现象十分令人担忧。为此，谈家桢院士专门写信给总书记呼吁采取措施保护我国的人类遗传资源。

1998年6月10日，经国务院同意，国务院办公厅转发《人类遗传资源管理暂行办法》。

《人类遗传资源管理暂行办法》规定，国务院科学技术行政主管部门和卫生行政主管部门共同负责管理全国人类遗传资源，联合成立中国人类遗传资源管理办公室，负责日常工作。各省级行政主管部门也承担了各自区域的人类遗传资源管理责任，国务院有关部门负责本部门的人类遗传资源管理工作，形成了较为完善的管理架构。

2012年，国务院将人类遗传资源审批部门由科技部及卫生部调整为科技部。2013年，当时的国家卫生计划生育委员会正式退出人类遗传资源管理办公室，人类遗传资源管理办公室由科技部社会发展司与生物发展中心组成。主要审批依据为《行政许可法》《人类遗传资源管理暂行办法》《科技部办公厅关于实施人类遗传资源采集、收集、买卖、出口、出境行政许可的通知》。

2019年3月20日，国务院第41次常务会议通过《人类遗传资源管理条例》。该条例于2019年5月28日公布，自2019年7月1日起施行。与《人类遗传资源管理暂行办法》相比，《人类遗传资源管理条例》在加大保护力度、促进合理利用、加强规范、优化服务监管等方面进行了修改和完善。

2020年10月17日通过的《生物安全法》第六章专章规定了人类遗传资源与生物资源安全的相关条款，内容与《人类遗传资源管理条例》一致并相互衔接，从而将人类遗传资源保护从行政法规层面上升为法律层面。

人类遗传资源是国家重要的战略资源，其保护涉及公众健康、国家安全和社会公共利益。同时，人类遗传资源的保护，也属于重要的生物安全问题。为此，我国在人类遗传资源保护方面，进行了许多制度设计和安排。

（一）法律法规层面的安排

我国现行人类遗传资源的保护，形成了由我国《生物安全法》《行政许可法》《人类遗传资源管理条例》《科技部办公厅关于实施人类遗传资源采集、收集、买卖、出口、出境行政许可的通知》等法律、行政法规、部门规章及规范性文件构成的较为完整的法律法规体系。其有力地保障和支撑了人类遗传资源保护的相关制度和工作的推进。

（二）管理体制和架构层面的安排

我国《生物安全法》第五十四条、第五十六条，以及《人类遗传资源管理条例》第四条、第三十一条规定，国务院科学技术行政部门负责全国人类遗传资源管理工作；国务院其他有关部门在各自的职责范围内，负责有关人类遗传资源管理工作。省、自治区、直辖市人民政府科学技术行政部门负责本行政区域人类遗传资源管理工作；省、自治区、直辖市人民政府其他有关部门在各自的职责范围内，负责本行政区域有关人类遗传资源管理工作。

国务院科学技术、自然资源、生态环境、卫生健康、农业农村、林业草原、中医药主管部门根据职责分工，组织开展生物资源调查，制定重要生物资源申报登记办法。

国务院科学技术行政部门应当聘请生物技术、医药、卫生、伦理、法律等方面的专家组成专家评审委员会，对依照《人类遗传资源管理条例》规定提出的采集、保藏我国人类遗传资源，开展国际合作科学研究以及将我国人类遗传资源材料运送、邮寄、携带出境的申请进行技术评审。

上述规定从管理体制和架构上，形成了部门协作、地方协助、专家支撑的较为科学、完整的管理架构和格局。

（三）措施层面的制度安排

1. 建立了人类遗传资源的调查和申报登记制度

我国《生物安全法》第五十四条、第五十六条，以及《人类遗传资源管理条例》第五条规定，国家加强对我国人类遗传资源的保护，开展人类遗传资源调查，对重要遗传家系和特定地区人类遗传资源实行申报登记制度。

我国人类遗传资源的调查和申报登记制度的建立，有利于查明资源情况，以便规划、保护、利用。

2. 建立了人类遗传资源的采集、保藏、利用、对外提供的伦理审查制度

我国《生物安全法》第五十五条以及《人类遗传资源管理条例》第九条规定，采集、保藏、利用、对外提供我国人类遗传资源，应当符合伦理原则，并按照国家有关规定进行伦理审查。

针对少数组织和个人在人类遗传资源的采集、保藏、利用、对外提供活动中可能实施的严重悖逆社会伦理的行为，以及科研单位、医疗机构在生物医学新技术的不当应用等生物技术误用、滥用等情况，建立和实施伦理审查制度有利于维护国家安全、保护人类遗传资源和保障人民群众的健康权益。

3. 建立了人类遗传资源的采集、保藏、利用、对外提供的审批制度

我国《生物安全法》第五十六条以及《人类遗传资源管理条例》第十一条规定，采集我国重要遗传家系、特定地区人类遗传资源或者采集国务院科学技术主管部门规定种类、数量的人类遗传资源的，应当符合相关条件，并经国务院科学技术行政部门批准。

建立人类遗传资源的采集、保藏、利用、对外的审批制度，有利于甄别重要、特殊的遗传资源并加以特别保护；有利于评估人类遗传资源利用、开发及对外提供的安全风险，以及对安全风险的整体把控和应对；有利于对人类遗传资源利用、开发及对外提供的经济价值等方面的评估和判断，充分保护国家和国内机构在经济、科研、学术等方面的利益和权益。

4. 建立了人类遗传资源保藏单位设立批准和年度报告制度

我国《生物安全法》第五十六条、第五十七条以及《人类遗传资源管理条例》第十四条、第十五条规定，人类遗传资源保藏单位的设立，需要符合相关条件，并需经国务院科学技术行政部门批准。获批准设立的保藏单位应当完整记录人类遗传资源保藏情况，妥善保存人类遗传资源的来源信息和使用信息，确保人类遗传资源的合法使用，并应当就本单位保藏人类遗传资源情况向国务院科学技术行政部门提交年度报告。

上述制度的设立和实施，有利于实现对保藏单位的设立、运行等全周期、全过程的监管。

5. 建立了利用我国人类遗传资源开展国际合作的合作审批、合作事项变更审批以及备案和备份制度

我国《生物安全法》第五十六条、第五十九条以及《人类遗传资源管理条例》第二十二条、第二十三条、第二十四条规定，利用我国人类遗传资源开展国际合作科学研究的，应当符合相关条件，并由合作双方共同提出申请，经国务院科学技术行政部门批准。对为获得相关药品和医疗器械在我国上市许可，在临床机构利用我国人类遗传资源开展国际合作临床试验、不涉及人类遗传资源材料出境的，不需要审批。但是，合作双方在开展临床试验前应当将拟使用的人类遗传资源种类、数量及其用途向国务院科学技术行政部门备案。合作过程中，如出现合作方、研究目的、研究内容、合作期限等重大事项发生

变更的，应当办理变更审批手续。在国际合作科学研究中，应当保证中方单位及其研究人员在合作期间全过程、实质性地参与研究，研究过程中的所有记录以及数据信息等完全向中方单位开放并向中方单位提供备份。

上述制度的建立和实施，有利于规范涉及人类遗传资源利用的合作行为和遗传资源的保护。

6. 建立了人类遗传资源材料和遗传资源信息出境的审批制度

我国《生物安全法》第五十六条、第五十七条以及《人类遗传资源管理条例》第二十七条、第二十八条规定，利用我国人类遗传资源开展国际合作科学研究，或者因其他特殊情况确需将我国人类遗传资源材料运送、邮寄、携带出境的，应当符合相关条件，并取得国务院科学技术行政部门出具的人类遗传资源材料出境证明。将人类遗传资源信息向外国组织、个人及其设立或者实际控制的机构提供或者开放使用，不得危害我国公众健康、国家安全和社会公共利益；可能影响我国公众健康、国家安全和社会公共利益的，应当通过国务院科学技术行政部门组织的安全审查。将人类遗传资源信息向外国组织、个人及其设立或者实际控制的机构提供或者开放使用的，应当向国务院科学技术行政部门备案并提交信息备份。

上述制度的建立和实施可以更好地保护我国的人类遗传资源。

事实上，对人类遗传资源的出境管理，可能还会涉及多部门的归口管理。例如，遗传资源材料的出境可能会涉及海关管理；遗传资源信息的出境，还会涉及网信部门对个人信息和重要数据的出境安全评估等形式的监管。

例如按照我国《数据安全法》规定，数据是指任何以电子或者其他方式对信息的记录，也就从根本上将遗传资源信息纳入了数据监管范围。而人类遗传资源数据（含有人体基因组、基因及其产物的器官、组织、细胞、血液、制备物、重组脱氧核糖核酸构建体等遗传材料产生的信息资料）则基本归类于重要数据，如果出境数据中包含重要数据，则还需要通过国家网信部门组织的数据出境安全评估。①

7. 建立以生物资源合理利用为基础的生物技术创新体系

《人类遗传资源管理条例》第十三条、第十七条规定，国务院科学技术行政部门和省、自治区、直辖市人民政府科学技术行政部门应当会同本级人民政府有关部门对利用人类遗传资源开展科学研究、发展生物医药产业统筹规划，合理布局，加强创新体系建设，促进生物科技和产业创新、协调发展。国家加快标准化、规范化的人类遗传资源保藏基础平台和人类遗传资源大数据建设，为开展相关研究开发活动提供支撑。

上述制度设计和安排，充分表明我国对人类遗传资源实施的是强保护。并且在保护的同时，强调对人类遗传资源的合理利用，提倡资源共享、开放合作。毫无疑问，我国在人类遗传资源保护方面正在步入保护、监管、利用、合作的新时代。

三、人类遗传资源保护存在的问题和已知案例

2018年10月24日，科技部官网更新了6条处罚信息，华大基因、药明康德、复旦大学附属华山医院、昆皓睿诚、厦门艾德生物、阿斯利康等6家单位涉及其中。值得注意的是，此为科技部首度公开涉及人类遗传资源管理的行政处罚。②

虽然所涉行政处罚都发生在此次更新时点的前几年，但我们仍可以华大基因和药明康德为例，透视一下与人类遗传资源管理相关的行政处罚案件所涉事实理由及类型。

2015年9月7日，科技部公告，根据《人类遗传资源管理暂行办法》（国办发〔1998〕36号）、《中华人民共和国行政处罚法》等有关规

---

① 《网络数据安全管理条例（征求意见稿）》，2021年11月14日发布。
② 《科技部罕见处罚：华大基因药明康德双双上榜 原因在这》，载中国科技网，http://tech.china.com.cn/internet/20181026/347538.shtml，访问时间2022年7月31日。

定，中国人类遗传资源管理办公室对深圳华大基因科技服务有限公司（以下简称华大科技）执行"中国女性单相抑郁症的大样本病例对照研究"国际科研合作情况进行了调查，现已调查终结。经查明，华大科技与华山医院未经许可与英国牛津大学开展中国人类遗传资源国际合作研究，华大科技未经许可将部分人类遗传资源信息从网上传递出境。

2016年10月21日，科技部公告，根据《人类遗传资源管理暂行办法》（国办发〔1998〕36号）、《中华人民共和国行政处罚法》等有关规定，中国人类遗传资源管理办公室对苏州药明康德涉嫌违反人类遗传资源管理规定一案进行调查，现已调查终结。经查明，苏州药明康德公司未经许可将5165份人类遗传资源（人血清）作为犬血浆违规出境。上述行为违反了《人类遗传资源管理暂行办法》第四条、第十六条规定。现根据《人类遗传资源管理暂行办法》第二十一条及《中华人民共和国行政处罚法》有关规定，对苏州药明康德公司进行警告，没收并销毁该项目中人类遗传资源材料。自决定书送达之日起，科技部暂停受理苏州药明康德公司涉及我国人类遗传资源的国际合作和出境活动的申请，整改验收合格后，再予以恢复。

对上述公司和机构处以"警告、没收、销毁和暂停资格申请"的处罚以及处罚的公示，标志着我国人类遗传资源管理已经进入了强监管时代。随着《个人信息保护法》《数据安全法》在2021年的施行，对人类遗传资源的监管可能将变得更加强力。

客观地说，从1998年《人类遗传资源管理暂行办法》颁布，到2019年《人类遗传资源管理条例》的正式施行，为我国人类遗传资源的保护和利用，发挥着积极和重要作用。同时，随着经济社会形势的变化和信息、生物科学技术的发展，对人类遗传资源采集、保藏、利用、对外提供方面的规范，出现了一些新问题，也存在一些未根本解决的老问题。

1. 与人类遗传资源相关的产权制度缺失

我国《生物安全法》第五十三条明确，国家对我国人类遗传资源和生物资源享有主权。《生物多样性公约》第十五条也明确规定，国家对

（基因）遗传资源拥有主权权利，获取该遗传资源的决定权属于国家，但是上述文件均未对人类遗传资源相关的其他权利进行边界清晰的规定。

例如，《生物多样性公约》除了承认国家对其基因资源的主权和基因资源知识产权的存在之外，并没有对基因资源产权的分配做出任何说明。我国《生物安全法》在人类遗传资源和生物资源的产权规则方面亦是空白。但是，建立包括人类遗传资源在内的生物资源合理获取和公平惠益分享机制，是非常必要和重要的。产权规则的缺失，无疑会阻碍生物资源的保护和合理利用。

我国应当加强对人类遗传资源保护战略、政策、法规和制度的研究，以便更好地把握和解决遗传资源获取与惠宜分享问题。特别是在国际谈判中，应充分利用国际规则来确保国家利益最大化。

2. 对人类遗传资源提供者的隐私权与知情同意权保护等规定有待细化和落地

《人类遗传资源管理条例》第九条第二款规定，采集、保藏、利用、对外提供我国人类遗传资源，应当尊重人类遗传资源提供者的隐私权，取得其事先知情同意，并保护其合法权益。

《人类遗传资源管理条例》第十二条规定，采集我国人类遗传资源，应当事先告知人类遗传资源提供者采集目的、采集用途、对健康可能产生的影响、个人隐私保护措施及其享有的自愿参与和随时无条件退出的权利，征得人类遗传资源提供者书面同意。在告知人类遗传资源提供者前款规定的信息时，必须全面、完整、真实、准确，不得隐瞒、误导、欺骗。

但是，条例对相关问题仅有原则规定而无具体规定。

例如，未对条例中的"隐私权"与我国《民法典》中的"隐私权"内涵和外延是否完全一致或直接援引等规定；亦未对与"隐私权"相近的"私密信息""个人信息""重要数据""敏感信息"的边界清晰界定；亦未对基因数据等个人生物识别信息是否应当参照《信息安全技术 个人信息安全规范》《信息安全技术 数据出境安全评估指南（征求意见稿）》中敏感信息等内容进行规定或提供指引。

未对人类遗传资源信息的采集方式进行规定：如采用数字化方式的，收集人是否应当遵循《网络安全法》确立的合法、正当、必要原则；未对是否必须取得遗传资源提供者的明示同意及是否可以要求提供者一次性接受并授权同意全部信息收集抑或是必须对各项请求分别选择同意或拒绝。

未对知情告知书、书面同意书的主要内容具体规定等。

上述问题，均有待进一步细化和明确。鉴于人类遗传资源材料及信息的特殊性，在相关材料和信息的采集、保藏和利用等过程中，对提供者隐私的保护、知情告知和书面同意等，应当规定和要求得更加严格。

3. 相关企业、研究机构等单位及从业人员对人类遗传资源的保护意识和安全意识不足，有待进一步提高

相关企业、研究机构等单位及相关从业人员对于人类遗传资源管理与生物安全战略认识不足，法律意识不强，对人类遗传资源保护的相关规定和规则不熟悉，甚至缺乏了解。

特别表现在开展国际合作时，无审批和报备意识；对国际合作中相关成果的所有权、使用权及知识产权，无要求分享的意识，多停留在发表论文的低要求层面，而论文发表的途径和代表性的刊物、网站多不在国内；也缺少主张权利和借助法律文本实现分享权利的能力；而对人类遗传资源材料和信息出境的要求，缺少合规意识，随意性强——这当然也与已知案例的处罚力度有关。

4. 伦理审查有流于形式的嫌疑

在人类遗传资源的采集、保藏、利用和对外提供的过程中，以及开展对外合作时，伦理审查未发挥出其应有的作用，有流于形式的嫌疑。可能的原因，一是对伦理审查的目的、作用、责任、定位不十分清晰，二是对伦理审查的流程和伦理委员会的工作机制认识较为模糊，有的伦

理委员会的审查活动本身缺乏足够的规范性、严谨性和权威性，有的研究机构和个人直接跳过伦理审查环节，虚构、伪造、编造伦理审查报告蒙混审批机构或遗传资源提供者。

5. 行政服务工作有待进一步改进和优化

应当进一步明确需要行政许可的采集、保藏、国际合作、对外提供四项活动的审批条件和程序，确保行政审批有法可依、有章可循。对无需审批事项，切实简政放权，加强事中事后监管。

应当进一步加强电子政务建设，方便申请人利用互联网办理审批、备案等事项；制定并及时发布有关人类遗传资源的审批指南和示范文本，加强对申请人办理有关审批、备案事项的指导；不断优化工作流程，提高办事效率。

四、技术与责任驱动的我国人类遗传资源保护建设路径

（一）我国人类遗传资源保护问题的规制之道

1. 围绕我国《生物安全法》和《人类遗传资源管理条例》进一步完善人类遗传资源管理法律体系的建设

进一步加快实施细则及相关配套文件的出台，切实落实我国在人类遗传资源保护方面的制度安排，保证我国《生物安全法》《人类遗传资源管理条例》等法律法规有效执行和实施，全面实现国家生物安全的战略目标和对人类遗传资源合理利用的经济目的。

2. 进一步提高人类遗传资源管理的全体参与者的保护意识和安全意识

通过强化对我国《生物安全法》《人类遗传资源管理条例》及相关法律法规和规范性文件的学习、宣传和普及，开展专题培训和相关法律的系统解读，提高全体参与者的保护意识、安全意识。

3. 建立人类遗传资源保护和利用的监测平台

对人类遗传资源采集、保藏、利用、对外提供等进行实时监控，提升保护力度和效率。

4. 进一步强化对人类遗传资源的规范管理

全面加强对采集、保藏、利用、对外提供我国人类遗传资源各环节的管理，明确管理责任和要求，健全管理体系。

制定相应的技术规范和指引，指导和规范人类遗传资源各环节的全部参与者的相关活动和行为。

同时，加大对违法违规行为的处罚力度，除大幅提高罚款金额以外，对情节严重或特别严重的，一定期限或永久禁止从事涉及我国人类遗传资源的活动，并对相关责任人予以处分和处罚、记入信用记录等处理，乃至追究其刑事责任。

5. 加强人类遗传资源科学研究基础能力建设，加快标准化、规范化人类遗传资源保藏平台和大数据建设，为开展科研开发活动提供有力支撑，在发展中解决保护问题

进一步鼓励科研机构、高等学校、医疗机构、企业等相关单位为提高诊疗技术、发展医药产业等目标，有效合理利用人类遗传资源开展科学研究活动，并大力支持科研成果的转化应用。

有效维护各方权益，开展涉及人类遗传资源的国际合作科学研究应当遵循平等互利、诚实信用、共同参与、共享成果的原则，有效保障合作各方及研究人员的合法权益。

6. 加强伦理审查

针对伦理审查未发挥出其应有的作用的情况，应当进一步明确对伦理审查的目的、作用、责任的法律界定；明确伦理审查流程和伦理委员会工作机制的相关规定，保证伦理委员会审查活动的规范性、严谨性，

保障其权威性；设立伦理审查报告查询平台，使得伦理审查成为人类遗传资源保护和合理利用的一道强大而有效的防线。

7. 进一步加强国际合作

充分借鉴他国的经验，遵从国际条约的规定，借助国际规则保护本国利益和本土企业、研究机构的利益，促进和提升我国生物技术的科研和转化水平，增强生物安全能力。

（二）违反人类遗传资源保护的法律责任

我国《生物安全法》构筑的人类遗传资源保护和利用，其核心思想是资源主权，即国家对我国人类遗传资源和生物资源享有主权。因此，尽管遗传物质的材料和信息可能存储于不同的个人身上，属于个人人身权利不可分割的主要组成部分，但这些资源汇聚，并可以借助于生物技术、信息技术等科学技术方法进行分析时，便赋予了国家安全、社会公共利益等其他法益。因此，人类遗传资源的权利主体和保护主体具有双重性，规制的目的、手段、责任认定和承担等方面具有复杂性，特别是在法律适用和责任认定方面。

例如，"境内机构未经批准采集、保藏我国人类遗传资源或者利用我国人类遗传资源开展国际科学研究合作"与"境外组织、个人及其设立或者实际控制的机构（统称境外机构）在我国境内采集、保藏我国人类遗传资源，以及向境外提供我国人类遗传资源"的法律责任认定，需要做出严格的区别：有条件许可与禁止，即准入问题。对于第一种情况，需要履行批准程序，也就是说经科技部门批准后，允许进行国际合作。但是对于第二种情况，目前没有批准程序，法律禁止境外机构开展此类活动。

读者可能会提出疑问，如果是我国非人类的遗传资源材料或他国人类遗传资源材料非法出境的情形，该行为应如何认定？按照我国《刑法》的规定，可能构成走私国家禁止进出口的货物、物品罪或者非法行医罪。涉及非法采集、保藏、利用、对外提供包括外来物种在内的其他生物资源的行为可能导致的罪名，可参见本书外来物种入侵的相关章节讨论。①

从行政责任上，我国《生物安全法》分别规定了两类行为的法律责任。第七十九条规定：违反本法规定，未经批准，采集、保藏我国人类遗传资源或者利用我国人类遗传资源开展国际科学研究合作的，由国务院科学技术主管部门责令停止违法行为，没收违法所得和违法采集、保藏的人类遗传资源，并处五十万元以上五百万元以下的罚款，违法所得在一百万元以上的，并处违法所得五倍以上十倍以下的罚款；情节严重的，对法定代表人、主要负责人、直接负责的主管人员和其他直接责任人员，依法给予处分，五年内禁止从事相应活动。

我国《生物安全法》第八十条规定：违反本法规定，境外组织、个人及其设立或者实际控制的机构在我国境内采集、保藏我国人类遗传资源，或者向境外提供我国人类遗传资源的，由国务院科学技术主管部门责令停止违法行为，没收违法所得和违法采集、保藏的人类遗传资源，并处一百万元以上一千万元以下的罚款；违法所得在一百万元以上的，并处违法所得十倍以上二十倍以下的罚款。

此外，《人类遗传资源管理条例》也有更为细化的资格限制类责任规定，例如"……对有本条例第三十六条、第三十九条、第四十一条、第四十二条规定违法行为的单位，情节严重的，由国务院科学技术行政部门或者省、自治区、直辖市人民政府科学技术行政部门依据职责禁止其1至5年内从事采集、保藏、利用、对外提供我国人类遗传资源的活动；情节特别严重的，永久禁止其从事采集、保藏、利用、对外提供我国人类遗传资源的活动。"

与此对应，2021年3月1日起施行的《刑法修正案（十一）》增设了走私我国人类遗传资源材料罪。在《刑法》第三百三十四条后增加

---

① 正如本书讨论的我国《生物安全法》所体现的辩证的生物安全观，非人类遗传资源，包括外来物种也有必要进行是否构成生物资源的讨论，外来物种的入侵说明的是极端、短期内的生态影响，但对于生物资源的影响则可能更为持续和长远。

一条，作为第三百三十四条之一："违反国家有关规定，非法采集我国人类遗传资源或者非法运送、邮寄、携带我国人类遗传资源材料出境，危害公众健康或者社会公共利益，情节严重的，处三年以下有期徒刑、拘役或者管制，并处或者单处罚金；情节特别严重的，处三年以上七年以下有期徒刑，并处罚金。"

至于人类遗传资源中的遗传信息，由于不需要遗传材料的实体物出境，就可以实现人类遗传资源出境的目的，因此确实有必要通过《数据安全法》等进行监管，规定相应法律责任，以应对技术发展和补齐因资源分类的复杂性所可能形成的监管短板。其第四十六条规定："违反本法第三十一条规定，向境外提供重要数据的，由有关主管部门责令改正，给予警告，可以并处十万元以上一百万元以下罚款，对直接负责的主管人员和其他直接责任人员可以处一万元以上十万元以下罚款；情节严重的，处一百万元以上一千万元以下罚款，并可以责令暂停相关业务、停业整顿、吊销相关业务许可证或者吊销营业执照，对直接负责的主管人员和其他直接责任人员处十万元以上一百万元以下罚款。"因此，按照本章讨论，人类遗传资源极易构成重要数据，因此也将受到《数据安全法》的监管。

第十五章

生物武器与生物恐怖袭击

一、生物武器

（一）生物武器的概念及历史

我国《生物安全法》将"生物武器"定义为：类型和数量不属于预防、保护或者其他和平用途所正当需要的、任何来源或者任何方法产生的微生物剂、其他生物剂以及生物毒素；也包括为将上述生物剂、生物毒素使用于敌对目的或者武装冲突而设计的武器、设备或者运载工具。

显然，生物武器是由生物剂及其施放装置组成。生物剂（亦称生物战剂），是指能使人畜致病的细菌、病毒、立克次体[①]等微生物或生物毒素，它是决定生物武器杀伤力的核心要素，是区别生物武器种类的基

[①] 对立克次体的归类存在一些争议，其更接近于细菌，但又与其他细菌不同。一般只能在其他生物体（宿主）的细胞内生存和繁殖，而不能在自然界环境中生存。立克次体也是个庞大的家族，主流的分类为3属12种，大部分种类生活在称为宿主的小型动物（如大鼠和老鼠）中。1909年由美国病理学人士霍华德·立克次首次发现。

础。施放装置是指为施放生物剂而专门设计的设备或运载工具。由于生物剂对温度、湿度、酸碱度、压力等环境因素非常敏感,生物剂的武器化需要解决比通常武器系统更为复杂的技术问题,例如,必须确保在弹药化、发射过程、分散过程中及其在各种物理、化学反应的影响下,生物剂能保持活性和毒力。

当人类意识到生物研究和生物技术具有双重作用[①]之时,生物的武器化"改造"便开始了。就现代生物武器研究而言,已有百余年的历史,大致可以分为三个阶段。第一阶段自20世纪初至第一次世界大战结束。领跑者是德国,涉及的生物剂主要是几种人畜共患的致病细菌,如炭疽杆菌、鼠疫杆菌等。生产规模较小,施放方法相对简单,主要是由间谍秘密污染食物、水源或饲料。第二阶段自20世纪30年代至70年代,是现代生物武器的成型期。其特点是生物剂种类增多、生产规模不断扩大,主要施放方式也改为由飞机播撒媒介物等。该阶段也是历史上使用生物武器最多的时期。第三阶段始于20世纪70年代中期,凭借生物技术迅速发展,特别是DNA重组技术广泛应用,生物武器进入"基因武器"阶段。[②]

生物武器作为一类具有特殊性的大规模杀伤性武器和战略性武器,主要针对人员或其他生物体产生杀伤或致病危害,具有隐秘性、传播性和不稳定性。一般通过秘密地、突然性大规模施放等方式使用,以期取得最大的杀伤效果。主要目的是引发传染病流行、造成社会恐慌、破坏生产和人力资源、破坏社会秩序,妨碍战备动员和后方保障等。它也被一些国家视为对外的主要威慑力量之一,是国家军事实力的重要组成部分。

生物武器杀伤力和破坏力巨大,会给受害者造成难以忍受的痛苦,并且其使用可能造成无法控制的灾难性后果。因此,它也是被国际公约所明令禁止的一类武器。

---

① 双重作用即一方面可以用于改善人类生活,例如获得更好的疫苗、药品和农产品等;另一方面也可以用来制造、培养、传播针对人类的病原体和毒素。

② 赵林、李珍妮:《可怕的战争魔鬼——解密生物武器》,载《军事文摘》2020年第4期。

（二）国际上应对生物武器化的努力[1]

1899年，国际社会召开了第一次海牙会议，签订了三个公约，发表了三个宣言。其中之一就是《禁止使用专用于散布窒息性或有毒气体的投射物宣言》，该宣言也是第一个正式生效的有关禁止化学、生物武器的国际法律文件。

1907年，第二次海牙国际和平会议召开，在《陆战法规和惯例公约》（第四公约）第二十三条中特别规定禁止使用毒物或有毒武器。

1919年，巴黎和会召开并签订了《凡尔赛和约》，其中第171条对化学、生物武器进行了明确的限制。

1925年3月4日，在日内瓦举行的武器、弹药和战争工具国际贸易监控会议上，签订了《关于禁用毒气或类似毒品及细菌方法作战议定书》，即《日内瓦议定书》。该议定书是历史上第一个在世界范围内禁止使用化学武器和细菌作战方法的国际法律文件，具有重要的历史意义和现实意义。

1971年12月16日，联合国大会一致通过了2826号决议，批准《禁止细菌（生物）和毒素武器的发展、生产及储存以及销毁这类武器的公约》，即《禁止生物武器公约》。该公约1975年3月26日正式生效。

1993年1月13日，《禁止化学武器公约》签署，主要包括缔约国应承担的义务，化学武器的定义和标准，禁止化学武器组织的组成和工作方式，销毁化学武器及生产设施的时限要求，违反此公约的制裁措施和严格的核查机制等方面内容。

《禁止化学武器公约》与《禁止生物武器公约》是目前主要应对生物武器的多边国际公约。值得注意的是，《禁止生物武器公约》没有

---

[1] 参见《尖端武器装备》编写组编著：《尖端化学/生物武器》，航空工业出版社2014年版。

禁止防御性的生物研究,而正如所有的技术具有的"双刃剑"属性一样,区分防御性和进攻性研究几乎是不可能的。

事实上,在禁止生物武器研究与防御生物武器攻击之间,存在一个十分明显的悖论。要预防、应对可能面临的生物武器袭击,必须明确和了解生物剂的种类、特性以及其如何武器化。因此,防御性研究似乎就成为必然。一旦防御性研究失控,势必会使生物剂和生物武器变得更致命和危险。于是,形成了一个循环往复、难以跳出的怪圈。例如,一直被提及的美国和俄罗斯实验室保留着天花"样本"并进行着武器化的研究,其理由之一便是"为了预防未来可能的天花袭击"。

(三)生物剂与生物技术

生物剂作为生物武器最重要的部分,一般来说具有以下特点:① 致病力强,易于繁殖和传染;② 传播途径多,污染范围广;③ 性质稳定,作用时间持久;④ 易于储存、分散,且不易被发现;⑤ 成本费用低等。同时,生物剂一般为活体微生物或生物活性蛋白质,它易于失活或分解。日光、温度、降水、湿度等自然因素也会加速生物剂衰亡或降低其有效浓度。因此,生物剂具有杀伤效果不确定、使用不当容易被反噬等局限性。生物剂的释放,一般是通过气溶胶传播、生物媒介传播以及直接布撒等方式进行。

生物剂,有武器化生物剂和潜在性生物剂之分。所谓武器化生物剂(亦称标准化生物剂),是指曾装备成生物武器的生物剂。潜在性生物剂是指具有作为生物剂的可能性,可作为生物剂进行研究的致病微生物、毒素。[1]

选择生物剂时,无论是作为武器化生物剂还是潜在生物剂,一般会考虑其是否能满足军事目的、是否符合使用的技术要求、是否能对人畜

---

[1] 《尖端武器装备》编写组编著:《尖端化学/生物武器》,航空工业出版社2014年版。

作物等造成大面积杀伤、是否容易使受攻击对象患病并传染、所患疾病是否已有预防性或治疗性的疫苗、是否有治疗药物等因素。

由于最初的生物剂基本上都是致病细菌，所以过去的生物武器也被称作细菌武器。而现代的生物剂已涵盖细菌、病毒、立克次体、衣原体、真菌等致病微生物，甚至还包含毒素①。大名鼎鼎的细菌生物剂有鼠疫杆菌、炭疽杆菌。病毒生物剂有黄热病毒、委内瑞拉马脑炎病毒等。在毒素生物剂中，肉毒杆菌毒素被广为知晓。

近几十年，随着生物技术和信息技术的快速发展，特别是基因编辑、生物合成等生物技术手段的日臻丰富和完善，生物剂和潜在生物剂的研究重点转向了病毒。利用基因测序、基因编辑和生物合成技术，对不同的病毒（无论是已知的病毒，还是新出现的新病毒）的基因进行测序、编辑、重构。改变病毒蛋白结构、改造甚至是创造病毒的基因结构，以提高病毒的致病力、致敏性、稳定性等，以挖掘和凸显新生物剂的杀伤力和破坏力。生物武器，业已进入基因武器新时代，并出现了以下生物剂的新研究动向。

1. 对现有生物剂的改造，改善、提高其效能

尽管生物武器威胁巨大，但由于其本身存在重大缺陷，比如容易受到外界环境的限制等，所以研究人员用物理、化学方法改进现有的生物剂以提高其威力。例如：通过向生物剂中加入某种制剂以提高其对分散应力和气溶胶化的耐受力，最终改良生物剂的物理特性；掩蔽生物剂的某种特性使之难以被侦检和预警；增强生物剂的感染力等。同时，对施放手段的改进也日趋完善，增加了生物武器的防范难度。

2. 寻找毒性更大、致死性更强的新型生物剂，正在成为生物剂研究的新方向

据悉，被作为新型生物剂进行研究的有马尔堡病毒、埃博拉病毒、

---

① 毒素既被列入化学武器，也被纳入生物武器范畴。

拉沙病毒以及军团菌等。随着生物技术的发展，这些病原生物还可被作为气溶胶进行使用。

3. 利用基因测序、基因编辑和生物合成技术等现代生物技术，研制基因武器

例如，在一些致病细菌或病毒中插入能对抗普通药物或疫苗的基因片段，产生具有显著抗药性的致病细菌；或在一些原本不会致病的微生物基因内插入致病基因，创设出新的致病生物制剂。

同时，基因武器还具有更为特殊的功能。例如，从基因武器的使用到对人体或生物体发生作用的过程中，无明显症候，难以及时发现和侦测，隐蔽性更强。即使发现，也难以破解遗传密码并实施控制。特别是基因武器的使用，可能会对人类造成难以控制、无法承受的后果。基因武器的秘密研制可能会产生一些人类在已有技术条件下难以对付的致病微生物，从而给人类带来灾难性的威胁。

4. 情势的变化，使得一些"古老"的病毒，又重新被生物剂的研究者重视起来

例如，曾经横扫地球上广大区域并肆虐多个世纪的传染病——天花，是为数不多的已经被人类控制的传染病。其病毒具有高致病性和高传染性、高重症率和高病死率的特点，且至今无有效药物可治疗。人类对天花的控制，完全依赖于全球范围内的普遍接种疫苗。

由于世界卫生组织已于1980年宣布天花已在全世界范围内被消灭，从那时起各国已不再接种牛痘，人类对天花病毒的易感性已大大增高，这也使得天花病毒作生物剂的可能性和有效性大增，天花病毒已成为潜在性生物剂。当然读者们已经知道，俄罗斯与美国各留存有天花病毒的"样本"，这引发了各国的普遍关注和争议。

二、生物武器与生物恐怖的威胁

（一）生物战

使用生物武器的军事行动，通常被称作生物战。

人类首次生物战发生于 1763 年 3 月，当然这不是现代意义上的生物战。当时正在进攻印第安部落的英国人亨利·博克特上校，将天花病人用过的毯子和手帕作为礼物送给了敌对的印第安部落首领。几个月后，天花在该部落流行起来，英国人不战而胜。①

现代意义上的生物战是在第一次世界大战期间，德国军队使用炭疽与马鼻疽病菌袭击协约国军队和马匹。此举随即遭到世界各国人民的强烈反对。

第二次世界大战期间，英国间谍使用肉毒素暗杀德国保安机关海德里希的案件，成为战争期间特工人员使用生物武器的最著名的例子。但是，将生物武器大规模用于战场的是日本。以石井四郎为首的 731 部队使用伤寒、副伤寒、霍乱、菌痢、炭疽、鼠疫、破伤风、气性坏疽等病原微生物作为生物剂，通过投放细菌炸弹、飞机喷雾和人工散布等方式实施。其中，鼠疫杆菌是当时日军选用的最主要的生物剂。在侵华战争中，日军发动的大规模生物战就达 12 次以上，给中国人民造成了极大的痛苦和伤害。

根据《俄罗斯解密档案选编》等公开信息记述，朝鲜战争期间美军通过向中国人民志愿军所在区域高密度投放苍蝇、跳蚤和虱子等媒介昆虫发动了生物战，导致许多志愿军战士患上霍乱、伤寒、斑疹伤寒、脑炎等疾病并死亡。美军甚至派原日本第二次世界大战时 731 部队的石井四郎、若松有次郎和北野政次等人携带生物剂和相关装备亲自前往朝鲜前线。美军在对志愿军发动生物战中的行动和方式、方法，与石井四郎

---

① 赵林、李珍妮：《可怕的战争魔鬼——解密生物武器》，载《军事文摘》2020 年第 7 期。

以及其同伙在侵华战争中采取的行动和方式、方法相似。①

我们有理由相信，未来的人类社会将不得不时常面对生物武器威胁的问题。

首先，生物武器具有特殊优势和用途，即使它的研制、生产和使用一直饱受诟病，被国际社会广泛担忧，也还是无法遏制有些国家、组织想拥有生物武器或保持其领先地位的冲动。为达成目的，不择手段地研制、开发甚或使用生物武器将是他们的必然选择。

尽管联合国专门制定了《禁止生物武器公约》等一系列的国际条约，以期禁止和制约相关行为，但事实上仍无法阻止生物武器被秘密研制，而国际条约对组织和个人的约束力更是几乎可以忽略。同时，由于生物剂具有平时战时难分、民用军用难分、进攻防御难分等特殊性，也存在执行层面无法禁止或核查困难等障碍。

不仅如此，基因编辑、合成生物学等新生物技术是一把双刃剑，在造福人类的同时，也为新生物剂的研制提供了技术支持，使人类面临新型生物武器的威胁。例如，将多种生物剂的基因进行拼接，或在原生物剂中植入具有产生抗药性的基因片段，或改造出更高致病性、传染性的生物剂，使生物武器对人类造成更大的威胁或实际的伤害。

有报道称，国外已对几十种潜在生物剂的基因结构、抗原性、毒力、复制等进行了详细研究，建立了多种生物剂信息库，为改造和提高传统生物剂的性能、研制新的生物剂奠定了基础。据悉，美国军事医学研究所已经研究出一些具有实战价值的基因武器，美军已完成具有抗四环素作用的大肠杆菌遗传基因与具有抗青霉素作用的金黄色葡萄球菌基因的拼接。俄罗斯也在研究将眼镜蛇基因与流感病毒基因进行拼接，试图培育出能分泌眼镜蛇毒素的流感病毒。德国军方也在对大肠杆菌、霍

---

① 《美国继承731部队的"魔鬼遗产"，在朝鲜战场伸出血手，行径卑劣》，载腾讯网，https://new.qq.com/omn/20210610/20210610A0CGCL00.html，访问时间2022年8月1日。

乱和黑死病等病原体进行基因改造。① 更有甚者，根据特定种族、族群的基因特征，研制具有精准杀伤特定种族和族群功能的生物武器，也必将改变生物战未来的态势和样貌。这也是为何我国《生物安全法》需要回应我国人类遗传资源的问题。

应该说，基因武器的研制，必然导致生物战的深化和发展。生物武器进入基因武器时代后，人类必将面对更为复杂和严峻的生物安全挑战。生物武器是各类生物安全问题中最为极端也是最为危险的一类安全问题。如果说其他类别的生物安全问题都多少掺杂了自然因素和技术因素的话，生物武器则纯粹是人为制造的针对人类自身的威胁——是削弱对手（国）并最终也会伤及自身的"诅咒"。

（二）生物恐怖

我国《生物安全法》将生物恐怖定义为：故意使用致病性微生物、生物毒素等实施袭击，损害人类或者动植物健康，引起社会恐慌，企图达到特定政治目的的行为。

生物剂，除武器化使用外，也可以非武器化使用。事实上，生物恐怖就是生物剂的非武器化使用的最主要表现形式。

从技术角度看，多种民用器械、设备、方法都可以使空气、水源、食物等污染上生物剂，这就使得生物剂用于恐怖活动成为可能。例如，日本奥姆真理教就曾以配有微型电扇的金属罐散布炭疽杆菌与肉毒杆菌进行恐怖活动。②

生物恐怖中，最常被使用的生物剂是炭疽杆菌。这一方面是由于炭疽杆菌的历史长，几乎在全球范围内都曾出现，因此，它比其他的生物

---

① 《尖端武器装备》编写组编著：《尖端化学/生物武器》，航空工业出版社2014年版。

② 日本奥姆真理教也是东京地铁沙林毒气事件的罪魁祸首。1995年3月20日早上发生的东京地铁沙林毒气事件是20世纪90年代最为令人震惊的恐怖袭击事件。沙林毒气是一种有机磷酸酯类毒气，可以抑制胆碱酯酶并造成神经系统紊乱，因此也一般认为它属于化学武器恐怖袭击事件。

剂更容易获取。另一方面是由于炭疽杆菌的芽孢具有超强的抵抗力，即使在外界环境中也能长期生存，在特定条件下甚至可以存活数十年，因此存储也更容易。

2001年10月，美国发生了多起邮寄炭疽杆菌事件。美参议院多数党领袖达施勒、参议员里海等多人收到了装有炭疽杆菌的信件，导致了包括美国《太阳报》一位编辑在内的数人死亡。2001年10月14日，美国卫生与公共服务部部长汤普森将其定性为"生物恐怖事件"。这也是人类已知的首次生物恐怖袭击，并引发全球范围内的炭疽恐慌。

据不完全统计，全球范围内30余个恐怖组织和其他非国家行为者都对生物武器表示出浓厚的兴趣，并且一些恐怖组织实际上也拥有一定数量的生物武器。就世界和平与安全而言，这些已经构成事实上的或潜在的威胁。毫无疑问，国际生物安全的危险日趋严重，生物恐怖已成为影响全球安全与稳定的重要因素。

三、对生物武器与生物恐怖的遏制与防范

1. 加强对生物武器袭击的侦察与检测能力

对生物武器袭击的侦察与检测，需要依赖专门仪器和侦查、检测技术。提高对生物武器袭击的防范能力和应对能力，需要加强对生物武器侦查、检测设备的研究和开发，提升研发能力。

例如，生物检测器（BCD）就是一种具有检测功能的生物武器检测设备。其实质是一套免疫生物传感系统，它根据抗原抗体之间的特异性生物反应原理，利用固定在传感器探头上的抗体捕获生物剂抗原，再将生物反应信号转换成可检测的光电信号，并最终将检测结果反映在检测设备上，通过检测和鉴别毒素和生物剂的种类达到侦检生物武器的目的。其主要由抗体储存和反应设备、传感器、光电处理设备等构成。[①]

[①] 《尖端武器装备》编写组编著：《尖端化学/生物武器》，航空工业出版社2014年版。

除生物检测器之外，生物武器检测设备还有生物剂检验车、生物集成检测系统、远程生物遥测检测系统等。这些检测设备具有能快速移动、早期远程跟踪预警等功能和特点，可以满足高机动性、多兵种协同作战和快速决策的实战要求。其中部分设备，外军已实现列装。

2. 提高对生物战和生物恐怖袭击的快速反应、科学应对能力

应当建立防范生物袭击的应急制度和快速反应体系，设立必要物资储备，建立专业的防疫队伍。在第一时间完成警示标明设置、实行疫区封锁、进入人员和物资的检疫，对生物剂和媒介物、污染物等通过焚烧、掩埋、喷药等方式进行彻底消毒或无害化处理以实现对疫区环境快速防控。

3. 大力发展生物技术，提高对生物袭击的预防、救治能力

大力发展生物技术的研究和应用，提高对病原微生物的快速分离、准确识别能力；提高快速研制疫苗和治疗药品的能力；提高医疗机构的反应能力和承接能力。

生物战或生物袭击发生时，首先，需要能对病原微生物的快速收集、分离、纯化和准确识别。其次是对疫苗和有效治疗药物的大批量生产。如果是新型生物剂，就需要医疗机构有足够的诊疗能力和药品把疫情控制在一定的范围，并争取到足够的时间等待疫苗和新型药物被研制出来。

因此，对药物、诊疗设备等储备充足，以及拥有快速研发和大批量生产疫苗和新型药物的能力，是应对生物袭击的重要保障。这些正是一个国家的生物技术水平和能力的体现，其实现也需要一个国家的生物技术的水平和能力来做保障。

4. 加强国际合作

虽然《禁止生物武器公约》等国际公约有禁止开发和拥有生物武器等规定，但是并没有专门的机构对公约成员的履约情况进行监督。

1994年，缔约国曾设立了一个以"加强公约实施效力，改善公约实施状况，确定并审查具体核查措施"为目的的特别小组，以期加强公约的实施效力。2020年度上合组织峰会中，各方表示"同意建立《禁止细菌（生物）和毒素武器的发展、生产及储存以及销毁这类武器的公约》的核查机制，这是国际社会的最佳选择"。核查机制和措施的建立仍然艰难。

为了推动生物武器公约的实施，应对生物战和生物袭击，必须进行全球范围内的国际合作。应当设立专门的核查机构、建立专业的核查规则和完善全球治理机制。

四、防范生物恐怖与生物武器威胁的国内法框架

我国《生物安全法》明确禁止开发、制造或者以其他方式获取、储存、持有和使用生物武器。禁止以任何方式唆使、资助、协助他人开发、制造或者以其他方式获取生物武器。这一基本态度也决定了我国在参与国际公约的谈判中的基本立场。

目前存在针对既可以用于生物技术，又可能用于武器化的生物双用途、生物两用品和生物双用途设备的规范，[①] 在我国《生物安全法》和《出口管制法》下，主要由《生物两用品及相关设备和技术出口管制条例》和附件清单《生物两用品及相关设备和技术出口管制清单》等组成。

2020年更新的《中国禁止出口限制出口技术目录》对特有基因操作技术等进行了适当补充，形成了出口角度的监督规则；对于进口，则还有2021年更新的《中国禁止进口限制进口技术目录》对包括农业转基因生物应用技术和高致病病原微生物在内的部分技术进行了限制，特别是尚未发现或者已经宣布消灭的病原微生物，这与出口清单的规定也相吻合。

---

① 按照2006年的清单，它们既可用于医疗、预防、保护、防护等和平目的，又可用于发展、生产生物武器等非和平目的。具有此种特征的病原体、毒素、遗传物质被称为"生物两用品"，具有此种特征的设备被称为"生物双用途设备"。

2018年修正的我国《反恐怖主义法》对其中可能用于生物恐怖活动的传染病病原体等物质的监管进行了规定，并根据行为后果规定了相应的法律责任，实现了与我国《刑法》的组织、领导、参加恐怖组织罪、准备实施恐怖活动罪等内容的衔接。

当然，按照本章的讨论，随着生物技术、信息技术等的发展，仅字面的局限于"传染病病原体"等物质可能会对追究刑事责任的定罪量刑产生限制，但是否扩展到其他可能用于生物恐怖活动的物质，仍有待于司法解释与个案的验证。

此外值得注意的是，我国《刑法》规定的帮助恐怖活动罪，仅限于资助行为，明确资助恐怖活动组织、实施恐怖活动的个人的，或者资助恐怖活动培训的，处五年以下有期徒刑、拘役、管制或者剥夺政治权利，并处罚金；情节严重的，处五年以上有期徒刑，并处罚金或者没收财产。但如果是直接针对生物两用品和生物双用途设备提供技术或支持的，是否会构成该罪名，尚存争议。

第十六章

其他与生物安全相关的活动

本章我们将延伸讨论几个与生物安全相关的话题。

一、国家安全与生物安全、网络安全、数据安全及其技术

1. 国家安全与生物安全、网络安全、数据安全的关系

在 2015 年《国家安全法》颁布后，我国逐渐形成了总体国家安全观的顶层设计，生物安全是总体国家安全的重要组成部分，与网络、数据等其他领域中的安全问题共同构成总体国家安全。

例如，《国家安全法》第二十二条明确规定："国家健全粮食安全保障体系，保护和提高粮食综合生产能力，完善粮食储备制度、流通体系和市场调控机制，健全粮食安全预警制度，保障粮食供给和质量安全。"第三十条规定："国家完善生态环境保护制度体系，加大生态建设和环境保护力度，划定生态保护红线，强化生态风险的预警和防控，妥善处置突发环境事件，保障人民赖以生存发展的大气、水、土壤等自然环境和条件不受威胁和破坏，促进人与自然和谐发展。"第五十九条规定：

"国家建立国家安全审查和监管的制度和机制，对影响或者可能影响国家安全的外商投资、特定物项和关键技术、网络信息技术产品和服务、涉及国家安全事项的建设项目，以及其他重大事项和活动，进行国家安全审查，有效预防和化解国家安全风险。"

《网络安全法》第一条规定："为了保障网络安全，维护网络空间主权和国家安全、社会公共利益，保护公民、法人和其他组织的合法权益，促进经济社会信息化健康发展，制定本法。"第四十四条规定："任何个人和组织不得窃取或者以其他非法方式获取个人信息，不得非法出售或者非法向他人提供个人信息。"第七十六条第五款规定："个人信息，是指以电子或者其他方式记录的能够单独或者与其他信息结合识别自然人个人身份的各种信息，包括但不限于自然人的姓名、出生日期、身份证件号码、个人生物识别信息、住址、电话号码等。"

《数据安全法》第四条规定："维护数据安全，应当坚持总体国家安全观，建立健全数据安全治理体系，提高数据安全保障能力。"第八条规定："开展数据处理活动，应当遵守法律、法规，尊重社会公德和伦理，遵守商业道德和职业道德，诚实守信，履行数据安全保护义务，承担社会责任，不得危害国家安全、公共利益，不得损害个人、组织的合法权益。"第二十一条第一款规定："国家建立数据分类分级保护制度，根据数据在经济社会发展中的重要程度，以及一旦遭到篡改、破坏、泄露或者非法获取、非法利用，对国家安全、公共利益或者个人、组织合法权益造成的危害程度，对数据实行分类分级保护。国家数据安全工作协调机制统筹协调有关部门制定重要数据目录，加强对重要数据的保护。"

上述规定既体现出生物安全、网络安全和数据安全都是国家安全的重要组成部分，统合在国家安全之下，必须服从、服务于国家安全的终极目的和目标，又体现着总体安全观之下的国家意志。同时，也反映出生物安全与网络安全、数据安全虽分属于不同领域，但并非毫无关联，其间会横向产生融合，发展出与安全相关的交叉且密切的关联关系。例如，涉及人类遗传资源的相关数据，既属于个人信息又可能产生重要数据；既与生物安全相关，又与网络安全和数据安全相关。特别是在相关数据出境方面，可能需要同时受到三部甚至更多法律的调整、约束和规范。

因此，深刻认识到国家安全与生物安全、网络安全、数据安全之间的关系，注重其之间关系在具体工作的体现，用全面而不是片面的、联系而不是孤立的视角考量，才能真正应对和解决安全问题。

2. 生物、网络、材料等技术的融合式发展，对安全问题提出了新的挑战

生物、网络、材料等技术的融合式发展，使得其所产生出的安全问题的边界更为模糊，对相关安全问题的规制、解决也变得更为复杂和困难。

例如，2020年底谷歌人工智能团队DeepMind研究的AlphaFold算法在生物学领域取得了重要突破：它能够精确地通过氨基酸序列预测蛋白质的3D结构。其准确性可以与使用冷冻电子显微镜（CryoEM）、核磁共振或X射线晶体学等实验技术解析的3D结构媲美。这说明在对蛋白质结构和折叠的预测这件事情上，人工智能又一次取得了"绝对"领先。[1] 事实上，通过生物技术与信息技术、材料科学等的整合，增强人类的某一或某些属性，一直以来都可能是跨领域学科追求的目标之一，并且从趋势上看，学科与技术融合的趋势仍在加快，这就使得对相关安全问题的规制、解决也变得更为复杂和困难，不仅需要法律和伦理提供必要的规范支持，还需要尽可能全面整体的规范支持。

另一个跨学科的难题就是在国家安全、社会公共利益与个人信息、隐私之间如何进行协调的问题。生物安全信息中属于国家秘密的，当然应当依照《生物安全法》的规定，转引到《保守国家秘密法》和国家其他有关保密规定实施保密管理。对于其中属于个人信息的，则应当归入

---

[1] 上一次（弱）人工智能的领先领域和标志性事件是在围棋五番棋中，第一代DeepMind算法击败了围棋界的两大标杆人物李世石和柯洁。本书第二章也将这一领域的最新进展作为2022年的代表性事件——DeepMind借助"阿尔法折叠"算法，预测了迄今编目的几乎所有蛋白质结构。

《民法典》和《个人信息保护法》进行保护。在《个人信息保护法》中，生物识别信息属于"一旦泄露或者非法使用，容易导致自然人的人格尊严受到侵害或者人身、财产安全受到危害的"敏感个人信息。我们在讨论国家安全、社会公共利益的同时，不应当偏颇或忽视生物信息的个人信息和隐私成分。毕竟，维护生物安全应当保障每个人的生命健康安全，保障个人生命健康权、隐私权、个人信息相关权利。同时，每个人的个体生物信息的集合，才会呈现我国人类遗传资源的丰富性、多样性，才能具有与生物安全威胁相抗衡的储备厚度。而当个人信息累积到一定程度，会上升为《数据安全法》规定的重要数据，从而在数据角度，又会被赋予国家安全和社会公共利益的价值。

二、中医药与生物安全

中医药属于中国重要的传统文化，对中华民族的繁衍生息和中华文明的形成发展起到重要的作用。就中医药与生物安全的关系而言，中医药千百年来在救死扶伤、治病救人方面起到了举足轻重的作用，特别是在现代医学在中国成熟和迅速发展之前，中华民族的生存和健康状态、医疗状况、人口数量、生活质量等更是倚重于中医药学的发展和应用。即使是今天，中医药也在《生物安全法》框架下的防控重大新发突发传染病、动植物疫情和应对微生物耐药等方面可以发挥重要而独特的作用。相较其他文明的当代体系，中国有着独特、独立和相对完善的传统中医药体系，中医药与现代医学在重大新发突发传染病防控、应对微生物耐药等生物安全问题的应对、应急处理方面具有双重保护作用，可以说给了我们更多的方法和路径的选择。中医药的发展，无疑会极大地助力于一些重大、重要的生物安全问题的应对和解决，为这些生物安全问题的应对和解决提供了重要保证和强有力的技术支持。

但我们仍需关注或者说解决以下几个方面的问题：

（1）中医药与现代生物技术的关系问题。

在现代生物技术快速发展的视域下，传统中医药学应当借助、分享、吸收现代医学、现代生物技术的发展成果，实现《中医药法》所规定的"运用现代科学技术,促进中医药理论和实践的发展",使传统中医药焕发出更大的、新的活力,发挥更大的作用。

在这一方面,2015 年诺贝尔生理学或医学奖获得者,中国药学家屠呦呦和青蒿素无疑是一个成功的典范。尽管其本人认为"青蒿素是传统中医药送给世界人民礼物"①,但如何认定、看待传统中医药的概念和作用,国内存在重大分歧。事实上,围绕中医(药)的讨论甚至激辩不仅重要,也实属必要。这是中医(药)现代化(无论是转型、传承还是扬弃)和公民共识形成的必经之路。

同时,我们必须关注到在《生物安全法》架构下开展现代生物技术研究和发展传统中医药,已经使得中医药学原本固有的研究范式发生了重大改变,也使得原本"单纯"的中医药研究,不可避免地会涉及应用现代生物技术带来的生物安全问题,也必然会面临在应用现代生物技术研究和发展中医药学的过程中,如何界定、规制现代生物技术的误用、滥用等生物安全问题。

(2)中医药之中药材,一般来源于自然界中的动物、植物,或者源于人工养殖或种植,药材的获取必然会涉及从自然界中获取数量和速度等方面的限制问题,会涉及是否导致野生品种的灭绝、生物资源基因库多样性的丧失等问题;如系养殖或种植的药材,则会涉及是否引起生态系统失衡、生物多样性丧失等一系列与生物安全相关的问题;如系引种,还会面临《生物安全法》上的外来物种、生物资源保护以及生物多样性保护等问题。

自然界的野生中药材资源正在变得匮乏,或者无法适应人类的巨大需求,因此中药材的人工养殖和种植就成为必然。从狭义的角度,这也是中医药自身发展的内在需求。《中医药法》第二十二条规定:"国家鼓励发展中药材规范化种植养殖,严格管理农药、肥料等农业投入品的使用,禁止在中药材种植过程中使用剧毒、高毒农药,支持中药材良种繁

---

① 《屠呦呦:青蒿素是传统中医药送给世界人民的礼物》,载北京大学校友网,http://pkuorg.lb.pku.edu.cn/zt/tyyhnbej/91616.htm。

育,提高中药材质量。"第二十三条规定:"国家建立道地中药材评价体系,支持道地中药材品种选育,扶持道地中药材生产基地建设,加强道地中药材生产基地生态环境保护,鼓励采取地理标志产品保护等措施保护道地中药材。"

之所以有这些规定,显然是因为出现了不得不应对和解决的难题,包括不当的种植、养殖、采集、贮存和初加工,对药用资源的掠夺性处理导致的资源枯竭和药效降低,以及在现有的中医药体系下,拓展和丰富药用资源,如何合理地引入、评价新的外来物种的中医效用。这方面过去的案例便是,战争与兵火是上党人参(党参)遭受灭绝破坏的最主要的原因。[1]

从广义的角度看,中药材也是《生物安全法》所要求保护的生态系统的组成部分,也应遵循生态系统保护的一般性规律和生物多样性的远景。从这一价值取向上,多样性的生物资源恰恰也成为中医药延续、发展的源泉。这就又回应了屠呦呦的期盼,通过中医药的现代化、持续性,为人类健康献上更好的礼物。

总的来说,对药用资源的掠夺性采集、不当的引入和人工繁育,必然会导致资源枯竭和药效降低,以及生物多样性丧失和生态系统失衡等生物安全问题,而这些生物安全问题必须引起我们高度的关注,并应予以应对和解决。

三、生物安全与(泛)技术哲学

将生物安全上升和统合到总体国家安全观,可能还为当代跨学科的一种形式——科学哲学提出了新的问题与思考。

事实上,生物技术、信息技术,甚至更为基础的数学和物理科学,不仅需要回应技术风险带来的问题,甚至在某种程度上,也被认为是产生这些风险问题的原因。这些问题可能最终都需要从科学哲学层面尝试

---

[1] 《上党人参今安在?》,载中国气象局网,http://www.cma.gov.cn/kppd/kppdrt/201406/t20140610_248858.html,访问时间 2022 年 7 月 12 日。

解答。按照金观涛的观点，相对论和量子力学即是现代科学的最终基础，但对于为什么这两大理论是现代科学的基石，哲学家还知之甚少。二十世纪的科学哲学家，从鲁道夫·卡尔纳普（Rudolf Carnap）、卡尔·波普尔（Karl Popper）到托马斯·库恩（Thomas Kuhn），他们对于科学革命的解释最后都被证明是不尽正确的。可以说，二十世纪对"什么是现代科学"的哲学探索都以失败告终。① 以生物技术为例，基因工程和合成生物学新进展所引发的巨变正在发生、无可阻挡，但是人对生命的宏观理解，远远跟不上对生物细节知识的了解和操纵。由此带来的结果是，技术主宰了整个科学，人类开始盲目自信可以扮演"造物主"的角色。谷歌的首席未来学家雷·库兹韦尔（Ray Kurzweil）甚至预言说人类在 2045 年将实现永生。②

二十世纪的科学哲学，一方面，卡尔纳普的逻辑经验主义、波普尔的批评精神与否证论、库恩的科学历史主义等理论的贡献仍在体现对当代科学的解读、求解和探索。这些理论较之前辈都并不浅薄，谈及过时也为时过早。但另一方面科学哲学的边缘化意味着科学哲学的学者不再像那些曾经的先哲们一样具有影响力。我们无从知晓当生物技术、信息技术、材料技术等技术在量子力学与相对论统治现代科学近百年后并在人工智能层面实现聚合时，所塑造的"人"究竟还能否为被称为"人"。何以为人？但这个时代仍然需要哲学的自我救赎，我们也仍然期待哲学对生物与生命科学的回归与加持。

本章的最后，我们尝试抛出五个问题——这些问题在更底层的结构上支撑着包括我国《生物安全法》在内的各国法律政策：

---

① 金观涛：《论当今社会思想危机的根源》，载腾讯网，https：//new.qq.com/rain/a/20210310A000SS00，访问时间 2022 年 12 月 16 日。

② 2016 年 4 月，库兹韦尔部分修正了他的观点，认为人类将在 2029 年开始实现永生。参见《谷歌首席未来学家发出惊天预言：人类将在 2029 年开始实现永生？》，载澎湃新闻网，https：//www.thepaper.cn/newsDetail_forward_1441４036，访问时间 2022 年 12 月 16 日。

(1) 在试验和统计之外,是否还有研究生物学科的科学方法?
(2) 是否还会产生新的生物科学假说和理论?
(3) 生物科学技术是否还可以提供对客观实在的新知识和新认知?
(4) 生态系统内在规律和外在规则是否存在统一性?
(5) 法律和伦理在多大程度上反映这些规律和规则?

第五部分

生物安全的法律监管体系与合规能力建设

第十七章

我国生物安全的行政监管体系

针对当前境内外主要的生物安全风险,根据我国《生物安全法》对总体国家安全观和生物安全风险防控体制的相关规定,我国建立了具有如下的监管机构和职能的监管体系。

一、国家生物安全工作组织领导体制及机制

作为顶层设计,中央国家安全领导机构负责国家生物安全工作的决策和议事协调,研究制定、指导实施国家生物安全战略和有关重大方针政策,统筹协调国家生物安全的重大事项和重要工作,建立国家生物安全工作协调机制。

国家生物安全工作协调机制由国务院卫生健康、农业农村、科学技术、外交等主管部门和有关军事机关组成,负责分析研判国家生物安全形势,组织协调、督促推进国家生物安全相关工作。国家生物安全工作协调机制设立办公室,负责协调机制的日常工作。

二、监管机构职责及分工

在国家生物安全工作协调机制下,卫生健康、农业农村、科学技

术、外交等主管部门和有关军事机关等国家生物安全工作协调机制成员单位和国务院其他有关部门根据职责分工，负责生物安全相关工作，分别承担相应职能。

值得关注的是，2023年3月开始的国家机构改革对卫生健康、农业农村、科学技术等部门的职能进行了调整，与生物安全相关的职能调整主要围绕科学技术部的重新组建展开。按照《关于国务院机构改革方案的说明》，通过组建中央科技委员会，中央科技委员会办事机构职责由重组后的科学技术部整体承担，并设置（保留）国家科技咨询委员会对中央科技委员会负责并报告工作；国家科技伦理委员会作为中央科技委员会领导下的学术性、专业性专家委员会。

改革强化科学技术部的战略规划、体制改革、资源统筹、综合协调、政策法规、督促检查等宏观管理职责，推动健全新型举国体制、优化科技创新全链条管理、促进科技成果转化、促进科技和经济社会发展相结合，对科学技术部的部分具体职能进行重组或剥离。这些战略和实施层面的调整工作已经逐步展开，并将深刻而长远地影响中国生物安全战略、法律和政策。

其中，组织拟订科技促进农业农村发展规划和政策、指导农村科技进步职责划入农业农村部。组织拟订科技促进社会发展规划和政策职责分别划入国家发展和改革委员会、生态环境部、国家卫生健康委员会等部门。组织拟订高新技术发展及产业化规划和政策，指导国家自主创新示范区、国家高新技术产业开发区等科技园区建设，指导科技服务业、技术市场、科技中介组织发展等职责划入工业和信息化部。

重组后的科学技术部不再参与具体科研项目评审和管理，主要负责指导监督科研管理专业机构的运行管理，加强对科研项目实施情况的督促检查和科研成果的评估问效。相应把科学技术部所属中国农村技术开发中心划入农业农村部，中国生物技术发展中心划入国家卫生健康委员会。

（一）生态环境部

生态环境部下设自然生态保护司、海洋生态环境司以及生态环境的监测、执法司局等机构。

1. 自然生态保护司

作为生态环境部主要的生物安全监管机构之一，该司负责指导协调和监督生态保护修复工作。拟订和组织实施生态保护修复监管政策、法律、行政法规、部门规章、标准；组织起草生态保护规划，开展全国生态状况评估，指导生态示范创建、"绿水青山就是金山银山"实践创新；组织制定各类自然保护地监管制度并监督实施，承担自然保护地、生态保护红线相关监管工作；监督对生态环境有影响的自然资源开发利用活动、重要生态环境建设和生态破坏恢复工作；监督野生动植物保护、湿地生态环境保护、荒漠化防治等工作；组织开展生物多样性保护、生物物种资源（含生物遗传资源）保护、生物安全管理工作；承担中国生物多样性保护国家委员会秘书处和国家生物安全管理办公室工作；负责有关国际公约国内履约工作。

2. 海洋生态环境司

负责全国海洋生态环境监管工作。拟订和组织实施全国及重点海域海洋生态环境政策、规划、区划、法律、行政法规、部门规章、标准及规范；负责海洋生态环境调查评价；组织开展海洋生态保护与修复监管，监督协调重点海域综合治理工作；监督陆源污染物排海，监督指导入海排污口设置，承担海上排污许可及重点海域排污总量控制工作；负责防治海岸和海洋工程建设项目、海洋油气勘探开发和废弃物海洋倾倒对海洋污染损害的生态环境保护工作；按权限审批海岸和海洋工程建设项目环境影响评价文件；组织划定倾倒区；监督协调国家深海大洋、极地生态环境保护工作；负责有关国际公约国内履约工作；承担湾长制相关工作。

简要地概括,生态环境部的生物安全监管职责偏向于对可能导致各类环境污染、生态破坏的治理、恢复等相关行政事务,承接了原环境保护部的一些职责职能。

(二)自然资源部

自然资源部统合了原国土资源部的部分职能,并下设国家林业和草原局等职能机构。

1. 自然资源部的生物安全相关职责

相关职责、职能,主要包括:

(1)履行全民所有土地、矿产、森林、草原、湿地、水、海洋等自然资源资产所有者职责和所有国土空间用途管制职责。拟订自然资源和国土空间规划及测绘、极地、深海等法律法规草案,制定部门规章并监督检查执行情况。

(2)负责建立空间规划体系并监督实施。推进主体功能区战略和制度,组织编制并监督实施国土空间规划和相关专项规划;开展国土空间开发适宜性评价,建立国土空间规划实施监测、评估和预警体系;组织划定生态保护红线、永久基本农田、城镇开发边界等控制线,构建节约资源和保护环境的生产、生活、生态空间布局;建立健全国土空间用途管制制度,研究拟订城乡规划政策并监督实施;组织拟订并实施土地、海洋等自然资源年度利用计划;负责土地、海域、海岛等国土空间用途转用工作;负责土地征收征用管理。

(3)负责统筹国土空间生态修复。牵头组织编制国土空间生态修复规划并实施有关生态修复重大工程;负责国土空间综合整治、土地整理复垦、矿山地质环境恢复治理、海洋生态、海域海岸线和海岛修复等工作;牵头建立和实施生态保护补偿制度,制定合理利用社会资金进行生态修复的政策措施,提出重大备选项目。

(4)负责监督实施海洋战略规划和发展海洋经济。研究提出海洋强国建设重大战略建议;组织制定海洋发展、深海、极地等战略并监督实施；会同有关部门拟订海洋经济发展、海岸带综合保护利用等规划和政策并监督实施；负责海洋经济运行监测评估工作。

（5）负责海洋开发利用和保护的监督管理工作。负责海域使用和海岛保护利用管理；制定海域海岛保护利用规划并监督实施；负责无居民海岛、海域、海底地形地名管理工作，制定领海基点等特殊用途海岛保护管理办法并监督实施；负责海洋观测预报、预警监测和减灾工作，参与重大海洋灾害应急处置。

2. 国家林业和草原局生物安全相关职责

相关职责、职能，主要包括：

（1）负责林业和草原及其生态保护修复的监督管理。拟订林业和草原及其生态保护修复的政策、规划、标准并组织实施，起草相关法律法规、部门规章草案；组织开展森林、草原、湿地、荒漠和陆生野生动植物资源动态监测与评价。

（2）组织林业和草原生态保护修复和造林绿化工作。组织实施林业和草原重点生态保护修复工程，指导公益林和商品林的培育，指导、监督全民义务植树、城乡绿化工作；指导林业和草原有害生物防治、检疫工作；承担林业和草原应对气候变化的相关工作。

（3）负责森林、草原、湿地资源的监督管理。组织编制并监督执行全国森林采伐限额；负责林地管理，拟订林地保护利用规划并组织实施，指导国家级公益林划定和管理工作，管理重点国有林区的国有森林资源；负责草原禁牧、草畜平衡和草原生态修复治理工作，监督管理草原的开发利用；负责湿地生态保护修复工作，拟订湿地保护规划和相关国家标准，监督管理湿地的开发利用。

（4）负责监督管理荒漠化防治工作。组织开展荒漠调查，组织拟订防沙治沙、石漠化防治及沙化土地封禁保护区建设规划，拟订相关国家标准，监督管理沙化土地的开发利用，组织沙尘暴灾害预测预报和应急处置。

（5）负责陆生野生动植物资源监督管理。组织开展陆生野生动植物资源调查，拟订及调整国家重点保护的陆生野生动物、植物名录，指导陆生野生动植物的救护繁育、栖息地恢复发展、疫源疫病监测，监督管理陆生野生动植物猎捕或采集、驯养繁殖或培植、经营利用，按分工监督管理野生动植物进出口。

（6）负责监督管理各类自然保护地。拟订各类自然保护地规划和相关国家标准；负责国家公园设立、规划、建设和特许经营等工作，负责中央政府直接行使所有权的国家公园等自然保护地的自然资源资产管理和国土空间用途管制；提出新建、调整各类国家级自然保护地的审核建议并按程序报批，组织审核世界自然遗产的申报，会同有关部门审核世界自然与文化双重遗产的申报；负责生物多样性保护相关工作。

（7）指导国有林场基本建设和发展，组织林木种子、草种种质资源普查，组织建立种质资源库，负责良种选育推广，管理林木种苗、草种生产经营行为，监管林木种苗、草种质量；监督管理林业和草原生物种质资源、转基因生物安全、植物新品种保护。

（8）负责落实综合防灾减灾规划相关要求，组织编制森林和草原火灾防治规划和防护标准并指导实施，指导开展防火巡护、火源管理、防火设施建设等工作；组织指导国有林场林区和草原开展宣传教育、监测预警、督促检查等防火工作；必要时，可以提请应急管理部，以国家应急指挥机构名义，部署相关防治工作。

（9）监督管理林业和草原中央级资金和国有资产，提出林业和草原预算内投资、国家财政性资金安排建议，按国务院规定权限，审核国家规划内和年度计划内投资项目；参与拟订林业和草原经济调节政策，组织实施林业和草原生态补偿工作。

（10）负责林业和草原科技、教育和外事工作，指导全国林业和草原人才队伍建设，组织实施林业和草原国际交流与合作事务，承担湿地、防治荒漠化、濒危野生动植物等国际公约履约工作。

（三）农业农村部

农业农村部在《生物安全法》下相关职责职能众多，机构设置包括种植业管理司（农药管理司）、种业管理司、畜牧兽医局、渔业渔政管理局、科技教育司（农业转基因生物安全管理办公室）以及国际合作司，等等。

1. 种植业管理司（农药管理司）

起草种植业发展政策、规划；指导种植业结构和布局调整及标准化生产工作，发布农情信息；承担发展节水农业和抗灾救灾相关工作。承担肥料有关监督管理以及农药生产、经营和质量监督管理，指导农药科学合理使用；承担国内和出入境植物检疫、农作物重大病虫害防治有关工作。

2. 种业管理司

起草农作物和畜禽种业发展政策、规划；组织实施农作物种质资源、畜禽遗传资源保护和管理；监督管理农作物种子、种苗；组织抗灾救灾和救灾备荒种子的储备、调拨；承担农业植物新品种保护工作。

3. 畜牧兽医局

起草畜牧业、饲料业、畜禽屠宰行业、兽医事业发展政策和规划；监督管理兽医医政、兽药及兽医器械；指导畜禽粪污资源化利用；监督管理畜禽屠宰、饲料及其添加剂、生鲜乳生产收购环节质量安全；组织实施国内动物防疫检疫；承担兽医国际事务、兽用生物制品安全管理和出入境动物检疫有关工作。

4. 渔业渔政管理局

起草渔业发展政策、规划；保护和合理开发利用渔业资源，指导水产健康养殖和水产品加工流通，组织水生动植物病害防控；承担重大涉外渔事纠纷处理工作；按分工维护国家海洋和淡水管辖水域渔业权益；组织渔业水域生态环境及水生野生动植物保护；监督执行国际渔业条约，监督管理远洋渔业和渔政渔港；指导渔业安全生产。

5. 科技教育司（农业转基因生物安全管理办公室）

承担推动农业科技体制改革及相关体系建设、科研、技术引进、成果转化和技术推广工作；监督管理农业转基因生物安全；指导农用地，农业生物物种资源及农产品产地环境保护和管理；指导农村可再生能源开发利用、节能减排、农业清洁生产和生态循环农业建设；承担外来物种管理相关工作；指导农业教育和职业农民培育。

（四）国家卫生健康委员会

1. 国家卫生健康委员会的生物安全相关职责

相关职责职能，主要包括：

（1）制定并组织落实疾病预防控制规划、国家免疫规划以及严重危害人民健康公共卫生问题的干预措施，制定检疫传染病和监测传染病目录；负责卫生应急工作，组织指导突发公共卫生事件的预防控制和各类突发公共事件的医疗卫生救援。

（2）负责职责范围内的职业卫生、放射卫生、环境卫生、学校卫生、公共场所卫生、饮用水卫生等公共卫生的监督管理，负责传染病防治监督，健全卫生健康综合监督体系。

2. 下设各司局职责

国家卫生健康委员会下设机构，包括疾病预防控制局、医政司、科技教育司、医疗应急司、药物政策与基本药物制度司，以及综合监督局、国际合作司等司局涉及生物安全相关职责、职能。

（1）疾病预防控制局。

拟订重大疾病防治规划、国家免疫规划、严重危害人民健康公共卫生问题的干预措施并组织实施，完善疾病预防控制体系，承担传染病疫情信息发布工作。

(2) 医政司。

拟订医疗机构及医务人员、医疗技术应用、医疗质量和医疗服务等行业管理政策规范、标准并监督实施,承担推进心理健康和精神卫生、护理、康复事业发展工作;拟订公立医院运行监管、绩效评价和考核制度等。

(3) 科技教育司。

拟订卫生健康科技发展规划及相关政策并组织实施。承担实验室生物安全监督工作。组织开展住院医师、专科医师培训等毕业后医学教育和继续教育工作,协同指导医学院校教育。

(4) 医疗应急司。

组织协调传染病疫情应对工作,承担医疗卫生应急体系建设,组织指导各类突发公共事件的医疗救治和紧急医学救援工作;拟订医疗安全、医疗监督、采供血机构管理以及行风建设等行业管理政策、标准并组织实施;拟订重大疾病、慢性病防控管理政策规范并监督实施。

(5) 药物政策与基本药物制度司。

完善国家基本药物制度,组织拟订国家药物政策和基本药物目录。开展药品使用监测、临床综合评价和短缺药品预警。提出药品价格政策和国家基本药物目录内药品生产鼓励扶持政策的建议。

(五)科学技术部

1. 科学技术部的生物安全相关职责

相关职责、职能,主要包括:

(1) 拟订国家基础研究规划、政策和标准并组织实施,组织协调国家重大基础研究和应用基础研究。拟订重大科技创新基地建设规划并监督实施,参与编制重大科技基础设施建设规划和监督实施,牵头组织国家实验室建设,推动科研条件保障建设和科技资源开放共享。

(2) 编制国家重大科技项目规划并监督实施,统筹关键共性技术、前沿引领技术、现代工程技术、颠覆性技术研发和创新,牵头组织重大技术攻关和成果应用示范。组织协调国际大科学计划和大科学工程。

（3）组织拟订高新技术发展及产业化、科技促进农业农村和社会发展的规划、政策和措施。组织开展重点领域技术发展需求分析，提出重大任务并监督实施。

（4）牵头国家技术转移体系建设，拟订科技成果转移转化和促进产学研结合的相关政策措施并监督实施。指导科技服务业、技术市场和科技中介组织发展。

2. 下设各司局职责

在具体的司局设置上，除了一般性的科技战略规划、科技创新体系建设之外，可以针对性地实现《生物安全法》规定的科学技术职能机构包括：

（1）重大专项司。

会同有关方面研究提出国家科技重大专项布局规划建议，拟订科技重大专项实施办法，审核实施计划，提出综合平衡、方案调整和相关配套政策建议，跟踪和监督实施，协调解决重大问题，组织评估和验收。

（2）基础研究司。

拟订国家基础研究规划、政策和标准并组织实施，协调国家重大基础研究和应用基础研究，研究提出重大任务并监督实施。提出国家实验室等重大科技创新基地和科研条件保障规划建议并监督实施。推进科技资源和科学数据开放共享。

（3）高新技术司。

拟订相关领域高新技术发展的规划和政策，组织开展相关领域技术发展需求分析，提出重大任务并监督实施，推动重大关键技术攻关。提出相关领域平台、基地规划布局并组织实施。

（4）农村科技司。

拟订科技促进农业农村发展的规划和政策，提出重大任务并监督实施,推动重大关键技术攻关。指导农村科技进步和县域创新驱动发展工作,推动科技扶贫工作和农村科技社会化服务体系建设。提出相关领域平台、基地规划布局并组织实施。

(5) 社会发展科技司。

拟订社会发展领域科技创新的规划和政策,提出重大任务并监督实施,推动重大关键技术攻关。促进生物技术发展及产业化,推动绿色技术创新,开展科技应对气候变化工作。提出相关领域平台、基地规划布局并组织实施。

(6) 成果转化与区域创新司。

承担国家技术转移体系工作,提出科技成果转移转化及产业化、促进产学研深度融合、科技知识产权创造的相关政策措施建议,推动科技服务业、技术市场和科技中介组织发展。承担区域科技创新体系建设工作,指导国家自主创新示范区、国家高新技术产业开发区等建设。

(六) 应急管理部

作为纵向统筹协调管理包括应对生物安全事件在内的国家级别部门,如本书所述,应急管理部已经密集发布了若干专项应急预案。特别是通过下设机构完成职能。

1. 风险监测和综合减灾司

建立重大安全生产风险监测预警和评估论证机制,承担自然灾害综合监测预警工作,组织开展自然灾害综合风险与减灾能力调查评估。

2. 救援协调和预案管理局

统筹应急预案体系建设,组织编制国家总体应急预案和安全生产类、自然灾害类专项预案并负责各类应急预案衔接协调,承担预案演练的组织实施和指导监督工作,承担国家应对特别重大灾害指挥部的现场协调保障工作,指导地方及社会应急救援力量建设。

3. 应急指挥中心

承担应急值守、政务值班等工作，拟订事故灾难和自然灾害分级应对制度，发布预警和灾情信息，衔接解放军和武警部队参与应急救援工作。

4. 调查评估和统计司

依法承担生产安全事故调查处理工作，监督事故查处和责任追究情况，组织开展自然灾害类突发事件的调查评估工作，负责应急管理统计分析工作。

通过这些司局的分工协作，特别是针对生物安全事件的特点纳入相关监管机构，形成对生物安全事件的全过程响应和处置机制。

（七）海关总署

海关总署作为涉及生物安全相关有形载体进出境监督管理的主要机构，在《生物安全法》下的主要职责包括：

（1）负责组织推动口岸"大通关"建设。会同有关部门制定口岸管理规章制度，组织拟订口岸发展规划并协调实施，牵头拟订口岸安全联合防控工作制度，协调开展口岸相关情报收集、风险分析研判和处置工作；协调口岸通关中各部门的工作关系，指导和协调地方政府口岸工作。

（2）负责海关监管工作。制定进出境运输工具、货物和物品的监管制度并组织实施；按规定承担技术性贸易措施相关工作；依法执行进出口贸易管理政策，负责知识产权海关保护工作，负责海关标志标识管理；组织实施海关管理环节的反恐、维稳、防扩散、出口管制等工作；制定加工贸易等保税业务的海关监管制度并组织实施，牵头审核海关特殊监管区域的设立和调整。

（3）负责出入境卫生检疫、出入境动植物及其产品检验检疫。收集分析境外疫情，组织实施口岸处置措施，承担口岸突发公共卫生等应急事件的相关工作。

（4）负责进出口商品法定检验。监督管理进出口商品鉴定、验证、质量安全等；负责进口食品、化妆品检验检疫和监督管理，依据多双边协议实施出口食品相关工作。

（5）负责海关风险管理。组织海关贸易调查、市场调查和风险监测，建立风险评估指标体系、风险监测预警和跟踪制度、风险管理防控机制；实施海关信用管理，负责海关稽查。

（6）负责全国打击走私综合治理工作。依法查处走私、违规案件，负责所管辖走私犯罪案件的侦查、拘留、执行逮捕、预审工作，组织实施海关缉私工作。

海关总署下设与《生物安全法》相关署内部门包括：卫生检疫司、动植物检疫司、进出口食品安全局、商品检验司、缉私局、国际合作司等。

（八）国家市场监督管理总局

国家市场监督管理总局（以下简称市监总局）主要通过下设国家药品监督管理局行使生物安全相关的相关职责、职能，主要包括：

（1）负责药品（含中药、民族药，下同）、医疗器械安全监督管理。拟订监督管理政策规划，组织起草法律法规草案，拟订部门规章，并监督实施；研究拟订鼓励药品、医疗器械新技术新产品的管理与服务政策。

（2）负责药品、医疗器械标准管理。组织制定、公布国家药典等药品、医疗器械标准，组织制定分类管理制度，并监督实施；参与制定国家基本药物目录，配合实施国家基本药物制度。

（3）负责药品、医疗器械注册管理。制定注册管理制度，严格上市审评审批，完善审评审批服务便利化措施，并组织实施。

（4）负责药品、医疗器械质量管理。制定研制质量管理规范并监督实施；制定生产质量管理规范并依职责监督实施；制定经营、使用质量管理规范并指导实施。

（5）负责药品、医疗器械上市后风险管理。组织开展药品不良反应、医疗器械不良事件的监测、评价和处置工作；依法承担药品、医疗器械安全应急管理工作。

（6）负责执业药师资格准入管理。制定执业药师资格准入制度，指导监督执业药师注册工作。

（7）负责组织指导药品、医疗器械监督检查。制定检查制度，依法查处药品、医疗器械注册环节的违法行为，依职责组织指导查处生产环节的违法行为。

（8）负责药品、医疗器械监督管理领域对外交流与合作，参与相关国际监管规则和标准的制定。

需要补充的是，如本书其他章节所述，对于涉及重要生物资源等信息、数据的，包括网信部门、公安部门、商务部门等在内的相关机构，从数据、信息、物项等角度进行监管。而公安机关作为负责刑事侦查的国家机关，对涉及生物安全的刑事犯罪，履行相应职责。[①]

三、与生物安全监管相关的其他机构：专家委员会

此外，由于生物安全相关事务具有涉及范围宽泛、极具专业性等特点，《生物安全法》还规定：① 国家生物安全工作协调机制层面，设立专家委员会，为国家生物安全战略研究、政策制定及实施提供决策咨询；② 各领域、行业层面，国务院有关部门组织建立相关领域、行业的生物安全技术咨询专家委员会，为生物安全工作提供咨询、评估、论证等技术支撑。

上述专家委员会，从定位上讲属于为生物安全监管机构提供帮助的辅助性机构。从功能上讲，专家委员会以独立客观的精神、专业的知识和能力，为各级各领域的生物安全监管提供咨询意见和建议。

---

① 对于前述海关总署的缉私局，一般认为海关总署缉私局列入公安部序列，接受公安部和海关总署双重领导，以公安部领导为主。

四、生物安全相关的行政监管汇总

为了使上述庞杂的监管机构与职责更加清晰,下面我们以生物安全风险的类别为标准,通过表格方式呈现一个简要框架(见表 17-1):

表 17-1 生物安全风险类别与对应监管机构

序号	《生物安全法》规制的生物安全风险类型	主要监管机构
1	防控重大新发突发传染病、动植物疫情	卫生健康委员会 自然资源部(含国家林业和草原局) 农业农村部
2	生物技术研究、开发与应用(包括基因工程等)	科学技术部 农业农村部(科技教育司等) 自然资源部(含国家林业和草原局) 市监总局(国家药品监督管理局)
3	病原微生物实验室生物安全管理	卫生健康委员会(科技教育司) 生态环境部
4	人类遗传资源与生物资源安全管理	科学技术部 生态环境部 农业农村部 海关总署
5	防范外来物种入侵与保护生物多样性	生态环境部 自然资源部(含国家林业和草原局) 农业农村部 海关总署
6	应对微生物耐药	卫生健康委员会 科学技术部 农业农村部 市监总局(国家药品监督管理局)

续表

序号	《生物安全法》规制的生物安全风险类型	主要监管机构
7	防范生物恐怖袭击与防御生物武器威胁	外交、军事、国家安全等部门
8	其他与生物安全相关的活动	卫生健康委员会 网信部门
9	涉及生物安全的违法犯罪	公安部 检察院 法院

第十八章

《生物安全法》的基本保障制度与适用

2021年4月15日，我国《生物安全法》正式施行。这一天刚好也是第六个全民国家安全教育日，因此，它也赋予了《生物安全法》以特殊的意义。《生物安全法》全面总结生物安全风险防控的经验做法，针对存在的短板弱项，特别是新冠肺炎疫情防控中暴露出来的问题，确立了十一项基本制度，构建起生物安全风险防控的"四梁八柱"。

生物安全的内涵包括四方面：国家有效防范和应对危险生物因子及相关因素威胁、生物技术能够稳定健康发展、人民生命健康和生态系统相对处于没有危险和不受威胁的状态、生物领域具备维护国家安全和持续发展的能力。《生物安全法》对生物安全风险的种类也进行了八个大类的划分。以下，我们将对《生物安全法》确立的十一项基本制度进行逐一介绍。这十一项基本制度分别是：

生物安全风险监测预警制度；

生物安全风险调查评估制度；

生物安全信息共享制度；

生物安全信息发布制度；

生物安全名录和清单制度；

生物安全标准制度；

生物安全审查制度；

生物安全应急制度；

生物安全事件调查溯源制度；

国家准入制度；

境外重大生物安全事件应对制度。

一、生物安全风险监测预警制度

1. 主要规定

《生物安全法》涉及生物安全风险监测预警制度的，主要有以下条款。

第十四条：国家建立生物安全风险监测预警制度。国家生物安全工作协调机制组织建立国家生物安全风险监测预警体系，提高生物安全风险识别和分析能力。

第二十七条：国务院卫生健康、农业农村、林业草原、海关、生态环境主管部门应当建立新发突发传染病、动植物疫情、进出境检疫、生物技术环境安全监测网络，组织监测站点布局、建设，完善监测信息报告系统，开展主动监测和病原检测，并纳入国家生物安全风险监测预警体系。

第二十八条：疾病预防控制机构、动物疫病预防控制机构、植物病虫害预防控制机构（以下统称专业机构）应当对传染病、动植物疫病和列入监测范围的不明原因疾病开展主动监测，收集、分析、报告监测信息，预测新发突发传染病、动植物疫病的发生、流行趋势。国务院有关部门、县级以上地方人民政府及其有关部门应当根据预测和职责权限及时发布预警，并采取相应的防控措施。

第二十九条：任何单位和个人发现传染病、动植物疫病的，应当及时向医疗机构、有关专业机构或者部门报告。医疗机构、专业机构及其工作人员发现传染病、动植物疫病或者不明原因的聚集性疾病的，应当及时报告，并采取保护性措施。依法应当报告的，任何单位和个人不得瞒报、谎报、缓报、漏报，不得授意他人瞒报、谎报、缓报，不得阻碍他人报告。

2. 条文解读

应当讲，生物安全风险监测预警制度不仅包括防控重大新发突发传染病、动植物疫情的监测预警，也应当包括对外来物种入侵、抗生素等研发与耐药性、病原微生物实验室乃至生物恐怖袭击与防御生物武器威胁的监测预警。但是，目前主要的监测预警资源都关注在防控重大新发突发传染病、动植物疫情方面。

从目前国务院机构设置和《生物安全法》的要求看，涉及的主要监管机构和职责分工大致如下：国务院卫生健康委员会、海关总署等主要涉及建立新发突发传染病、生物技术环境安全监测网络体系。农业农村、林业草原、海关、生态环境主管部门主要涉及建立动植物疫情、进出境检疫等安全监测网络体系。

《生物安全法》建立的生物安全风险监测预警制度体现了国内国际对监测预警制度的沿革与进展的思考，并充分考虑到了本国国情。一方面，生物安全风险监测预警制度必须体现时效性，这意味着必须建立自动化和全谱系的监测预警工具体系，并借助于信息技术、网络技术、数据技术等既有的、富有成效的监测预警机制的同时，赋能基层监测站点建设[①]，形成互相借鉴、互相补充的全面的体系。另一方面，由于生物安全风险零星、分散等特点，必然需要发挥公众的自觉报告作用，形成和提升末端发现能力，形成人工与自动化相互补强的系统。最终，借助于收集、报告的数据汇聚和分析合力，做好对生物安全风险的预警、预判和决断、处置工作。

---

① 例如中国科学院植物研究所设有中国外来入侵物种信息系统，但存在没有报告、预警功能以及层级不明等问题，这些都是需要生物安全风险监测预警制度统筹规划解决的问题。

同时，由于不可避免地会存在懒政、报喜不报忧等情形，因此《生物安全法》专门强调和规定了不得对生物安全风险报告设置阻碍。

关于监测预警的实践，读者可能知道美国谷歌公司通过大数据技术，于 2008 年上线谷歌流感趋势网站追踪流感趋势，并称可以早于疾病预防控制中心两个星期获得结果。① 而作为追踪并牵制禽流感的重要数据手段的禽类可穿戴设备 RFID，已经使用超过二十年。

二、生物安全风险调查评估制度

1. 主要规定

《生物安全法》涉及生物安全风险调查评估制度的规定，主要集中体现在《生物安全法》第十五条：国家建立生物安全风险调查评估制度。国家生物安全工作协调机制应当根据风险监测的数据、资料等信息，定期组织开展生物安全风险调查评估。有下列情形之一的，有关部门应当及时开展生物安全风险调查评估，依法采取必要的风险防控措施：（一）通过风险监测或者接到举报发现可能存在生物安全风险；（二）为确定监督管理的重点领域、重点项目，制定、调整生物安全相关名录或者清单；（三）发生重大新发突发传染病、动植物疫情等危害生物安全的事件；（四）需要调查评估的其他情形。

2. 条文解读

生物安全风险调查评估制度是紧密承接生物安全风险监测预警环节而设置的制度。通常我们也将这里的调查评估解读为包括事前、事中、事后三个阶段的调查评估，而非仅仅指发生生物安全事件之后，为处

---

① 但 2013 年的报告显示，存在某些情况下预测的流感样疾病数量严重超过实际数量的情形，这种现象也称之为"大数据的傲慢"。参见《数据并非越大越好：谷歌流感趋势错在哪儿了？》，载果壳网，https://www.guokr.com/article/438117/。

置、解决而展开的针对性的事后阶段的调查评价。同样，对调查评估也有时效性和准确性等方面的要求，以便为后续的跨部门联动防控打下基础。

对于生物安全风险调查评估制度，如果从周期上分析，一般分为定期的（例如年度评估）以及不定期的（例如在可能或潜在生物安全事件发生时启动）。目前，我国的生物安全风险调查评估，在年度统计和目录化建设等方面大致有相对齐全的操作规则，主要的问题在于启动临时性的调查评估的能力和后续行动上。因此《生物安全法》特别强调了应当启动调查评估的几种主要情形：

（1）通过风险监测或者接到举报发现可能存在生物安全风险时，应进行调查评估，确定是否采取必要的后续防控措施。例如在本书讨论疯牛病的章节中，我国海关即通过获知的境外相关信息（一般而言，按照各国签订的双边或多边协议，各国均有义务通报相关生物安全事件提示相关风险），及时公告暂停并经后续风险评估决定取消进口。

（2）为确定监督管理的重点领域、重点项目，制定、调整生物安全相关名录或者清单，需要进行持续的调查评估以体现名录、清单的有效性。例如，环境保护部与中国科学院分别于 2003 年、2010 年、2014 年、2016 年分 4 批发布《中国自然生态系统外来入侵物种名单》，正是基于调查评估作出的反应。

（3）发生重大新发突发传染病、动植物疫情等危害生物安全的事件时，进行调查评估。这方面的案例包括非洲猪瘟和新冠肺炎疫情。值得注意的是，此类调查评估的时效性、区域性要求，都远高于"为确定监督管理的重点领域、重点项目，制定、调整生物安全相关名录或者清单"的调查评估。

三、生物安全信息共享制度

1. 主要规定

《生物安全法》涉及生物安全信息共享制度的，主要体现在《生安全法》第十六条：国家建立生物安全信息共享制度。国家生物安全工作协调机制组织建立统一的国家生物安全信息平台，有关部门应当将生物安全数据、资料等信息汇交国家生物安全信息平台，实现信息共享。

2. 条文解读

客观理解，生物安全信息共享制度局限于国家生物安全工作协调机制之间的信息共享，同时主要体现的是向统一的国家生物安全信息平台汇交的单项信息流动，至于汇集的信息如何进行分析和为决策提供依据，则是生物安全信息发布制度要实现的工作。

在信息技术或网络安全的其他领域，一般认为信息共享是双向的信息流动，并包括了发布在内的一项更宽泛的基本制度。当然在生物安全领域，由于牵涉到近十个国家行政机构，建立统一的国家生物安全信息平台应是更具有难度的一项工作。

境外的实践也显示，建立统一的、平台化的管理是一个持续、渐进的，甚至存在反复的过程。例如 2014 年美国疾病预防控制中心的"生物安全大检查"情况说明显示，美国食品和药物管理局、疾病预防控制中心、国家卫生研究院、国防部、国土安全部（包括国家标准与技术研究所）以及能源部的多渠道信息来源、分析、汇交都亟待整合。

四、生物安全信息发布制度

1. 主要规定

《生物安全法》涉及生物安全信息发布制度的，主要体现在《生物安全法》第十七条：国家建立生物安全信息发布制度。国家生物安全总体情况、重大生物安全风险警示信息、重大生物安全事件及其调查处理信息等重大生物安全信息，由国家生物安全工作协调机制成员单位根据职责分工发布；其他生物安全信息由国务院有关部门和县级以上地方人民政府及其有关部门根据职责权限发布。任何单位和个人不得编造、散布虚假的生物安全信息。

2. 条文解读

作为与监测预警、调查评估、信息共享密切相关的一项制度，单独规定的发布制度体现出的用意包括：（1）确保信息发布的准确性，避免多信息发布途径可能导致的信息失真等问题；（2）强调信息发布的权威性，信息应当分别由国家生物安全工作协调机制成员单位，即相应分工的职能部门发布，同时由不同层级的权限设置。

在具体的发布内容方面，包括生态系统整体年度情况（比如本书引用的《2020中国生态环境状况公报》）、名录清单（例如《中国自然生态系统外来入侵物种名单》《重点管理外来入侵物种名录》）、具体生物安全风险信息、事件管理、事前评估与事后调查、处置等内容，都应当准确、及时发布。当然除了《生物安全法》的基本要求外，信息发布还会受到《政府信息公开条例》等法律法规的约束。

五、生物安全名录和清单制度

1. 主要规定

《生物安全法》涉及生物安全名录和清单制度的，主要体现在《生物安全法》第十八条：国家建立生物安全名录和清单制度。国务院及其有关部门根据生物安全工作需要，对涉及生物安全的材料、设备、技术、活动、重要生物资源数据、传染病、动植物疫病、外来入侵物种等制定、公布名录或者清单，并动态调整。

2. 条文解读

生物安全名录和清单制度明确了需要通过名录、清单形式进行管理的信息，按照本书的讨论，这些名录、清单主要涉及如下类别：

（1）《传染病防治法》确立了对传染病实行分类管理的原则，划分了甲类、乙类和丙类3类法定传染病目录。根据中国疾病预防控制中心数据，目前我国共有法定报告传染病3类40种，其中甲类2种，乙类

27 种, 丙类 11 种。与传染病防治相关的名录和清单请见 2021 年底开始征求意见的《人间传染的病原微生物目录》。

(2) 2009 年农业部公告第 1125 号公布了《一、二、三类动物疫病病种名录》, 其中包括一类动物疫病 17 种, 二类动物疫病 77 种, 三类动物疫病 63 种;《人畜共患传染病名录》公布了 26 种人畜共患病。

(3) 2020 年 7 月农业农村部会同海关总署组织修订了《进境动物检疫疫病名录》, 2021 年 4 月增补后的《进境植物检疫性有害生物名录》; 2021 年 10 月, 海关总署与农业农村部发布第 470 号公告《禁止携带、寄递进境的动植物及其产品和其他检疫物名录》, 2013 年《禁止进出境物品表》《限制进出境物品表》等。

(4) 2020 年 11 月, 农业农村部发布第 351 号公告《全国农业植物检疫性有害生物名单》和《应施检疫的植物及植物产品名单》, 2021 年 4 月施行《全国农业植物检疫性有害生物分布行政区名录》等。

(5) 2020 年 5 月农业农村部发布公告《国家畜禽遗传资源目录》以及多个国家级别的基因库等。

需要注意的问题, 一是名录、清单的国际协调问题, 这包括与《世界动物卫生组织疫病名录》等国际组织、双边多边协定的名录和清单内容上的协调; 二是国内的不同名录、清单之间的协调问题, 例如, 在适用非法引进、释放、丢弃外来入侵物种罪时, 应当准用的是环境保护部、中国科学院的《中国自然生态系统外来入侵物种名单》, 还是原农业部 2012 年的《国家重点管理外来入侵物种名录》, 或是按照全新的农业农村部《外来入侵物种管理办法(征求意见稿)》重新界定, 或者司法机构另行确认的清单、名录, 这就需要进行进一步解释, 以准确适用法律。

六、生物安全标准制度

1. 主要规定

《生物安全法》涉及生物安全标准制度的, 主要体现在《生物安全法》第十九条：国家建立生物安全标准制度。国务院标准化主管部门和国务院其他有关部门根据职责分工，制定和完善生物安全领域相关标准。国家生物安全工作协调机制组织有关部门加强不同领域生物安全标准的协调和衔接，建立和完善生物安全标准体系。

2. 条文解读

与生物安全名录和清单比较，生物安全的标准更为庞杂。如果按照《生物安全法》对生物安全划定的八个类型，稍作举例便可体会标准数量的巨大（见表18-1）：

表18-1 生物安全主要标准一览表

编号	生物安全风险类型	已生效或施行的标准 （暂未列出地方标准、企业标准）
1	防控重大新发突发传染病、动植物疫情	《SN/T 5335—2020 非洲猪瘟检测实验室生物安全操作技术规范》 《SN/T 3956—2014 移动生物安全监测系统野外鼠疫疫情监测规程》 《WS/T 775—2021 新型冠状病毒消毒效果实验室评价标准》《T/CPMA 019—2020 新型冠状病毒样本保藏要求》 《GB/T 40982—2021 新型冠状病毒核酸检测试剂盒质量评价要求》
2	生物技术研究、开发与应用	《NY/T 1109—2017 微生物肥料生物安全通用技术准则》《医疗器械生物学评价和审查指南》 《生物安全柜注册审查指导原则》 《T/SZAS 28—2021 远程超声机器人诊断新型冠状病毒肺炎操作规范》

续表

编号	生物安全风险类型	已生效或施行的标准（暂未列出地方标准、企业标准）
3	病原微生物实验室生物安全管理	《CNAS RL05—2016 实验室生物安全认可规则》 《CNAS—GL045：2020 病原微生物实验室生物安全风险管理指南》 《RB/T 040—2020 病原微生物实验室生物安全风险管理指南》 《RB/T 142—2018 移动式生物安全实验室评价技术规范》《WS 589—2018 病原微生物实验室生物安全标识》 《WS 233—2017 病原微生物实验室生物安全通用准则》
4	人类遗传资源与生物资源安全管理	《中国人类遗传资源保藏技术规范》 《转基因植物及其产品环境安全检测》 《转基因植物及其产品成分检测》等
5	防范外来物种入侵与保护生物多样性	《SN/T 2024—2017 出入境动物检疫实验室生物安全分级技术要求》 《SN/T 4707—2016 出入境特殊物品生物安全风险分级管理规程》
6	应对微生物耐药	《全国细菌耐药监测网技术方案（2018版）》 《全国细菌耐药监测网信息系统数据上报标准（2017）》
7	防范生物恐怖袭击与防御生物武器威胁	暂无
8	与信息技术相关的生物安全	《GB/T 40660—2021 信息安全技术 生物特征识别信息保护基本要求》 《T/BPMA 0011—2021 新型冠状病毒肺炎疫情期间风险人员信息采集规范》
9	其他	《T/CGDF 00008—2021 生物安全通用要求标准》

对于生物安全相关标准，除了上表所列之外，还应对照《标准化法》做进一步识别。按照现有规定，我国标准包括国家标准、行业标准、地方标准和团体标准、企业标准。国家标准分为强制性标准（GB）、推荐性标准（GB/T），行业标准、地方标准（DB）是推荐性标准。与生物安全有关的标准，如果是关于保障人身健康和生命财产安全、国家安全、生态环境安全以及满足经济社会管理基本需要的技术要求，则应当制定强制性国家标准。

七、生物安全审查制度

1. 主要规定

《生物安全法》涉及生物安全审查制度的，主要体现在《生物安全法》第二十条：国家建立生物安全审查制度。对影响或者可能影响国家安全的生物领域重大事项和活动，由国务院有关部门进行生物安全审查，有效防范和化解生物安全风险。

2. 条文解读

目前我国《国家安全法》规定的为国家安全目的实施的安全审查，主要包括《网络安全法》《网络安全审查办法》等规定的网络安全审查，《数据安全法》等规定的数据安全审查，《外商投资安全审查办法》等规定的外商投资安全审查，以及《生物安全法》规定的生物安全审查。

在生物安全审查领域，首先需要注意的是，这里的安全审查应与相关法律规定的与安全审查相关的前置审查部分进行区分。例如早在2006年卫生部《人间传染的高致病性病原微生物实验室和实验活动生物安全审批管理办法》规定的"申报或者接受国家或部委级科研项目前，应当向卫生部申请生物安全审查"，应当理解为项目前置审批，而非《生物安全法》意义上的安全审查。

参照《网络安全审查办法》的规定，生物安全审查可能涉及的内容包括：

（1）生物领域重大事项和活动开展后带来的对国家（环境、生态、科技等）基础设施①、重要人类或生物资源、（陆地、海洋等系统性的）生态环境和生物多样性等被非法控制、遭受干扰或破坏、污染的风险；

（2）生物领域重大事项和活动开展所依赖的供应中断，及对国家基础设施、重要人类/生物资源、生态环境或可持续性发展的危害；

（3）生物领域重大事项和活动开展全过程的安全性、开放性、透明性、来源的多样性，供应渠道的可靠性以及因为政治、外交、贸易等因素导致的任何重大风险；

（4）生物领域重大事项和活动开展主体的相关资质，遵守中国法律、行政法规、部门规章情况；

（5）生物领域重大事项和活动开展所收集、形成、使用的各类材料、信息被窃取、泄露、毁损以及非法利用或出境的风险，或被国外机构影响、控制、恶意利用的风险；

（6）生物领域重大事项和活动本身的相关生物危害性评估、生物安全防护方案、事项和活动内容及相应标准操作程序、生物安全事件应急预案及监测和处理方案等符合中国法律、行政法规、部门规章、规范性文件和标准的情况；

（7）其他可能危害国家安全的因素。

此外，《生物安全法》第五十六条规定的"（一）采集我国重要遗传家系、特定地区人类遗传资源或者采集国务院科学技术主管部门规定的种类、数量的人类遗传资源；（二）保藏我国人类遗传资源；（三）利用我国人类遗传资源开展国际科学研究合作；（四）将我国人类遗传资源

---

① 《国家发展改革委等部门关于加快推进城镇环境基础设施建设指导意见的通知》明确了国家环境基础设施等概念；《数据安全法》等也有数据基础设施的提法。当然最为成熟的提法是《网络安全法》和通过行政法规《关键信息基础设施安全保护条例》定型的关键信息基础设施。

材料运送、邮寄、携带出境"，因为属于应当经国务院科学技术主管部门批准的活动，因此也可能归入生物安全审查的范围。

八、生物安全应急制度

1. 主要规定

《生物安全法》涉及生物安全应急制度的，主要体现在《生物安全法》第二十一条：国家建立统一领导、协同联动、有序高效的生物安全应急制度。国务院有关部门应当组织制定相关领域、行业生物安全事件应急预案，根据应急预案和统一部署开展应急演练、应急处置、应急救援和事后恢复等工作。县级以上地方人民政府及其有关部门应当制定并组织、指导和督促相关企业事业单位制定生物安全事件应急预案，加强应急准备、人员培训和应急演练，开展生物安全事件应急处置、应急救援和事后恢复等工作。中国人民解放军、中国人民武装警察部队按照中央军事委员会的命令，依法参加生物安全事件应急处置和应急救援工作。

2. 条文解读

生物安全应急制度是一项由应急管理作为垂直管理部门，生物安全风险涉及的其他部门作为协同机构的专门制度。

目前在《国家突发公共事件总体应急预案》体系下，已经建立了国家级的若干总体应急预案和专项应急预案，与生物安全相关的应急预案主要包括本书在其他章节中已经提及的《国家突发环境事件应急预案》《国家突发公共卫生事件应急预案》《国家突发重大动物疫情应急预案》等。

需要特别重视的是，应急预案的启动和响应并非总是基于国家级应急预案，大量的生物安全事件需要在企业或者行业领域层面解决，这就要求面对特定生物安全风险时，需要结合经营实践，由行业、领域和企业建立自身层面的应急预案。① 农业农村部印发的 2017 年《非洲猪瘟疫情应急预案》，2020 年《非洲猪瘟疫情应急实施方案（2020 年第二版）》是一个行业应急预案的典范，但其也经历了从成稿到不断完善的过程。

在数字经济发展过程中，企业往往面对信息安全应急预案、网络安全应急预案、个人信息安全应急预案、数据安全应急预案，与传统的安全生产、环境安全相关应急预案的整合，这些都是转型时期企业面临的合规困境。

九、生物安全事件调查溯源制度

1. 主要规定

《生物安全法》涉及生物安全事件调查溯源制度的，主要体现在《生物安全法》第二十二条：国家建立生物安全事件调查溯源制度。发生重大新发突发传染病、动植物疫情和不明原因的生物安全事件，国家生物安全工作协调机制应当组织开展调查溯源，确定事件性质，全面评估事件影响，提出意见建议。

2. 条文解读

生物安全事件调查溯源是极具《生物安全法》鲜明特色的制度，毕竟并非所有的安全事件、所有的主体都有进行调查溯源的必要、意愿和能力。例如对于某些偶发或常发植物病虫害、动物疫情，可能不必每次事件都进行溯源；再如企业可能遭受的勒索软件攻击事件，企业不能也不应自行进行溯源，因为可能会产生对电子数据证据的破坏和灭失风险。因此，生物安全事件调查溯源一般认为是属于国家，或者至少行业

---

① 本书附录提供了一份可参考的简要应急预案的实例。从应急预案的体例看，与国家级的应急预案结构类似，但企业应结合自身运营特点，进行必要的补充和适应性调整。

主管、监管部门施行的一项活动,其关注的风险问题在于:① 新发突发;② 不明原因。如果不能够通过实验、经验等充分论证生物安全事件的起因,便可能需要启动调查溯源。

对非洲猪瘟的溯源工作探讨如下。中国动物卫生与流行病学中心在2018年回复"非洲猪瘟是从哪里传入进来的,在国内又是如何传播的"问题中,已经体现了初步的溯源过程和结论:

2018年之前,我国一直没有非洲猪瘟。分子流行病学研究表明,传入我国的非洲猪瘟病毒基因Ⅱ型,与格鲁吉亚、俄罗斯、波兰公布的毒株全基因组序列同源性为99.95%左右。

通常非洲猪瘟跨国境传入的途径主要有四类:一是生猪及其产品国际贸易和走私,二是国际旅客携带的猪肉及其产品,三是国际运输工具上的餐厨剩余物,四是野猪迁徙。

我国发现首例非洲猪瘟疫情后,我们立即开展了流行病学调查,从目前流行病学调查情况看,非洲猪瘟传入我国可能的途径也主要是上述几类。我国与发生非洲猪瘟国家人员交流、货物贸易往来频繁;猪肉价格高于周边国家,走私活动屡打不绝;边境地区野猪数量和种群密度持续增加,疫情传入的风险比其他国家更高。

十、国家准入制度

1. 主要规定

《生物安全法》涉及国家准入制度的,主要体现在《生物安全法》第二十三条:国家建立首次进境或者暂停后恢复进境的动植物、动植物产品、高风险生物因子国家准入制度。进出境的人员、运输工具、集装箱、货物、物品、包装物和国际航行船舶压舱水排放等应当符合我国生物安全管理要求。海关对发现的进出境和过境生物安全风险,应当依法处置。经评估为生物安全高风险的人员、运输工具、货物、物品等,应当从指定的国境口岸进境,并采取严格的风险防控措施。

2. 条文解读

国家准入制度一般解读为海关进出境和过境生物安全监管的一项特殊制度。其适用对象是动植物、动植物产品、高风险生物因子。适用的场景包括首次进境或者暂停后恢复进境。例如本书在讨论疯牛病的有关部分提及的巴西牛肉暂停进口和恢复进口，即是适用该制度"暂停后恢复进境"的一个例证。当然这里的牛肉，仍然限于30月龄以下去骨牛肉产品。

在类似的情形中，经确认收发货人备案信息、核验注册厂号、原产地证、卫生证、官方检测报告等，并提供和制作包括牛肉具体品名、品牌、生产日期、保存方式、等级等在内的中文标签，海关在指定口岸集中监管，经申报、现场查验、消杀等环节，检验检疫合格后出具《入境货物检疫证明》，恢复进境。

值得注意的是，本条第二款的"进出境的人员、运输工具、集装箱、货物、物品、包装物和国际航行船舶压舱水排放等应当符合我国生物安全管理要求"，不是国家准入制度的直接要求，而是对既有的相关要求、标准的重申。

以海洋生态环境四大公害之一的压舱水排放为例，国际航行船舶压舱水①排放属于外来物种入侵的一种重要途径。典型的如在20世纪90年代，来源于美洲的洞刺角刺藻通过压舱水排放入侵，引发了近年来的中国近海的赤潮；压舱水排放甚至不仅有外来物种入侵的风险，如果船舶曾行经霍乱疫区，更会增加传染病等更为直接的生物安全风险。为了有效制约压舱水外来物种的入侵，国际海事组织（IMO）于2004年通过了《国际船舶压载水及沉积物控制和管理公约》（简称《压载水公

---

① 压舱水，也称压载水，是指为控制船舶纵倾、横倾、吃水、稳性或应力而在船上加装的水及其悬浮物。海船航行、装载货物的过程中，常常需要排放或吸入海水，以实时调整船上压载水量，保持船舶安全平稳航行。船舶加载压舱水时，可能同时将当地海域的水生物装载到压载舱中，直至航程结束后随压舱水排放到目的地海域。

约》，对我国于 2019 年 1 月 22 日生效），我国后制定并实施了《船舶压载水和沉积物管理监督管理办法（试行）》。按照公约修正案规定的时间表，所有船舶在 2024 年 9 月 8 日之前都必须安装使用符合 IMO 型式认可的压载水处理系统，对船舶所携带的压载水进行处理并满足 D-2 标准后方可排放或交换。一些国家甚至部署了高于公约的标准，但对适于在船上治理压载水的方法和有效性，各国仍在探索中。对此类行为的海关管理，就包括强制压载水处理系统安装、验证，以及在进港后申报压舱水交换或排放记录等。

至于本条第三款规定的指定国境口岸进境，读者想必对新冠肺炎疫情期间的指定入境机场选择标准也有所了解。2020 年 3 月，国务院联防联控机制召开新闻发布会介绍依法防控境外疫情输入情况，海关总署、交通运输部、中国民用航空局、国家移民管理局有关司局负责人就出入境管理、口岸检疫、国际交通工具防控等回答媒体提问时，就指定机场入境、防控海上输入、转机行程安排问题作出答复："第一入境点的选择，必须是国际机场，能够接受国际航班降落和起飞，具备通关条件；第二，机场的保障能力要符合安全运行规章标准，可以满足空客 A330、波音 777 等大型 E 类飞机的运行，且安全运行记录良好，机场各项保障设施设备及机场机构的专业人员能力要符合要求；第三，机场要设有国内主要航空公司分子公司或营业部，航班经停具备一定的保障资源。我们也坚持运行尽可能便利的原则，航空公司可以根据航线的方向就近选择第一入境点。目前，我们确定的 12 个第一入境点的机场均符合上述要求。至于后续，我们也会根据公告的要求，目的地为北京的国际航班指定第一入境点的安排及相关措施会根据疫情变化情况适时调整。"①，这些部署都考虑到与入境后的后续防疫等进行的必要衔接。

---

① 《12 个第一入境点机场选择标准是什么？民航局回应》，载光明网，https://m.gmw.cn/2020-03/23/content_1301081447.htm。

十一、境外重大生物安全事件应对制度

1. 主要规定

《生物安全法》涉及境外重大生物安全事件应对制度的，主要体现在《生物安全法》第二十四条：国家建立境外重大生物安全事件应对制度。境外发生重大生物安全事件的，海关依法采取生物安全紧急防控措施，加强证件核验，提高查验比例，暂停相关人员、运输工具、货物、物品等进境。必要时经国务院同意，可以采取暂时关闭有关口岸、封锁有关国境等措施。

2. 条文解读

随着各国能源、交通能力的普遍提升，生物安全风险的全球化越发成为严重的问题，因此《生物安全法》增加规定了境外重大生物安全事件应对制度。本质上境外重大生物安全事件应对制度也是生物安全风险监测预警制度、生物安全风险调查评估制度、生物安全应急制度、生物安全事件调查溯源制度、国家准入等制度的必然延伸，体现的是国家整体生物安全应对能力。

比较而言，《生物安全法》规定的境外重大生物安全事件应对制度还主要是一项防御性的制度，是为了保障境内安全采取的综合防控制度，某些看似极端的措施，例如关闭口岸、封锁国境实际上也是应对未知生物安全风险的无奈之举。也正因为这些措施的严重性，启动关闭口岸、封锁国境等措施必须经国务院同意，任何地方、部门、机构等不得擅自启动该等措施。此外，该制度也并不涉及解决境外生物安全事件问题。

我国在 2003 年非典疫情之后的逐步积累，为提出该制度提供了必要的经验，这也反映在应对新冠肺炎疫情的事件上。例如我国在 2015 年应对输入性中东呼吸综合征时，广东省卫生计生委根据世卫组织的通报信息和国家卫生计生委指示，在入境人员有隐瞒病情的情况下，仍然

进行了相对较为快速的响应,国家卫生计生委指导广东省卫生计生委按照相关预案和方案开展工作,派出专家组赶赴当地指导协助应急处置工作,组织专家开展风险评估,研判疫情形势,基本实现了对疫情的控制,并及时向世界卫生组织、我国港澳台地区和有关国家通报。①

---

① 《我国发现首例输入性中东呼吸综合征确诊病例》,载中国政府网,http://www.gov.cn/xinwen/2015-06/01/content_2871170.htm。

第十九章

生物安全之合规能力的建设

我国《生物安全法》对不同的主体都提出了合规要求,例如动物养殖企业,可能面临的主要合规要求是动物疫病的防控;进出口企业则可能需要应对进出口货物的检验检疫要求,甚至外来入侵物种风险的评估与监测;船舶制造、运营企业则需要解决压舱水标准符合的问题等。

但总的来说,《生物安全法》的实施,对两类组织的生物安全方面的合规要求和压力陡增。一是卫生医疗类单位,另一是生物技术类企业,当然两者之间也存在很多交集,例如生物医学新技术临床研究,特别是人类疾病与健康领域存在大量同一主体责任的情形。毫无疑问,这是生物安全在企业合规层面最主要的两个责任主体。当然,除了《生物安全法》的合规要求之外,这两类组织还可能涉及相当的传统医疗合规和数字化转型后的合规要求。

《生物安全法》的施行,一方面,对"除非某种形式的危险初露端倪,公共药物政策对发展过程本身鲜有触及"[①]的认知产生了某种新的

---

① [美]弗雷德里克·阿尔伯特等:《全球医药政策:药品的可持续发展》,翟宏丽等译,中国政法大学出版社2016年版。

不确定性。但是另一方面,《生物安全法》作为法律形式的制定仍然为将来的改变和发展留有余地。

一、面向合规的内容讨论

生物技术是目前各国竞争与资本追逐的主要赛道之一,无论国内还是国外,都寄望于生物技术和行业发展以实现重大甚至颠覆性的科技创新。因此,各类组织和平台十分热衷生物技术类企业的排名,以便量化各国在生物技术领域的创新程度。随便通过公开信息进行检索,便可以查到大量的生物技术企业"排名"。例如 2019 年 Explore Biotech 网站推出的美国排名前十的生物企业,排名第一的安进(Amgen)公司,安进是一家总部位于加州千橡市的生物技术公司。据《福布斯》报道,Amgen 是 2018 年全球最大的生物技术公司。排名第十的是成立于 1999 年的安捷伦(Agilent),总部位于加利福尼亚州圣克拉拉,主要提供实验室用品和仪器、服务、软件和消耗品,还包括生物替代能源的研发。[①] 而国内主要的公开数据检索平台,亦有专项生物技术企业的索引。FiercePharma 等网站经常推出"全球最关注的十大中国生物技术企业"(其 2020 年的排名主要涉及新药研发企业[②])等排名。更不用说大量初创企业纷纷涌入,生物技术领域正迎来一个快速发展的阶段。

在生物技术与卫生医疗的结合上毋庸多言,基于历史回顾、现状和未来展望,我们可以说几乎所有主要的生物技术都多少对卫生医疗领域产生影响,甚至某些影响是根本性和决定性的。[③] 但需要注意的是,20 世纪 90 年代以来许多生物技术的进展是在科研学术机构取得,并由较

---

① *Top 10 Biotechnology Companies in the USA*,Explore Biotech,https://explorebiotech.com/top-10-biotechnology-companies-in-usa/。

② 《外媒评出的全球最关注十大中国生物科技企业》,载腾讯网,https://new.qq.com/omn/20201121/20201121A0F48900.html。

③ 本书附录提供了一份 2019 年的 OECD 的生物技术概览,读者可以获知目前主要的生物技术的信息,以及这些生物技术主要专注的领域。

小规模的初创企业完成,这从医药企业主要通过并购方式获取技术成果的行业实践中也有所印证。

在《生物安全法》下,生物技术与卫生医疗相关企业主要涉及的合规问题包括:

(一)伦理审查

伦理原则也视为生物安全、卫生医疗领域的公序良俗原则,读者在"基因编辑婴儿事件"一案中已对伦理原则与法律规则的叠加适用有所了解,伦理原则是法律规定充分性的补充,当法律因归纳产生的列举无法穷尽所有合规或违规情形时,就有必要引入伦理原则进行评价。也有观点认为伦理独立于法律,伦理评价也可独立于法律适用。

在生物医学、医药技术方面,需要遵循《药品管理法》《药品注册管理办法》《药物临床试验质量管理规范》《涉及人的生物医学研究伦理审查办法》等法律法规对药品、药物研发和临床试验伦理审查的相关规定。

在涉及人类遗传资源的生物医学研究方面,应符合《人类遗传资源管理条例》《涉及人的生物医学研究伦理审查办法》中对伦理审查的相关规定。

此外,在生物技术与信息技术等融合、跨界过程中,运用人工智能、其他算法等进行的研发也必须遵循对人工智能伦理、道德的相关约束。主要法律类文件包括 2017 年国务院发布的《新一代人工智能发展规划》(国发〔2017〕35 号),全国信息安全标准化技术委员会 2021 年发布的《网络安全标准实践指南——人工智能伦理安全风险防范指引》和 2022 年 3 月中共中央办公厅、国务院办公厅发布的《关于加强科技伦理治理的意见》等。特别是当人工智能与生物技术特定领域结合时,对伦理原则的依赖将尤为重要。[1]

---

[1] 2019 年,国家林业和草原局发布《关于促进林业和草原人工智能发展的指导意见》,但未提及伦理等基础性问题,这可以反推出相关领域与人工智能等技术跨界结合的进展程度。

涉及信息技术的伦理原则与涉及人的生物医学研究伦理原则的异同可参见表19-1。由于技术路线的不同,两者在自主性和透明度方面差异明显,而当不同技术路线趋向融合时,原则之间也不可避免地产生新的适用冲突:

表 19-1　部分典型国家和地区

近年来的主要伦理文件	《欧盟人工智能伦理准则(要求)》(2019年)	《涉及人的生物医学研究伦理审查办法》(2016年)①	两办《关于加强科技伦理治理的意见》(2022年)
1	人的自主和监管	知情同意	增进人类福祉
2	技术稳健与安全	控制风险	尊重生命权利
3	重视隐私与数据治理	免费和补助	坚持公平公正
4	透明度	保护隐私	合理控制风险
5	多样性、非歧视与公平原则	依法补偿	保持公开透明
6	维护社会与环境福祉	特殊保护	(无直接对应)
7	可追责性	—	(无直接对应)

在伦理原则下,企业合规问题的关键,一方面在于按照《涉及人的生物医学研究伦理审查办法》设立伦理委员会,以及基于伦理原则独立、透明地履行伦理审查的职责;另一方面则在于对生物技术新发展、新情况作出正确的审查判断,弥补既有法律的滞后性。这实际上体现出伦理较合规更高的要求。

早在2003年科技部和卫生部联合下发《人胚胎干细胞研究伦理指导原则》明确了"用于研究的人胚胎干细胞的获得方式"和"进行人胚胎干细胞研究,必须遵守的行为规范",2016年的《涉及人的生物医学研究伦理审查办法》在此基础上进行了丰富和法律化,对医疗卫生机构及其伦理委员会规定了若干法律责任,可以据此对违反伦理审查的后果

---

① 正式版本的审查办法参照了2002年世界卫生组织《涉及人的生物医学研究国际伦理准则》和世界医学协会《赫尔辛基宣言》等文献。

进行必要的从行政处罚到刑事法律的追责,这些演进过程可以看出伦理原则周密化与法律化的进展。而为了应对生物技术新发展、新情况,2021年《涉及人的生命科学和医学研究伦理审查办法(征求意见稿)》再次升级,增加了对代际正义等公共利益的考虑,但其规定仍然过于原则化。而2022年《关于加强科技伦理治理的意见》已经考虑到不同技术关注导致的不同路线间的协调与冲突问题,明确了适用于信息与生物技术的科技伦理五大原则,从内部治理和制度保障,外部审查与监督等多方面着力,反映了政策法律在伦理认识上的新进展,与同时期欧盟《人工智能伦理准则(要求)》、经济合作与发展组织《人工智能原则》等伦理原则、要求形成鼎立之势。

显然,研发领域越新,预见和识别风险的难度越大,[1] 由于试验对象对副作用等后果可能在很长的时间内并不能显现出来,而在历经数年甚至几代人,当副作用开始出现的时候,又很难证明试验与副作用之间的关系,甚至已经无法承受副作用的后果。因此,企业应当基于伦理原则的演进过程和生物技术发展趋势确定对伦理原则的遵从,这些遵从短期内可能是企业规范所发生的成本,长期看则可能成为企业研发的持续优势。

(二)分类分级

《生物安全法》明确"国家对生物技术研究、开发活动实行分类管理。根据对公众健康、工业农业、生态环境等造成危害的风险程度,将生物技术研究、开发活动分为高风险、中风险、低风险三类"。这一分类实际上是生物技术的分级制度。由于《生物安全法》的施行日期在后,此前科技部2017年《生物技术研究开发安全管理办法》和2019年《生物技术研究开发安全管理条例(征求意见稿)》势必需要按照《生物安全法》的风险分类分级范式进行相应调整,因此企业在考虑生物技

---

[1] [美]弗雷德里克·阿尔伯特等著:《全球医药政策:药品的可持续发展》,翟宏丽等译,中国政法大学出版社2016年版。

术的分类分级合规工作时，仍应基于现行有效的法律法规及相关规定进行考虑，以避免重复合规所产生的不必要成本和投入。

《生物安全法》的生物技术较之前的规定而言拓展了适用范围，这也要求企业不应局限于原有的研发规定限制的范围，特别是突破传统的卫生医疗和生态环境的"屏障"，树立基于整体风险程度的分类分级观念。典型的即是在基因技术方面，意味着从1993年开始的《基因工程安全管理办法》与2017年《农业转基因生物安全管理条例》长时间和领域跨度的整合与重塑。一方面，分类分级的风险管理原则没有本质变化，另一方面，在包括分类分级的适当性上都面临如何统一规范的要求。例如《生物安全法》按照最低限度的高中低三类/级风险，《基因工程安全管理办法》和《农业转基因生物安全管理条例》则分为四类。但不排除未来在《生物安全法》配套制度中做更为细粒度的五类/级风险划分。此外，例如在2022年农业农村部关于修改《农业转基因生物安全评价管理办法》等规章的决定中，将原有"转基因植物试验方案"中的"品种、品系"修改为"转化体"等多处修订，体现出应对基因技术的生物安全规制改变与调整。

在《生物安全法》要求的生物技术研究、开发活动风险分类标准及名录的标准化和清单制管理下，企业符合分类分级要求的"规定动作"是按照相关标准和名录（标准和名录意味着动态化调整，企业应保持对相关信息的持续关注），将对应的生物技术研发活动严格对应到具体的风险等级，并在履行对应的申报、审批程序后，落实到具体对应风险等级的实验（室）环境中进行。对于禁止类生物技术活动，则意味着在进行分类分级的研判后，排除在可实施的范围之外。

企业应进一步考虑，在总体国家安全观下不仅生物技术的研发以分类分级为基础性制度，在《网络安全法》《数据安全法》等其他安全法制中，分类分级也已经是常态化的制度规定，在两类企业数字化过程中，同样也将产生对电子数据、非电子数据按照分类分级要求细化管理的合规驱动，基于分类分级的《信息安全技术 健康医疗数据安全指南》（GB/T 39725—2020）等标准文件已经对此作出了初步回应。

按照《信息安全技术 健康医疗数据安全指南》，健康医疗数据分为六个类别：个人属性数据、健康状况数据、医疗应用数据、医疗支付数据、卫生资源数据和公共卫生数据。不同类别中识别的数据按照重要程度分为五个级别，第 1 级为可完全公开使用的数据，第 5 级为仅在极小范围内并严格控制条件下可访问使用的数据。这些都对持有、控制或使用健康医疗数据的各类主体提出了数据安全保护的要求。未来基于生物安全的分类分级规范，必然会包括主要相关法律在内，同时考虑不同风险类别的整体构造。

（三）遗传资源

在对待人类遗传资源相关的生物技术领域，既有的 2019 年《人类遗传资源管理条例》与《生物安全法》保持了一致性，但后者的资源范围又有较大程度扩展，包括了人类遗传资源与生物资源。尽管两类资源的安全保障程度上有所区别，但由于遗传资源和技术的某些通用性，并不排除生物资源的相关生物技术对人类（遗传）资源的作用，这应该也是《生物安全法》扩展保护的立法用意之一。

从《人类遗传资源管理条例》到《生物安全法》，仍需注意两者的若干细微差异和组合适用：

1. 批准、审批活动方面

（1）采集我国重要遗传家系、特定地区人类遗传资源或者采集国务院科学技术主管部门规定的种类、数量的人类遗传资源的批准，应结合科技部《中国人类遗传资源采集审批行政许可事项服务指南》，及结合可能导致种类、数量调整的 2019 年《重要遗传家系和特定地区人类遗传资源申报登记办法（暂行）》的申报登记情况；

（2）就保藏我国人类遗传资源的批准，应结合科技部《中国人类遗传资源保藏审批行政许可事项服务指南》，特别就保藏与各类临时性存储等活动进行严格区别；

（3）对于利用我国人类遗传资源开展国际科学研究合作的批准，应结合《中国人类遗传资源国际合作科学研究审批行政许可事项服务指南》；

（4）对于将我国人类遗传资源材料运送、邮寄、携带出境，应结合《中国人类遗传资源材料出境审批行政许可事项服务指南》；

（5）此外，对于生物资源，《生物安全法》规定了多项批准程序，包括"境外组织、个人及其设立或者实际控制的机构获取和利用我国生物资源，应当依法取得批准"和"利用我国生物资源开展国际科学研究合作，应当依法取得批准"。

2. 备案、报告活动方面

《生物安全法》在保持与《人类遗传资源管理条例》基本一致性的同时，仍有差异。

（1）为了取得相关药品和医疗器械在我国上市许可，在临床试验机构利用我国人类遗传资源开展国际合作临床试验、不涉及人类遗传资源出境的，不需要批准，但是在开展临床试验前应当将拟使用的人类遗传资源种类、数量及用途向国务院科学技术主管部门备案。其备案程序主要依照《中国人类遗传资源国际合作临床试验备案范围和程序》的规定；

（2）将我国人类遗传资源信息向境外组织、个人及其设立或者实际控制的机构提供或者开放使用的，应当向国务院科学技术主管部门事先报告并提交信息备份。这里《生物安全法》使用了"报告"和"信息备份"的提法，不完全等同于科技部在此前实务中规定的《中国人类遗传资源信息对外提供或开放使用备案范围和程序》《中国人类遗传资源信息对外提供或开放使用备案信息表》的"备案"。

一种解释认为这里的备案之前，其实是有前置的国际合作科学研究等特定事由和相应的审批程序，备案本身不是单独程序，因此使用"备案"一词似乎不再准确，而备案也意味着排除审批，"申请人获得备案号，即可将人类遗传资源信息向外国组织、个人及其设立或者实际控制的机构提供或开放使用"，故而改为报告，但报告是否必然通过，存在一定的不确定性，且报告的频率要求也会更高，这些都不同于备案。当然这仅为一种非权威解释，具体仍待有权解释机构行使解释。但无论如何，这些微调显示了《生物安全法》不同于之前的监管态势，企业应保持审慎。

随着《人类遗传资源管理条例实施细则（征求意见稿）》征求工作的开展，未来在实施细则层面的管理的"颗粒度"仍有待观察。

（四）实验室管理

《生物安全法》对实验室管理的规定相当具体，而不仅仅只有原则性规定和援引相关规定。当然，这里的实验室局限于病原微生物实验室。对卫生医疗机构、海关检验检疫等所设置的实验室，仍适用之前的既有规定。但《生物安全法》对实验室从设立到应急处置的全生命周期的完整性管理，提供了翔实的实验室管理样板。同时，《生物安全法》也规定，涉及生物毒素、植物有害生物及其他生物因子操作的生物安全实验室的建设和管理，参照有关病原微生物实验室的规定执行。

在此前相关章节中，我们也罗列了实验室管理的主要规范、标准等文件，包括根据《病原微生物实验室生物安全管理条例》在2018年修订的《高等级病原微生物实验室建设审查办法》，配套的《病原微生物实验室生物安全通用准则》（WS 233—2017），和更早的《实验室生物安全通用要求》（GB 19489—2008）等。此外，医疗卫生相关的《医学实验室 安全要求》（ISO 15190：2003，IDT）、涉及检验检疫活动的《检验检疫实验室风险管理通用要求》（SN/T 4909—2017）、《出入境动物检疫实验室生物安全分级技术要求》（SN/T 2024—2017）、《出入境特殊物品卫生检疫实验室检测能力建设要求》（SN/T 4610—2016），涉及农业转基因活动的《农业转基因生物安全管理通用要求 实验室》等都是应予以参考的实验室指引、规范类文件。当然，其适用范围各有不同，且部分标准在《生物安全法》施行后，仍应进行必要的更新。

事实上，对实验室相关规定、标准的符合，问题不在于无章可循，而是标准的庞杂体系与更新适用上，企业需要进行必要的筛选；以及在发生不确定风险时，如何判定适用相应的标准；或在可能无标准时如何适用"就高不就低"等原则。

以下我们以 2020 年版本的《病原微生物实验室生物安全风险管理指南》(RB/T 040—2020) 和 2017 年《病原微生物实验室生物安全通用准则》(WS 233—2017)[①] 为例，归纳实验室生物安全风险管理的主要方面（见表 19-2）：

表 19-2 实验室生物安全风险合规管理的主要方面

序号	合规要求	涉及的内容	备注
1	实验室设施和设备要求（涉及从设计、选址、布局、建设、设施设备采购布置等过程）	实验室设计原则和基本要求	可以理解为基于相应控制节点的风险管理
		BSL（1-4）实验室的不同等级附加要求、动物实验室的不同附加要求（平面布局、围护结构、通风空调系统、生命支持系统、污物处理及消毒系统、气压等隔离参数要求）	
2	实验室生物安全管理要求（应基于对应的资格开展活动，并形成使用全流程的生物安全管理）	管理体系	可以理解为基于相应控制节点的风险管理
		人员管理	
		菌（毒）种及感染性样本的管理	
		设施设备运行维护管理	
		实验室活动的管理	
		生物安全监督检查	
		消毒和灭菌	
		实验废物处置	
		实验室感染性物质运输	
		应急预案和意外事故的处置	
		实验室生物安全保障	

---

① 两者仍涉及在《生物安全法》下的更新，例如《生物安全法》规定"病原微生物实验室设立单位的法定代表人和实验室负责人对实验室的生物安全负责"，这与两标准的规定不同。

续表

序号	合规要求	涉及的内容	备注
3	风险管理（风险管理与实验室的运行阶段相适应，风险管理可以基于整体实验室建设，也可以基于特定实验项目/任务，还可以是实验室运行中的一个或多个要素，如生物因子、人员防护等）	基于任务来源确定风险管理范围	可理解为基于控制过程的风险管理
		确定风险准则和制定风险管理实施方案	
		风险管理实施（识别、分析和评价、应对风险）	
		风险评估报告（及再评估）	

二、合规技术、人员与制度设计

法律合规是包括技术措施、管理制度与协议等法律文件形成合力和共同推动的持续过程。而且在很大程度上，《生物安全法》的要求需要通过技术、人员和制度的设计和落实才能完成，仅仅从法律条文到合同条款，并不能完全实现对《生物安全法》的符合。

（一）生物安全技术

1. 负面清单

《生物安全法》规定了禁止从事危及公众健康、损害生物资源、破坏生态系统和生物多样性等危害生物安全的生物技术研究、开发与应用活动。这一制度是通过对不同的主体、不同的生物技术研发活动分别进行清单式监管得以实现的。

例如"境外组织、个人及其设立或者实际控制的机构不得在我国境内采集、保藏我国人类遗传资源，不得向境外提供我国人类遗传资源""个人不得购买或者持有列入管控清单的重要设备和特殊生物因子""个人不得设立病原微生物实验室或者从事病原微生物实验活动",或者"任何单位和个人未经批准,不得擅自引进、释放或者丢弃外来物种"的规定,就属于对境外主体、部分外商投资企业①或个人,甚至各类单位的主体限制。

"对我国尚未发现或者已经宣布消灭的病原微生物,未经批准不得从事相关实验活动"的规定,则属于对特定生物技术研发活动的限制。

2. 正面清单

除了针对不同领域的生物技术的负面清单管理,《生物安全法》还特别强调了生物安全技术的正面导向。这主要体现在第十二条"国务院有关部门组织建立相关领域、行业的生物安全技术咨询专家委员会,为生物安全工作提供咨询、评估、论证等技术支撑"和第六十七条"国家采取措施支持生物安全科技研究,加强生物安全风险防御与管控技术研究,整合优势力量和资源,建立多学科、多部门协同创新的联合攻关机制,推动生物安全核心关键技术和重大防御产品的成果产出与转化应用,提高生物安全的科技保障能力"。

结合科技部《关于发布国家重点研发计划"病原学与防疫技术体系研究"等重点专项2021年度项目申报指南》等公开信息,目前生物技术领域与安全技术相关的内容(暂不包括病原学与防疫技术体系研究、生物与信息融合)主要围绕重大新发突发传染病与动植物疫情防控、防范生物恐怖袭击与防御生物武器威胁、外来生物入侵管控、人类遗传资源和特殊生物资源保护与利用、生物技术谬用防范、实验室生物安全保障等任务方向进行设计。② 典型包括:

---

① 并非所有的外商投资企业在所有生物技术、医疗卫生领域都会受到禁止或限制。企业应结合我们在其他章节中提及的禁止、限制清单、目录等内容,确定可从事的业务领域和范围。本章未按照境内外主体区分和进行合规指引。

② 此外各省市也有相应的生物安全技术研发计划,体现出不同地域的生物(安全)特点和态势。例如广东省发布的《2021年度广东省重点领域研发计划"生物安全技术"重点专项申报指南》。

（1）重大外来入侵物种适应性演化与进化机制；

（2）物种群体易感性和生境脆弱性防护；

（3）人畜共患烈性传染病临床救治技术与防护规范；

（4）理化防护装备；

（5）重大外来入侵物种前瞻性风险预警和实时控制关键技术；

（6）重要公共场所生物恐怖防控技术；

（7）全球动植物种质资源引进中转示范基地建设。

（二）组织架构与人员管理

1. 负责制

《生物安全法》第三十五条中明确规定：从事生物技术研究、开发与应用活动的单位应当对本单位生物技术研究、开发与应用的安全负责。这就要求企业建立相应的组织架构和人员职责体系，构建从纸面到人员的立体生物安全符合。主要包括：

（1）设立专门负责生物安全的负责人和管理机构，落实生物安全保护责任，一般而言至少应包括不少于一人的管理层人员负责，并领导专职人员组建的生物安全管理机构；

（2）对于《生物安全法》规定的特殊要求，企业应进行必要的架构调整和职责安排，例如"病原微生物实验室设立单位的法定代表人和实验室负责人对实验室的生物安全负责"确立的双负责制，以及非常细化的规定"进入高等级病原微生物实验室的人员应当经实验室负责人批准"等；

（3）以法律责任为驱动，以《生物安全法》《数据安全法》的追责机制倒推确立企业"法定代表人、主要负责人、直接负责的主管人员和其他直接责任人员"的角色，避免在发生法律风险时，因缺失相应角色，而导致直接由法定代表人承担全部风险的极端情形。

2. 人员的生物安全意识与权限技能

对于人员生物安全，除了通过内部管理制度和操作规程对人员活动进行安排，确认各司其职外，企业应针对性地提升生物安全方面的意识教育、技能培训等赋能工作。例如：

（1）根据角色和权限，合理配置、确定生物安全相关信息、数据、样本、材料等的处理操作权限，并在人员职位调动、离职等情形下及时调整；

（2）针对全员尤其生物安全从业人员，分别进行定期、不定期的安全教育和培训；特别是应结合《生物安全法》和配套制度的新进展，引入外部培训安排，提供必要的资金、师资支持；

（3）按照国家生物安全工作协调机制的统一安排，或行业、领域的协调，参与生物安全的必要演练、模拟等仿真活动，共享生物安全信息，固化安全意识；

（4）通过在应急预案响应、生物安全事件处理中的职责和行为，评价和考核人员的生物安全水平；

（5）通过生物安全负责人和管理机构建设、人员配置，建立具体的与监管机构、主管机构的对接机制，接受相关机构的指导，向其寻求支持。

最后，套用普罗泰戈拉的"人是万物的尺度"，显然人也是度量和评价生物安全的尺度。让我们回到最初生物安全与生物安全观的问题上，并用人力资源和社会保障部的一项具体举措作为回应。

2022年7月，人力资源和社会保障部公示了《职业分类大典（2022年版）》，最为显著的特点之一是优化调整了部分归类，修改完善了部分职业信息描述，体现了对生物安全与数据安全的深切关注，并通过标注方式进行明确。在《职业分类大典（2022年版）》中，绿色职业有133个（标注为L），数字职业有97个（标注为S），既是绿色职业又是数字职业的有23个（标注为L/S）。像气候监测预测工程技术人员、海洋调查与监测工程技术人员、增材制造工程技术人员等都属于横跨多职业标准的复合型职业人员，其中不乏新的职业类型，如野生动物保护员等，这印证了生物与数据、材料技术、行业越发密切的融合趋势。通过保持对新技术人员的培养和引入，符合《生物安全法》规范的合规方向，也会对企业基于业务驱动的生物安全风险控制与管理起到积极作用。而更为重要和根本上的，则正是通过对人的职业化作为手段，实现人与自然关系融洽和谐的目的。这应该也是人类与地球达成的最终共识。

参考书目

[1] 全国人大财政经济委员会国家发展和改革委员会.《中华人民共和国国民经济和社会发展第十四个五年规划和2035年远景目标纲要》释义[M]. 北京：中国计划出版社，2021.

[2] 国家发展和改革委员会高新技术产业司，中国生物工程学会. 中国生物产业发展报告2017[M]. 北京：化学工业出版社，2018.

[3] 国务院发展研究中心国际经济研究所. 世界前沿技术发展报告2020[M]. 北京：电子工业出版社，2020.

[4] 国务院发展研究中心国际经济研究所. 世界前沿技术发展报告2021[M]. 北京：电子工业出版社，2021.

[5] 凯利. 失控：机器、社会系统与经济世界的新生物学[M]. 东西文库，译. 北京：新星出版社，2010.

[6] 施瓦布. 第四次工业革命：转型的力量[M]. 李菁，译. 北京：中信出版社，2016.

[7] 托夫勒. 第三次浪潮[M]. 黄明坚，译. 北京：中信出版社，2018.

[8] 福山. 我们的后人类未来：生物技术革命的后果[M]. 黄立志，译. 桂林：广西师范大学出版社，2017.

[9] 达尔文. 物种起源[M]. 桂金，译. 北京：台海出版社，2017.

[10] 赫胥黎．美丽新世界［M］．陈超，译．上海：上海译文出版社，2017．

[11] 卡森．寂静的春天［M］．吕瑞兰，李长生，译．上海：上海译文出版社，2006．

[12] 里夫金．零碳社会：生态文明的崛起和全球绿色新政［M］．赛迪研究院专家组，译．北京：中信出版社，2020．

[13] 瑞士世界卫生组织．流行控制：重大致死性传染病的关键事实［M］．周祖木，译．北京：人民卫生出版社，2019．

[14] 施瓦布，马勒雷．后疫情时代：大重构［M］．世界经济论坛北京代表处，译．北京：中信出版社，2020．

[15] 奎曼．致命接触：追踪全球大型传染病［M］．刘颖，译．北京：中信出版社，2020．

[16] 玛格纳．传染病的文化史［M］．刘学礼，译．上海：上海人民出版社，2019．

[17] 武桂珍，魏强．病原微生物实验室生物安全词汇［M］．北京：人民卫生出版社，2017．

[18] 中国疾病预防控制中心．中国实验室生物安全能力发展报告：管理能力调查与分析［M］．北京：人民卫生出版社，2017．

[19] 丁钢强，蒋健敏，张双凤，等．疾病预防控制机构实验室质量管理与生物安全管理体系建设应用指南［M］．杭州：浙江大学出版社，2016．

[20] 罗森．抗生素的故事：一颗改变人类命运的药丸［M］．陈小红，译．北京：中信出版社，2020．

[21] 马古利斯，萨根．小宇宙：细菌主演的地球生命史［M］，王文祥，译．桂林：漓江出版社，2017．

[22] 布莱泽．消失的微生物：滥用抗生素引发的健康危机［M］．傅贺，译．长沙：湖南科学技术出版社，2016．

[23] 齐默．病毒星球［M］．刘旸，译．桂林：广西师范大学出版社，2019．

[24]《尖端武器装备》编写组．尖端化学/生物武器［M］．北京：航空工业出版社，2014．

[25]哈伯德．毒药：危险物质的历史［M］．黄韵雅，译．北京：北京时代华文书局，2020．

[26]俞晗之．全球治理机制复合体的演变：人类基因信息议题探析［M］．北京：中国社会科学出版社，2020．

[27]刘科．生物技术的德性［M］．北京：社会科学文献出版社，2017．

[28]李建会．与善同行：当代科技前沿的伦理问题与价值抉择［M］．北京：中国社会科学出版社，2013．

[29]杜威尔．生命伦理学：方法、理论和领域［M］．李建军，袁明敏，译．北京：社会科学文献出版社，2017．

[30]伍春艳．人类遗传研究活动中的知情同意：伦理、法律与社会的多维思考［M］．北京：法律出版社，2016．

[31]杨丹．尖端医疗领域刑法理论及立法对策研究［M］．北京：法律出版社，2016．

[32]谈大正．生命法学论纲［M］．北京：法律出版社，2014．

[33]王康，等．现代科技的民法议题［M］．上海：上海交通大学出版社，2021．

[34]于文轩．生物安全立法研究［M］．北京：清华大学出版社，2009．

[35]周蔚文．基因资源产权安排的多维性研究［M］．北京：法律出版社，2014．

[36]倪正茂，李惠，等．中国生命法学评论：第二卷［M］．北京：中国法制出版社，2016．

[37]汪劲．环境法学：4版［M］．北京：北京大学出版社，2018．

[38]恩里克斯，古兰斯．重写生命未来［M］．郝耀伟，译．杭州：浙江教育出版社，2020．

[39] 帕林顿. 重新设计生命：基因组编辑技术如何改变世界 [M]. 李雪莹, 译. 中信出版社, 2018.

[40] 日本 NHK "基因组编辑" 采访组. 基因魔剪：改造生命的新技术 [M]. 谢严莉, 译. 杭州：浙江大学出版社, 2017.

[41] 海, 理查森. 生命的重建 [M]. 张劲弟, 译. 北京：中国法制出版社, 2018.

[42] 泰格马克. 生命 3.0 [M]. 王婕舒, 译. 杭州：浙江教育出版社, 2018.

[43] 莱恩. 生命进化的跃升：40 亿年生命史上的 10 个决定性突变 [M]. 梅茇芒, 译. 上海：文汇出版社, 2020.

[44] 布罗克曼. 生命：进化生物学、遗传学、人类学和环境科学的黎明 [M]. 黄小骑, 译. 杭州：浙江人民出版社, 2017.

[45] 尹烨. 生命密码 [M]. 北京：中信出版社, 2020.

[46] 里德利. 基因组：生命之书 23 章 [M]. 尹烨, 译. 北京：机械工业出版社, 2021.

[47] 赫拉利. 人类简史：从动物到上帝 [M]. 林俊宏, 译. 北京：中信出版社, 2018.

[48] 拉普兰特. 超级生物探寻指南 [M]. 胡小锐, 钟毅, 译. 北京：中信出版社, 2020.

[49] 库恩. 科学革命的结构：4 版 [M]. 金吾伦, 胡新和, 译. 北京：北京大学出版社, 2020.

[50] 查尔默斯. 科学究竟是什么 [M]. 鲁旭东, 译. 北京：商务印书馆, 2020.

中华人民共和国生物安全法

中华人民共和国主席令（第五十六号）

《中华人民共和国生物安全法》已由中华人民共和国第十三届全国人民代表大会常务委员会第二十二次会议于 2020 年 10 月 17 日通过，现予公布，自 2021 年 4 月 15 日起施行。

中华人民共和国主席　习近平

2020 年 10 月 17 日

中华人民共和国生物安全法

（2020 年 10 月 17 日第十三届全国人民代表大会常务委员会第二十二次会议通过）

第一章　总则

第一条　为了维护国家安全，防范和应对生物安全风险，保障人民生命健康，保护生物资源和生态环境，促进生物技术健康发展，推动构建人类命运共同体，实现人与自然和谐共生，制定本法。

第二条　本法所称生物安全，是指国家有效防范和应对危险生物因子及相关因素威胁，生物技术能够稳定健康发展，人民生命健康和生态系统相对处于没有危险和不受威胁的状态,生物领域具备维护国家安全和持续发展的能力。

从事下列活动,适用本法:

(一)防控重大新发突发传染病、动植物疫情;

(二)生物技术研究、开发与应用;

(三)病原微生物实验室生物安全管理;

(四)人类遗传资源与生物资源安全管理;

(五)防范外来物种入侵与保护生物多样性;

(六)应对微生物耐药;

(七)防范生物恐怖袭击与防御生物武器威胁;

(八)其他与生物安全相关的活动。

第三条 生物安全是国家安全的重要组成部分。维护生物安全应当贯彻总体国家安全观,统筹发展和安全,坚持以人为本、风险预防、分类管理、协同配合的原则。

第四条 坚持中国共产党对国家生物安全工作的领导,建立健全国家生物安全领导体制,加强国家生物安全风险防控和治理体系建设,提高国家生物安全治理能力。

第五条 国家鼓励生物科技创新,加强生物安全基础设施和生物科技人才队伍建设,支持生物产业发展,以创新驱动提升生物科技水平,增强生物安全保障能力。

第六条 国家加强生物安全领域的国际合作,履行中华人民共和国缔结或者参加的国际条约规定的义务,支持参与生物科技交流合作与生物安全事件国际救援,积极参与生物安全国际规则的研究与制定,推动完善全球生物安全治理。

第七条 各级人民政府及其有关部门应当加强生物安全法律法规和生物安全知识宣传普及工作,引导基层群众性自治组织、社会组织开展生物安全法律法规和生物安全知识宣传,促进全社会生物安全意识的提升。

相关科研院校、医疗机构以及其他企业事业单位应当将生物安全法律法规和生物安全知识纳入教育培训内容，加强学生、从业人员生物安全意识和伦理意识的培养。

新闻媒体应当开展生物安全法律法规和生物安全知识公益宣传，对生物安全违法行为进行舆论监督，增强公众维护生物安全的社会责任意识。

第八条　任何单位和个人不得危害生物安全。

任何单位和个人有权举报危害生物安全的行为；接到举报的部门应当及时依法处理。

第九条　对在生物安全工作中做出突出贡献的单位和个人，县级以上人民政府及其有关部门按照国家规定予以表彰和奖励。

第二章　生物安全风险防控体制

第十条　中央国家安全领导机构负责国家生物安全工作的决策和议事协调，研究制定、指导实施国家生物安全战略和有关重大方针政策，统筹协调国家生物安全的重大事项和重要工作，建立国家生物安全工作协调机制。

省、自治区、直辖市建立生物安全工作协调机制，组织协调、督促推进本行政区域内生物安全相关工作。

第十一条　国家生物安全工作协调机制由国务院卫生健康、农业农村、科学技术、外交等主管部门和有关军事机关组成，分析研判国家生物安全形势，组织协调、督促推进国家生物安全相关工作。国家生物安全工作协调机制设立办公室，负责协调机制的日常工作。

国家生物安全工作协调机制成员单位和国务院其他有关部门根据职责分工，负责生物安全相关工作。

第十二条　国家生物安全工作协调机制设立专家委员会，为国家生物安全战略研究、政策制定及实施提供决策咨询。

国务院有关部门组织建立相关领域、行业的生物安全技术咨询专家委员会，为生物安全工作提供咨询、评估、论证等技术支撑。

第十三条　地方各级人民政府对本行政区域内生物安全工作负责。

县级以上地方人民政府有关部门根据职责分工，负责生物安全相关工作。

基层群众性自治组织应当协助地方人民政府以及有关部门做好生物安全风险防控、应急处置和宣传教育等工作。

有关单位和个人应当配合做好生物安全风险防控和应急处置等工作。

第十四条　国家建立生物安全风险监测预警制度。国家生物安全工作协调机制组织建立国家生物安全风险监测预警体系，提高生物安全风险识别和分析能力。

第十五条　国家建立生物安全风险调查评估制度。国家生物安全工作协调机制应当根据风险监测的数据、资料等信息，定期组织开展生物安全风险调查评估。

有下列情形之一的，有关部门应当及时开展生物安全风险调查评估，依法采取必要的风险防控措施：

（一）通过风险监测或者接到举报发现可能存在生物安全风险；

（二）为确定监督管理的重点领域、重点项目，制定、调整生物安全相关名录或者清单；

（三）发生重大新发突发传染病、动植物疫情等危害生物安全的事件；

（四）需要调查评估的其他情形。

第十六条　国家建立生物安全信息共享制度。国家生物安全工作协调机制组织建立统一的国家生物安全信息平台，有关部门应当将生物安全数据、资料等信息汇交国家生物安全信息平台，实现信息共享。

第十七条　国家建立生物安全信息发布制度。国家生物安全总体情况、重大生物安全风险警示信息、重大生物安全事件及其调查处理信息等重大生物安全信息，由国家生物安全工作协调机制成员单位根据职责分工发布；其他生物安全信息由国务院有关部门和县级以上地方人民政府及其有关部门根据职责权限发布。

任何单位和个人不得编造、散布虚假的生物安全信息。

第十八条　国家建立生物安全名录和清单制度。国务院及其有关部门根据生物安全工作需要，对涉及生物安全的材料、设备、技术、活动、重要生物资源数据、传染病、动植物疫病、外来入侵物种等制定、公布名录或者清单，并动态调整。

第十九条　国家建立生物安全标准制度。国务院标准化主管部门和国务院其他有关部门根据职责分工，制定和完善生物安全领域相关标准。

国家生物安全工作协调机制组织有关部门加强不同领域生物安全标准的协调和衔接，建立和完善生物安全标准体系。

第二十条　国家建立生物安全审查制度。对影响或者可能影响国家安全的生物领域重大事项和活动，由国务院有关部门进行生物安全审查，有效防范和化解生物安全风险。

第二十一条　国家建立统一领导、协同联动、有序高效的生物安全应急制度。

国务院有关部门应当组织制定相关领域、行业生物安全事件应急预案，根据应急预案和统一部署开展应急演练、应急处置、应急救援和事后恢复等工作。

县级以上地方人民政府及其有关部门应当制定并组织、指导和督促相关企业事业单位制定生物安全事件应急预案，加强应急准备、人员培训和应急演练，开展生物安全事件应急处置、应急救援和事后恢复等工作。

中国人民解放军、中国人民武装警察部队按照中央军事委员会的命令，依法参加生物安全事件应急处置和应急救援工作。

第二十二条　国家建立生物安全事件调查溯源制度。发生重大新发突发传染病、动植物疫情和不明原因的生物安全事件，国家生物安全工作协调机制应当组织开展调查溯源，确定事件性质，全面评估事件影响，提出意见建议。

第二十三条　国家建立首次进境或者暂停后恢复进境的动植物、动植物产品、高风险生物因子国家准入制度。

进出境的人员、运输工具、集装箱、货物、物品、包装物和国际航行船舶压舱水排放等应当符合我国生物安全管理要求。

海关对发现的进出境和过境生物安全风险，应当依法处置。经评估为生物安全高风险的人员、运输工具、货物、物品等，应当从指定的国境口岸进境，并采取严格的风险防控措施。

第二十四条　国家建立境外重大生物安全事件应对制度。境外发生重大生物安全事件的，海关依法采取生物安全紧急防控措施，加强证件核验，提高查验比例，暂停相关人员、运输工具、货物、物品等进境。必要时经国务院同意，可以采取暂时关闭有关口岸、封锁有关国境等措施。

第二十五条　县级以上人民政府有关部门应当依法开展生物安全监督检查工作，被检查单位和个人应当配合，如实说明情况，提供资料，不得拒绝、阻挠。

涉及专业技术要求较高、执法业务难度较大的监督检查工作，应当有生物安全专业技术人员参加。

第二十六条　县级以上人民政府有关部门实施生物安全监督检查，可以依法采取下列措施：

（一）进入被检查单位、地点或者涉嫌实施生物安全违法行为的场所进行现场监测、勘查、检查或者核查；

（二）向有关单位和个人了解情况；

（三）查阅、复制有关文件、资料、档案、记录、凭证等；

（四）查封涉嫌实施生物安全违法行为的场所、设施；

（五）扣押涉嫌实施生物安全违法行为的工具、设备以及相关物品；

（六）法律法规规定的其他措施。

有关单位和个人的生物安全违法信息应当依法纳入全国信用信息共享平台。

第三章　防控重大新发突发传染病、动植物疫情

第二十七条　国务院卫生健康、农业农村、林业草原、海关、生态

环境主管部门应当建立新发突发传染病、动植物疫情、进出境检疫、生物技术环境安全监测网络，组织监测站点布局、建设，完善监测信息报告系统，开展主动监测和病原检测，并纳入国家生物安全风险监测预警体系。

第二十八条　疾病预防控制机构、动物疫病预防控制机构、植物病虫害预防控制机构（以下统称专业机构）应当对传染病、动植物疫病和列入监测范围的不明原因疾病开展主动监测，收集、分析、报告监测信息，预测新发突发传染病、动植物疫病的发生、流行趋势。

国务院有关部门、县级以上地方人民政府及其有关部门应当根据预测和职责权限及时发布预警，并采取相应的防控措施。

第二十九条　任何单位和个人发现传染病、动植物疫病的，应当及时向医疗机构、有关专业机构或者部门报告。

医疗机构、专业机构及其工作人员发现传染病、动植物疫病或者不明原因的聚集性疾病的，应当及时报告，并采取保护性措施。

依法应当报告的，任何单位和个人不得瞒报、谎报、缓报、漏报，不得授意他人瞒报、谎报、缓报，不得阻碍他人报告。

第三十条　国家建立重大新发突发传染病、动植物疫情联防联控机制。

发生重大新发突发传染病、动植物疫情，应当依照有关法律法规和应急预案的规定及时采取控制措施；国务院卫生健康、农业农村、林业草原主管部门应当立即组织疫情会商研判，将会商研判结论向中央国家安全领导机构和国务院报告，并通报国家生物安全工作协调机制其他成员单位和国务院其他有关部门。

发生重大新发突发传染病、动植物疫情，地方各级人民政府统一履行本行政区域内疫情防控职责，加强组织领导，开展群防群控、医疗救治，动员和鼓励社会力量依法有序参与疫情防控工作。

第三十一条　国家加强国境、口岸传染病和动植物疫情联合防控能力建设，建立传染病、动植物疫情防控国际合作网络，尽早发现、控制重大新发突发传染病、动植物疫情。

第三十二条　国家保护野生动物，加强动物防疫，防止动物源性传染病传播。

第三十三条　国家加强对抗生素药物等抗微生物药物使用和残留的管理，支持应对微生物耐药的基础研究和科技攻关。

县级以上人民政府卫生健康主管部门应当加强对医疗机构合理用药的指导和监督，采取措施防止抗微生物药物的不合理使用。县级以上人民政府农业农村、林业草原主管部门应当加强对农业生产中合理用药的指导和监督，采取措施防止抗微生物药物的不合理使用，降低在农业生产环境中的残留。

国务院卫生健康、农业农村、林业草原、生态环境等主管部门和药品监督管理部门应当根据职责分工，评估抗微生物药物残留对人体健康、环境的危害，建立抗微生物药物污染物指标评价体系。

第四章　生物技术研究、开发与应用安全

第三十四条　国家加强对生物技术研究、开发与应用活动的安全管理，禁止从事危及公众健康、损害生物资源、破坏生态系统和生物多样性等危害生物安全的生物技术研究、开发与应用活动。

从事生物技术研究、开发与应用活动，应当符合伦理原则。

第三十五条　从事生物技术研究、开发与应用活动的单位应当对本单位生物技术研究、开发与应用的安全负责，采取生物安全风险防控措施，制定生物安全培训、跟踪检查、定期报告等工作制度，强化过程管理。

第三十六条　国家对生物技术研究、开发活动实行分类管理。根据对公众健康、工业农业、生态环境等造成危害的风险程度，将生物技术研究、开发活动分为高风险、中风险、低风险三类。

生物技术研究、开发活动风险分类标准及名录由国务院科学技术、卫生健康、农业农村等主管部门根据职责分工，会同国务院其他有关部门制定、调整并公布。

第三十七条　从事生物技术研究、开发活动，应当遵守国家生物技

术研究开发安全管理规范。

从事生物技术研究、开发活动，应当进行风险类别判断，密切关注风险变化，及时采取应对措施。

第三十八条　从事高风险、中风险生物技术研究、开发活动，应当由在我国境内依法成立的法人组织进行，并依法取得批准或者进行备案。

从事高风险、中风险生物技术研究、开发活动，应当进行风险评估，制定风险防控计划和生物安全事件应急预案，降低研究、开发活动实施的风险。

第三十九条　国家对涉及生物安全的重要设备和特殊生物因子实行追溯管理。购买或者引进列入管控清单的重要设备和特殊生物因子，应当进行登记，确保可追溯，并报国务院有关部门备案。

个人不得购买或者持有列入管控清单的重要设备和特殊生物因子。

第四十条　从事生物医学新技术临床研究，应当通过伦理审查，并在具备相应条件的医疗机构内进行；进行人体临床研究操作的，应当由符合相应条件的卫生专业技术人员执行。

第四十一条　国务院有关部门依法对生物技术应用活动进行跟踪评估，发现存在生物安全风险的，应当及时采取有效补救和管控措施。

第五章　病原微生物实验室生物安全

第四十二条　国家加强对病原微生物实验室生物安全的管理，制定统一的实验室生物安全标准。病原微生物实验室应当符合生物安全国家标准和要求。

从事病原微生物实验活动，应当严格遵守有关国家标准和实验室技术规范、操作规程，采取安全防范措施。

第四十三条　国家根据病原微生物的传染性、感染后对人和动物的个体或者群体的危害程度，对病原微生物实行分类管理。

从事高致病性或者疑似高致病性病原微生物样本采集、保藏、运输活动，应当具备相应条件，符合生物安全管理规范。具体办法由国务院卫生健康、农业农村主管部门制定。

第四十四条 设立病原微生物实验室，应当依法取得批准或者进行备案。

个人不得设立病原微生物实验室或者从事病原微生物实验活动。

第四十五条 国家根据对病原微生物的生物安全防护水平，对病原微生物实验室实行分等级管理。

从事病原微生物实验活动应当在相应等级的实验室进行。低等级病原微生物实验室不得从事国家病原微生物目录规定应当在高等级病原微生物实验室进行的病原微生物实验活动。

第四十六条 高等级病原微生物实验室从事高致病性或者疑似高致病性病原微生物实验活动，应当经省级以上人民政府卫生健康或者农业农村主管部门批准，并将实验活动情况向批准部门报告。

对我国尚未发现或者已经宣布消灭的病原微生物，未经批准不得从事相关实验活动。

第四十七条 病原微生物实验室应当采取措施，加强对实验动物的管理，防止实验动物逃逸，对使用后的实验动物按照国家规定进行无害化处理，实现实验动物可追溯。禁止将使用后的实验动物流入市场。

病原微生物实验室应当加强对实验活动废弃物的管理，依法对废水、废气以及其他废弃物进行处置，采取措施防止污染。

第四十八条 病原微生物实验室的设立单位负责实验室的生物安全管理，制定科学、严格的管理制度，定期对有关生物安全规定的落实情况进行检查，对实验室设施、设备、材料等进行检查、维护和更新，确保其符合国家标准。

病原微生物实验室设立单位的法定代表人和实验室负责人对实验室的生物安全负责。

第四十九条 病原微生物实验室的设立单位应当建立和完善安全保卫制度，采取安全保卫措施，保障实验室及其病原微生物的安全。

国家加强对高等级病原微生物实验室的安全保卫。高等级病原微生物实验室应当接受公安机关等部门有关实验室安全保卫工作的监督指导,严防高致病性病原微生物泄漏、丢失和被盗、被抢。

国家建立高等级病原微生物实验室人员进入审核制度。进入高等级病原微生物实验室的人员应当经实验室负责人批准。对可能影响实验室生物安全的,不予批准;对批准进入的,应当采取安全保障措施。

第五十条 病原微生物实验室的设立单位应当制定生物安全事件应急预案,定期组织开展人员培训和应急演练。发生高致病性病原微生物泄漏、丢失和被盗、被抢或者其他生物安全风险的,应当按照应急预案的规定及时采取控制措施,并按照国家规定报告。

第五十一条 病原微生物实验室所在地省级人民政府及其卫生健康主管部门应当加强实验室所在地感染性疾病医疗资源配置,提高感染性疾病医疗救治能力。

第五十二条 企业对涉及病原微生物操作的生产车间的生物安全管理,依照有关病原微生物实验室的规定和其他生物安全管理规范进行。

涉及生物毒素、植物有害生物及其他生物因子操作的生物安全实验室的建设和管理,参照有关病原微生物实验室的规定执行。

第六章 人类遗传资源与生物资源安全

第五十三条 国家加强对我国人类遗传资源和生物资源采集、保藏、利用、对外提供等活动的管理和监督,保障人类遗传资源和生物资源安全。

国家对我国人类遗传资源和生物资源享有主权。

第五十四条 国家开展人类遗传资源和生物资源调查。

国务院科学技术主管部门组织开展我国人类遗传资源调查,制定重要遗传家系和特定地区人类遗传资源申报登记办法。

国务院科学技术、自然资源、生态环境、卫生健康、农业农村、林业草原、中医药主管部门根据职责分工,组织开展生物资源调查,制定重要生物资源申报登记办法。

第五十五条 采集、保藏、利用、对外提供我国人类遗传资源,应当符合伦理原则,不得危害公众健康、国家安全和社会公共利益。

第五十六条　从事下列活动，应当经国务院科学技术主管部门批准：

（一）采集我国重要遗传家系、特定地区人类遗传资源或者采集国务院科学技术主管部门规定的种类、数量的人类遗传资源；

（二）保藏我国人类遗传资源；

（三）利用我国人类遗传资源开展国际科学研究合作；

（四）将我国人类遗传资源材料运送、邮寄、携带出境。

前款规定不包括以临床诊疗、采供血服务、查处违法犯罪、兴奋剂检测和殡葬等为目的采集、保藏人类遗传资源及开展的相关活动。

为了取得相关药品和医疗器械在我国上市许可，在临床试验机构利用我国人类遗传资源开展国际合作临床试验、不涉及人类遗传资源出境的，不需要批准；但是，在开展临床试验前应当将拟使用的人类遗传资源种类、数量及用途向国务院科学技术主管部门备案。

境外组织、个人及其设立或者实际控制的机构不得在我国境内采集、保藏我国人类遗传资源，不得向境外提供我国人类遗传资源。

第五十七条　将我国人类遗传资源信息向境外组织、个人及其设立或者实际控制的机构提供或者开放使用的，应当向国务院科学技术主管部门事先报告并提交信息备份。

第五十八条　采集、保藏、利用、运输出境我国珍贵、濒危、特有物种及其可用于再生或者繁殖传代的个体、器官、组织、细胞、基因等遗传资源，应当遵守有关法律法规。

境外组织、个人及其设立或者实际控制的机构获取和利用我国生物资源，应当依法取得批准。

第五十九条　利用我国生物资源开展国际科学研究合作，应当依法取得批准。

利用我国人类遗传资源和生物资源开展国际科学研究合作，应当保证中方单位及其研究人员全过程、实质性地参与研究，依法分享相关权益。

第六十条　国家加强对外来物种入侵的防范和应对，保护生物多样性。国务院农业农村主管部门会同国务院其他有关部门制定外来入侵物种名录和管理办法。

国务院有关部门根据职责分工，加强对外来入侵物种的调查、监测、预警、控制、评估、清除以及生态修复等工作。

任何单位和个人未经批准，不得擅自引进、释放或者丢弃外来物种。

第七章　防范生物恐怖与生物武器威胁

第六十一条　国家采取一切必要措施防范生物恐怖与生物武器威胁。

禁止开发、制造或者以其他方式获取、储存、持有和使用生物武器。

禁止以任何方式唆使、资助、协助他人开发、制造或者以其他方式获取生物武器。

第六十二条　国务院有关部门制定、修改、公布可被用于生物恐怖活动、制造生物武器的生物体、生物毒素、设备或者技术清单，加强监管，防止其被用于制造生物武器或者恐怖目的。

第六十三条　国务院有关部门和有关军事机关根据职责分工，加强对可被用于生物恐怖活动、制造生物武器的生物体、生物毒素、设备或者技术进出境、进出口、获取、制造、转移和投放等活动的监测、调查，采取必要的防范和处置措施。

第六十四条　国务院有关部门、省级人民政府及其有关部门负责组织遭受生物恐怖袭击、生物武器攻击后的人员救治与安置、环境消毒、生态修复、安全监测和社会秩序恢复等工作。

国务院有关部门、省级人民政府及其有关部门应当有效引导社会舆论科学、准确报道生物恐怖袭击和生物武器攻击事件，及时发布疏散、转移和紧急避难等信息，对应急处置与恢复过程中遭受污染的区域和人员进行长期环境监测和健康监测。

第六十五条　国家组织开展对我国境内战争遗留生物武器及其危害

结果、潜在影响的调查。

国家组织建设存放和处理战争遗留生物武器设施，保障对战争遗留生物武器的安全处置。

第八章　生物安全能力建设

第六十六条　国家制定生物安全事业发展规划，加强生物安全能力建设，提高应对生物安全事件的能力和水平。

县级以上人民政府应当支持生物安全事业发展，按照事权划分，将支持下列生物安全事业发展的相关支出列入政府预算：

（一）监测网络的构建和运行；

（二）应急处置和防控物资的储备；

（三）关键基础设施的建设和运行；

（四）关键技术和产品的研究、开发；

（五）人类遗传资源和生物资源的调查、保藏；

（六）法律法规规定的其他重要生物安全事业。

第六十七条　国家采取措施支持生物安全科技研究，加强生物安全风险防御与管控技术研究，整合优势力量和资源，建立多学科、多部门协同创新的联合攻关机制，推动生物安全核心关键技术和重大防御产品的成果产出与转化应用，提高生物安全的科技保障能力。

第六十八条　国家统筹布局全国生物安全基础设施建设。国务院有关部门根据职责分工，加快建设生物信息、人类遗传资源保藏、菌（毒）种保藏、动植物遗传资源保藏、高等级病原微生物实验室等方面的生物安全国家战略资源平台，建立共享利用机制，为生物安全科技创新提供战略保障和支撑。

第六十九条　国务院有关部门根据职责分工，加强生物基础科学研究人才和生物领域专业技术人才培养，推动生物基础科学学科建设和科学研究。

国家生物安全基础设施重要岗位的从业人员应当具备符合要求的资格，相关信息应当向国务院有关部门备案，并接受岗位培训。

第七十条　国家加强重大新发突发传染病、动植物疫情等生物安全风险防控的物资储备。

国家加强生物安全应急药品、装备等物资的研究、开发和技术储备。国务院有关部门根据职责分工，落实生物安全应急药品、装备等物资研究、开发和技术储备的相关措施。

国务院有关部门和县级以上地方人民政府及其有关部门应当保障生物安全事件应急处置所需的医疗救护设备、救治药品、医疗器械等物资的生产、供应和调配；交通运输主管部门应当及时组织协调运输经营单位优先运送。

第七十一条　国家对从事高致病性病原微生物实验活动、生物安全事件现场处置等高风险生物安全工作的人员，提供有效的防护措施和医疗保障。

第九章　法律责任

第七十二条　违反本法规定，履行生物安全管理职责的工作人员在生物安全工作中滥用职权、玩忽职守、徇私舞弊或者有其他违法行为的，依法给予处分。

第七十三条　违反本法规定，医疗机构、专业机构或者其工作人员瞒报、谎报、缓报、漏报，授意他人瞒报、谎报、缓报，或者阻碍他人报告传染病、动植物疫病或者不明原因的聚集性疾病的，由县级以上人民政府有关部门责令改正，给予警告；对法定代表人、主要负责人、直接负责的主管人员和其他直接责任人员，依法给予处分，并可以依法暂停一定期限的执业活动直至吊销相关执业证书。

违反本法规定，编造、散布虚假的生物安全信息，构成违反治安管理行为的，由公安机关依法给予治安管理处罚。

第七十四条　违反本法规定，从事国家禁止的生物技术研究、开发与应用活动的，由县级以上人民政府卫生健康、科学技术、农业农村主管部门根据职责分工，责令停止违法行为，没收违法所得、技术资料和用于违法行为的工具、设备、原材料等物品，处一百万元以上一千万元以下的罚款，违法所得在一百万元以上的，处违法所得十倍以上二十倍以下的罚款，并可以依法禁止一定期限内从事相应的生物技术研究、开发与应用活动，吊销相关许可证件；对法定代表人、主要负责人、直接负责的主管人员和其他直接责任人员，依法给予处分，处十万元以上二十万元以下的罚款，十年直至终身禁止从事相应的生物技术研究、开发与应用活动，依法吊销相关执业证书。

第七十五条　违反本法规定，从事生物技术研究、开发活动未遵守国家生物技术研究开发安全管理规范的，由县级以上人民政府有关部门根据职责分工，责令改正，给予警告，可以并处二万元以上二十万元以下的罚款；拒不改正或者造成严重后果的，责令停止研究、开发活动，并处二十万元以上二百万元以下的罚款。

第七十六条　违反本法规定，从事病原微生物实验活动未在相应等级的实验室进行，或者高等级病原微生物实验室未经批准从事高致病性、疑似高致病性病原微生物实验活动的，由县级以上地方人民政府卫生健康、农业农村主管部门根据职责分工，责令停止违法行为，监督其将用于实验活动的病原微生物销毁或者送交保藏机构，给予警告；造成传染病传播、流行或者其他严重后果的，对法定代表人、主要负责人、直接负责的主管人员和其他直接责任人员依法给予撤职、开除处分。

第七十七条　违反本法规定，将使用后的实验动物流入市场的，由县级以上人民政府科学技术主管部门责令改正，没收违法所得，并处二十万元以上一百万元以下的罚款，违法所得在二十万元以上的，并处违法所得五倍以上十倍以下的罚款；情节严重的，由发证部门吊销相关许可证件。

第七十八条　违反本法规定，有下列行为之一的，由县级以上人民政府有关部门根据职责分工，责令改正，没收违法所得，给予警告，可以并处十万元以上一百万元以下的罚款：

（一）购买或者引进列入管控清单的重要设备、特殊生物因子未进行登记，或者未报国务院有关部门备案；

（二）个人购买或者持有列入管控清单的重要设备或者特殊生物因子；

（三）个人设立病原微生物实验室或者从事病原微生物实验活动；

（四）未经实验室负责人批准进入高等级病原微生物实验室。

第七十九条　违反本法规定，未经批准，采集、保藏我国人类遗传资源或者利用我国人类遗传资源开展国际科学研究合作的，由国务院科学技术主管部门责令停止违法行为，没收违法所得和违法采集、保藏的人类遗传资源，并处五十万元以上五百万元以下的罚款，违法所得在一百万元以上的，并处违法所得五倍以上十倍以下的罚款；情节严重的，对法定代表人、主要负责人、直接负责的主管人员和其他直接责任人员，依法给予处分，五年内禁止从事相应活动。

第八十条　违反本法规定，境外组织、个人及其设立或者实际控制的机构在我国境内采集、保藏我国人类遗传资源，或者向境外提供我国人类遗传资源的，由国务院科学技术主管部门责令停止违法行为，没收违法所得和违法采集、保藏的人类遗传资源，并处一百万元以上一千万元以下的罚款；违法所得在一百万元以上的，并处违法所得十倍以上二十倍以下的罚款。

第八十一条　违反本法规定，未经批准，擅自引进外来物种的，由县级以上人民政府有关部门根据职责分工，没收引进的外来物种，并处五万元以上二十五万元以下的罚款。

违反本法规定，未经批准，擅自释放或者丢弃外来物种的，由县级以上人民政府有关部门根据职责分工，责令限期捕回、找回释放或者丢弃的外来物种，处一万元以上五万元以下的罚款。

第八十二条　违反本法规定，构成犯罪的，依法追究刑事责任；造成人身、财产或者其他损害的，依法承担民事责任。

第八十三条　违反本法规定的生物安全违法行为，本法未规定法律责任，其他有关法律、行政法规有规定的，依照其规定。

第八十四条　境外组织或者个人通过运输、邮寄、携带危险生物因子入境或者以其他方式危害我国生物安全的，依法追究法律责任，并可以采取其他必要措施。

第十章 附则

第八十五条 本法下列术语的含义:

(一)生物因子,是指动物、植物、微生物、生物毒素及其他生物活性物质。

(二)重大新发突发传染病,是指我国境内首次出现或者已经宣布消灭再次发生,或者突然发生,造成或者可能造成公众健康和生命安全严重损害,引起社会恐慌,影响社会稳定的传染病。

(三)重大新发突发动物疫情,是指我国境内首次发生或者已经宣布消灭的动物疫病再次发生,或者发病率、死亡率较高的潜伏动物疫病突然发生并迅速传播,给养殖业生产安全造成严重威胁、危害,以及可能对公众健康和生命安全造成危害的情形。

(四)重大新发突发植物疫情,是指我国境内首次发生或者已经宣布消灭的严重危害植物的真菌、细菌、病毒、昆虫、线虫、杂草、害鼠、软体动物等再次引发病虫害,或者本地有害生物突然大范围发生并迅速传播,对农作物、林木等植物造成严重危害的情形。

(五)生物技术研究、开发与应用,是指通过科学和工程原理认识、改造、合成、利用生物而从事的科学研究、技术开发与应用等活动。

(六)病原微生物,是指可以侵犯人、动物引起感染甚至传染病的微生物,包括病毒、细菌、真菌、立克次体、寄生虫等。

(七)植物有害生物,是指能够对农作物、林木等植物造成危害的真菌、细菌、病毒、昆虫、线虫、杂草、害鼠、软体动物等生物。

(八)人类遗传资源,包括人类遗传资源材料和人类遗传资源信息。人类遗传资源材料是指含有人体基因组、基因等遗传物质的器官、组织、细胞等遗传材料。人类遗传资源信息是指利用人类遗传资源材料产生的数据等信息资料。

(九)微生物耐药,是指微生物对抗微生物药物产生抗性,导致抗微生物药物不能有效控制微生物的感染。

(十)生物武器,是指类型和数量不属于预防、保护或者其他和平用途所正当需要的、任何来源或者任何方法产生的微生物剂、其他生物剂以及生物毒素；也包括为将上述生物剂、生物毒素使用于敌对目的或者武装冲突而设计的武器、设备或者运载工具。

（十一）生物恐怖，是指故意使用致病性微生物、生物毒素等实施袭击，损害人类或者动植物健康，引起社会恐慌，企图达到特定政治目的的行为。

第八十六条　生物安全信息属于国家秘密的，应当依照《中华人民共和国保守国家秘密法》和国家其他有关保密规定实施保密管理。

第八十七条　中国人民解放军、中国人民武装警察部队的生物安全活动，由中央军事委员会依照本法规定的原则另行规定。

第八十八条　本法自2021年4月15日起施行。